Beltz Taschenbuch 750

Über dieses Buch:
1870 in der Nähe Anconas geboren, nahm Maria Montessoris Lebenswerk Ausgang in der klinischen Arbeit mit behinderten Kindern. Mit einem von ihr selbst konstruierten Set von Bauelementen sollten sie ihren Forschungsdrang entwickeln, um Realität begreifen und gestalten zu lernen. Später arbeitete Maria Montessori in den von ihr begründeten »Case dei Bambini« mit Arbeiterkindern aus den Elendsvierteln und dehnte ihre »Methode« auf alle Kinder vom Vorschulalter bis zum 12. Lebensjahr aus. Was dann folgte, war ein weltweiter Siegeszug der »Montessori-Pädagogik«, der sich niederschlug in der Gründung zahlreicher Montessori-Kindergärten und -Schulen, die auch heute noch viele Pädagogen beeinflussen. Die vorliegende Biographie thematisiert Leben und ideologische Hintergründe und stützt sich auf viele neue, bisher unbekannte Quellen.

Die Autorin:
Marjan Schwegman ist Professorin für Frauengeschichte an der Universität von Utrecht.

Marjan Schwegman

Maria Montessori
1870 – 1952

Kind ihrer Zeit – Frau von Welt

Aus dem Niederländischen
von Verena Kiefer

> Biographie & Kontext
> Herausgegeben von Sabine Andresen und Claus Koch

Besuchen Sie uns im Internet:
www.beltz.de

Alle Rechte, insbesondere das Recht der Vervielfältigung und Verbreitung sowie der Übersetzung, vorbehalten. Kein Teil des Werkes darf in irgendeiner Form (durch Fotokopie, Mikrofilm oder ein anderes Verfahren) ohne schriftliche Genehmigung des Verlages reproduziert oder unter Verwendung elektronischer Systeme verarbeitet, vervielfältigt oder verbreitet werden.

Beltz Taschenbuch 750
2002 Beltz Verlag, Weinheim und Basel

1 2 3 4 5   06 05 04 03 02

Titel der niederländischen Originalausgabe:
Marjan Schwegman, Maria Montessori 1870–1952
Kind van haar tijd, Vrouw van de weerld
© Amsterdam University Press 1999
Alle Rechte der deutschsprachigen Ausgabe
© 2000 Primus Verlag, Darmstadt
Umschlaggestaltung: Federico Luci, Köln
Satz: MediaPartner Satz- und Repro GmbH, Hemsbach
Druck und Bindung: Druckhaus Beltz, Hemsbach
Printed in Germany

ISBN 3 407 22750 7

»Nun ja, dachte Ishmael, über seine Schreibmaschine gebeugt, die Fingerspitzen dicht über den Tasten: (...) Das Herz jedes anderen Menschen blieb immer rätselhaft, da es einen eigenen Willen besaß.
Ishmael überließ sich dem Schreiben, und während er das tat, begriff er noch etwas: dass der Zufall jeden Winkel der Welt beherrschte, alles, nur nicht die Kammern des menschlichen Herzens.«
David Guterson, *Schnee, der auf Zedern fällt*, 1994

»Behind each and every interpretation of the tale is the tale.«

James Hillman, *The soul's code. In search of character and calling*, 1996

Inhalt

Ein Mädchen, das aus dem Nichts kam
9

Auf dem Seziertisch
39

In den Kampf
65

Im Auge eines Wirbelsturms
91

Die Montessori-Methode erblickt das Licht der Welt
127

Frau von Welt
177

Arrivederci Roma
227

»Ich wohne im Himmel«
263

Epilog
283

Nachwort
287

Anmerkungen
291

Quellen und Literatur
304

Bildnachweis
309

Ein Mädchen,
das aus dem Nichts kam

Im Laufe ihres Lebens wurde Maria Montessori oft fotografiert. Auf den meisten Fotos von ihr, die veröffentlicht sind, sehen wir eine in dunkle Kleidung gehüllte, gesetzte, etwas ältere Frau, die selbstbewusst in die Welt schaut. In dieser Welt hat sie sich einen festen Platz als Pädagogin erobert. Das Bild, das durch diese Fotos heraufbeschworen wird, ist dann auch das Bild einer Erzieherin. Manchmal sehen wir Maria umringt von Kindern, die an ihren langen Röcken hängen, wobei deren Verspieltheit in einem seltsamen Kontrast zu ihrer würdevollen Gestalt steht. Manchmal ist sie von Bewunderern umringt, die ihr atemlos zuhören. Immer ist sie es, die im Zentrum der Aufmerksamkeit steht; immer ist sie es, die ihre Umgebung beherrscht und die Fäden in der Hand hält.

All diese Bilder machen es schwierig, sich eine Vorstellung von dem Kind zu machen, das Maria Montessori einmal war. Und doch muss es eine Zeit gegeben haben, in der diese Respekt einflößende Frau klein und der Autoriät anderer hilflos ausgeliefert war. Die Jahre ab ihrer Geburt 1870 bis zu dem Moment, in dem sie, gerade dreizehn geworden, 1883 den ungewöhnlichen Schritt machte, eine Technische Hochschule zu besuchen, sind allerdings fast völlig ins Dunkel gehüllt. Fotos von ihren Eltern – Alessandro Montessori und Renilde Stoppani –, eine Handvoll Anekdoten und ein einziges Foto von ihr selbst, das ist alles, was wir haben. Dieses eine Foto ist allerdings interessant, weil es so rätselhaft ist. Wir sehen eine andere Maria als die, an die wir gewöhnt sind: Da ist noch keine Rede von der selbstsicheren, leicht koketten Haltung der späteren Porträts.

Hier sehen wir eine Maria, die sich steif gegen einen Stuhl lehnt und etwas schüchtern in die Kamera schaut. Es ist nicht ganz klar, wie alt sie ist: Auf den ersten Blick wirkt sie wie etwa neun, aber wenn das Möbelstück, an dem sie lehnt, wirklich ein Stuhl ist, dann ist sie sehr klein und vielleicht viel jünger als neun oder zehn Jahre. Ihr Kopf zeigt allerdings alle Kennzeichen eines schon etwas älteren Kindes und scheint wie auch immer zu groß für den Rest ihres Körpers. Insgesamt hinterlässt dieses Foto den Eindruck einer gewissen Unbehaglichkeit eines Menschen, der gezwungen wird, eine von anderen gewünschte Pose einzunehmen.

In all ihren späteren Darstellungen über die Art und Weise, wie Erwachsene Kinder für gewöhnlich erziehen, nimmt das Thema der Macht eine zentrale Stellung ein. Es sind die Erwachsenen, die die Macht haben, Kinder, gegebenenfalls mit physischer Gewalt, zu zwingen, nach den Regeln der Erwachsenenkultur zu leben. Montessori führt unzählige Beispiele an, um zu verdeutlichen, wie verheerend die Wirkung dieser Art von Erziehungsmethoden ist. Indem er Kinder auffordert, die »erwachsene Perfektion und Reife«[1] zu imitieren, nimmt der Erwachsene dem Kind die Chance, selbst, Schritt für Schritt, zu entdecken, welche besonderen Fähigkeiten in ihm schlummern. Das Resultat ist ein »bambino insultato« (beleidigtes Kind), das alle Anzeichen von »la vita offesa«[2] (das gekränkte Leben) zeigt: Verlegenheit, Entschlusslosigkeit, Ungeduld. Die Erziehungsmethode, die sie entwickelte, zielte darauf ab, zu verhindern, dass die Erwachsenen dem Kind einen persönlichen Stempel aufdrücken: Das Kind erzieht sich selbst mithilfe von speziell entworfenem, unpersönlichem Montessori-Material. Die Interventionen der Lehrkraft beschränken sich darauf, das Kind genau zu beobachten, damit das richtige Material im richtigen Moment angereicht werden kann. So kann sich das Kind optimal entwickeln.

Ein Mädchen, das aus dem Nichts kam 11

Abb. 1: Maria Montessori mit 10 Jahren

Der Wilde von Aveyron

Maria Montessori selbst ist ohne die Unterstützung einer Erziehungsmethode wie der ihren aufgewachsen. Dennoch zeigt die Montessori, so wie sie uns überliefert ist, keine Anzeichen des »bambino insultato«, im Gegenteil. Sie weicht dem Rampenlicht nicht aus, sondern sucht es geradezu; sie weiß, was sie will, und geht zielstrebig auf dem Weg weiter, den sie für sich abgesteckt hat; trotz ihres Nomadendaseins strahlt sie Ruhe anstelle von Unruhe aus.

Auch wenn die Person Montessoris natürlich bedeutend komplexer ist als dieses öffentliche und von ihr selbst sorgfältig inszenierte Imago, muss dieses Bild doch ernst genommen werden, weil es uns eine selbst gewählte Pose zeigt, die die triumphierende Umkehrung der gekünstelten, auferlegten Pose ist, in der sich die kleine Maria im Studio des Fotografen der Welt darbietet. Montessori zeigt sich uns als lebender Beweis, dass ein Kind, auch wenn es hilflos und allein ist, in der Lage ist, ein Star zu werden, eine *prima donna*, eine Heldin. Stärker noch: Gerade weil sie ohne die Unterstützung durch die richtige Erziehungsmethode zurechtkommen musste, konnten ihre besonderen Qualitäten zutage treten. Sie war eine Überlebende, ein außergewöhnliches Kind, das »aus dem Nichts«[3] kam, so wie Victor, alias der »Wilde von Aveyron«, ein Junge, der der Anonymität entzogen wurde, weil er als zwölfjähriges »Wolfskind« in den Wäldern Südfrankreichs entdeckt wurde. Auf den ersten Blick haben die Geschichten von Maria und Victor nichts gemein, allein schon deshalb, weil Maria ein Mädchen und Victor ein Junge war. Dennoch spielt er eine entscheidende Rolle in Montessoris Buch über ihre Erziehungsmethode. Wer war Victor? Und warum sprach seine Geschichte Maria so an?

Der Wilde von Aveyron war ein Kind, das, so schreibt Montessori, im Naturzustand aufwuchs. Niemand wusste, wann und wie er in die Wälder von Aveyron gelangt war, aber im Frühjahr 1798 trafen ihn Dorfbewohner dort splitternackt an.

Sie versuchten ihn zu fangen, aber der Junge entkam. In den folgenden drei Jahren wurde er ein paarmal gefangen, aber es gelang ihm immer wieder, in die Wälder zu flüchten, bis er im Januar 1800 einigen Jägern in die Hände fiel, die ihn nach Paris brachten. Er konnte nicht sprechen, sondern brachte nur tierische Laute zustande und biss jeden, der ihm zu nah kam. In Paris wurde er von Philippe Pinel untersucht, Direktor der bekannten Anstalt für geistig Behinderte, Bicêtre. Der diagnostizierte ihn als »Idioten«, womit er deutlich machte, dass das wilde Verhalten des Jungen angeboren und zur Besserung nicht fähig war. Jean Marc Gaspard Itard, Direktor eines Instituts für Taube, entwickelte allerdings eine andere Sicht auf den Jungen, den er Victor taufte[4]. Er meinte, seine so genannte Wildheit sei nicht angeboren, sondern eine Auswirkung nicht vorhandener menschlicher Kontakte. Er begann mit einem erzieherischen Experiment, um zu beweisen, dass er Recht hatte, ein Experiment, das, nach Montessori, eine »gewaltige Arbeit« war und zugleich ein »Drama«.

Warum nennt Montessori die in klinischem Ton verfassten Berichte von Itards Experiment ein »erzieherisches Drama«? Weil es, so schreibt sie, die eindringlichste Darstellung dessen ist, was in ihren Augen ein sehr reelles Drama war, nämlich dass der Gegensatz zwischen Natur und Zivilisation in der Erziehung nur auf dem Wege eines sehr schmerzhaften Ringens überwunden werden konnte. Von diesem Ringen berichtet Itard gewissenhaft: Er erzählt, wie er versuchte, den Jungen aus dem Naturleben in die Gesellschaft zu bringen, und wie er alles daran setzte, ihn geistig zu formen. Das Naturleben war hart gewesen: »Die Narben, die seinen kleinen Körper bedeckten, erzählten von dem Kampf mit wilden Tieren, von den Wunden, die er sich bei seinen Sprüngen in die Tiefe zugezogen hatte«, so Montessori. Doch barg gerade dieses harte, primitive Leben herrliche Freuden in sich: »Das Kind hatte sich in seinem Zustand schrecklicher Verlassenheit glücklich gefühlt«, schreibt Montessori. »Er war eins geworden mit der Natur, die er genoss. Regen- und Schneeschauer, Stürme, die endlosen Felder waren die Lust seiner Augen geworden, seine Freunde, seine Geliebten. (…) Eines Morgens, während er noch im Bett lag, fiel eine dicke Schneedecke. Als er wach wurde, stieß er einen Freudenschrei aus, sprang aus dem Bett und lief ungeduldig zwischen Tür und Fenster hin und her; dann rannte er unbekleidet in den Garten. Während er dort seine unbändige Freude durch Schreie äußerte, stürmte er auf und ab und wälzte sich im Schnee. Er packte ganze Hände voll davon und verschluckte sie mit unglaublicher Gier.«

Diese Art von »primitivem« Vergnügen musste Victor aufgeben. Er musste lernen, dass er nicht länger wild und unbeherrscht schreien durfte, dass er durch die Straßen von Paris nicht so rennen durfte wie durch die Wälder von Aveyron und dass er sich nicht so ungeniert in den frisch gefallenen Schnee werfen durfte wie zuvor, als niemand nach ihm schaute. Der Abschied von diesem Genuss, den Montessori als »wollüstig« bezeichnete, war schmerzlich. Ausführlich zitiert sie Itard, der beschreibt, wie Victors ausgelassene Stimmungen umschlagen: »Dieses Gesicht ohne Ausdruck, auf dem ein Grinsen seine Spuren hinterlassen hatte, veränderte sich unbemerkt: Die Erinnerung zeichnete auf ihm traurige Melancholie, Augen starrten immer unverrückbarer auf die Wasseroberfläche, auf die er von Zeit zu Zeit ein dürres Blatt warf. Wenn nachts bei Vollmond ein blasser Lichtstrahl sein Zimmer durchdrang, stand er auf und stellte sich ans Fenster. Dort blieb er die ganze Nacht unbeweglich stehen, den Nacken gestreckt, die Augen auf die vom Mond beschienene Fläche gerichtet, in einer Art von Ekstase versunken; seine stille Unbeweglichkeit wurde nur ab und zu von einem tiefen Seufzer unterbrochen, der in einem kaum hörbaren Klagen endete.«

Von wild zu zivilisiert

Das Thema des »primitiven«, »wilden« Menschen, der, auch wenn es schmerzt, zum zivilisierten Leben bekehrt werden muss, ist ein Topos im Fin de Siècle des Westens. Das gilt auch für den Gedanken, dass der Übergang von der Wildheit zur Zivilisation ein entscheidendes Stadium im Leben *jedes* Menschen ist, auch des »nicht primitiven«. Jedes Kind stand zu einem bestimmten Zeitpunkt auf der Schwelle zum Erwachsensein und musste von der Wildheit der Kinderzeit Abstand nehmen. Die Frage, wie sich dieser Übergang vollzog, ja vollziehen musste, beschäftigte die Gemüter vieler Ärzte, Psychiater, Kriminologen, Anthropologen und Pädagogen. Itards Experiment, das zu Beginn des neunzehnten Jahrhunderts noch wenig Interesse geweckt hatte, erregte am Ende desselben Jahrhunderts viel mehr Aufmerksamkeit, weil es eine Antwort auf die damals sehr dringliche Frage nach den Grenzen der Machbarkeit einer Persönlichkeit zu geben schien. So fragte man sich, ob die Wildheit eines Kindes mithilfe von Strafe und anderen repressiven Maßnahmen gedämpft werden musste oder ob es den Übergang von »primitiv« zu »zivilisiert« so frei und ungestört wie möglich erleben sollte, so dass es als Erwachsener nicht unter den gewaltsam unterdrückten wilden Neigungen leiden würde. Itards lebendiger, anschaulicher Bericht machte einen rätselhaften Übergang deutlich, den zwar jeder Erwachsene einmal am eigenen Leibe erfahren hatte, der aber gerade deswegen nur schwierig zu objektivieren war. Itard hatte versucht, regelrecht aus sich herauszutreten und objektiver Beobachter eines subjektiven Veränderungsprozesses zu werden, indem er den still in einem Eckchen sitzenden Victor beobachtete und all seine Ausdrücke und Reaktionen notierte.

In allen Diskussionen über den Übergang von der Wildheit zur Zivilisation war der zivilisierte Erwachsene selbstverständlicher Bezugspunkt: Auch wenn der Gedanke, die natürlichen Impulse und Bedürfnisse des Kindes berücksichtigen zu müssen, allmählich an Kraft gewann, war dennoch die Vorstellung, die Initiative im Erziehungsprozess könne beim Kind und nicht beim Erwachsenen liegen, undenkbar. Außerdem stand schon von Anfang an fest, dass die Natur der Zivilisation untergeordnet werden musste. Natur und Zivilisation konnten nicht friedlich nebeneinander bestehen, so dachte man, sondern trachteten sich gegenseitig nach dem Leben. Aus dem Kampf, dem ein Kind auf der Schwelle zur Pubertät unterworfen war, konnte dann auch nur einer als Gewinner hervorgehen: die Natur oder die Zivilisation. Es bedarf keiner weiteren Erörterung, dass man natürlich beabsichtigte, die Zivilisation triumphieren zu lassen.

Auch in Montessoris Präsentation von Itards Experiment besiegen die zivilisierten Kräfte die primitiven. »In Itards Bericht«, so schreibt sie, »sehen wir den unendlichen Triumph der Liebe für den Menschen über die Liebe für die Natur: Der Wilde von Aveyron *fühlt* letztendlich die Zuneigung Itards, seine Liebkosungen, die um ihn vergossenen Tränen, und die sind ihm lieber als der Genuss, den er verspürt, wenn er sich wollüstig in den Schnee wirft.«[5] Montessori preist Itard vor allem, weil er nicht mit Gewalt, sondern unter Zuhilfenahme von Liebe versucht, »die Finsternis in der Seele eines Idioten zu durchbohren und der Natur einen Menschen zu entreißen.«[6] Er verlagerte auf diese Weise die Initiative vom Erwachsenen auf das Kind. Itard verrichtete seine heilsame Arbeit jedenfalls als »obskurer Held«, als jemand, der sich zurückzieht, statt aktiv zu intervenieren. Damit lehrt er uns, so Montessori, dass »sich der Meister lieber an den Schüler anpassen muss, als das Umgekehrte zu verlangen.«[7]

Wenn man die von Montessori zurate gezogenen Berichte Itards[8] liest, kann man sich des Eindrucks nicht erwehren, dass das Ergebnis seines Experiments bedeutend doppelsinniger war, als Montessori suggeriert. Trotz einiger bemerkenswerter Erfolge gelang es Itard nicht, Victor in einen zivilisierten Menschen zu verwandeln. Nach einigen Jahren war Victor zwar in der Lage, Freude und Kummer zu äußern, aber sein Gefühlsleben blieb »egozentrisch«. Itard war jedoch vor allem über Victors Unvermögen enttäuscht, normal zu »kommunizieren«. Er lernte zwar einige Worte, aber er begriff nie, dass Symbole beziehungsweise Worte eine kommunikative Funktion haben. Wo »normale« Kinder zu gegebener Zeit Worte benutzen, um miteinander über dasselbe Objekt sprechen zu können, benutzte Victor die ihm bekannten Worte nie dazu, den anderen über das Objekt mit sich selbst zu verbinden. Itards Bericht aus dem Jahre 1806 ist dann auch in erster Linie ein Bericht über die Grenzen, auf die er stieß. Grenzen, die ihn bisweilen so sehr zur Verzweiflung trieben, dass auch er in Gewalt Zuflucht suchte, um Victor zu disziplinieren. Allerdings gelang es Itard auch nicht mit Gewalt, Victors Welt zu öffnen. Letzten Endes blieb der Junge ein unberechenbares Mysterium, und so beschloss Itard 1806, sein Experiment zu beenden. Victor lebte noch 22 Jahre lang in der sicheren Abgeschlossenheit des Hauses von Madame Guérin, einer Frau, die ihn in Paris immer versorgt hatte. Er starb 1828 im Alter von ungefähr vierzig Jahren.

Montessori schweigt über diese Niederlage der zivilisierenden Kräfte und auch über die Gewalt, die Itard ab und zu anwendete, um die »Seelenfinsternis« des wilden Victor zu »durchbohren«. Offensichtlich war es für sie von großer Bedeutung, Itards Experiment als einen Sieg der zivilisierenden Liebe zu präsentieren.

Auch wenn wir nie genau erfahren werden, warum Montessori die finsteren Seiten von Itards Experiment verschwieg, ist diese Stille dennoch im Licht des wenigen interessant, das über ihre eigene Jugend bekannt geworden ist. Auch die Geschichte über die ersten zwölf Jahre ihres eigenen Lebens erzählt nämlich die Geschichte von einer Finsternis, die durchbohrt wurde. Dass dieses Durchbohren für sie selbst wie für Victor bedeutete, dass jenes Dem-Licht-ausgesetzt-Sein mit Schmerz und Einsamkeit gepaart ging, ist ein Gedanke, der sich umso stärker aufdrängt, weil es das bewegendste Thema in Montessoris Auseinandersetzungen über Erziehung ist. Erziehen ist »als würde man das Neugeborene von der Mutterbrust reißen«[9], schreibt sie. Durchbohrt werden vom Licht der Zivilisation ist für sie wie geboren werden, und was eine Geburt für sie bedeutete, berichtet sie in einem Artikel aus dem Jahr 1927.[10]

Dieser ungewöhnliche Beitrag – der mehr die Form einer Erzählung als die eines wissenschaftlichen Artikels hat – klingt, als würde sich Montessori an ihre eigene Geburt erinnern. Sie schlüpft in die Haut des Neugeborenen und erzählt, was jemand erfährt, »der von einem Leben in das andere übergeht und dann eine Kraftanstrengung zur Anpassung vollbringt, die die größte ist, die er jemals vollbringen müssen wird.« Sie spricht über den Schock, den das Baby erfährt, wenn es von der unergründlich tiefen, totenstillen Finsternis plötzlich in eine Welt geworfen wird, in der es von hellem Licht und schrillen Geräuschen verletzt wird. Sie vergleicht es mit einem Pilger, der erschöpft und verwundet nach einer Reise durch weit entfernte Länder ankommt. In keiner anderen Periode seines Lebens, behauptet Maria, bekommt es der Mensch mit solch starken Gegenkräften und einem so intensiven Schmerz zu tun. Von einem Zustand der absoluten Ruhe gerät er in eine Situation, in der er alle Arbeit selbst tun muss, ohne dass ihm jemand hilft. Das große Drama, das er erleidet, ist das der Trennung von der Mutter, die bisher alles für ihn getan hat, um ihn dann ganz plötzlich im Stich zu lassen und ihn ganz allein alle lebenswichtigen Funktionen selbst erledigen zu lassen. Zu Tode erschöpft bis in die Tiefe seines Wesens klagt das Neugeborene: »Warum hast du mich verlassen?«

Das neue Italien

Der Beginn eines Lebens war für Montessori demnach der Beginn eines harten Kampfes, den das Kind, auch wenn es mit einem Vater und einer Mutter gesegnet war, in aller Einsamkeit führen musste. Sie selbst war das einzige Kind Alessandro

Montessoris, der 1832 geboren wurde, und der um acht Jahre jüngeren Renilde Stoppani. Alessandro wuchs in der norditalienischen Stadt Ferrara auf. Sein Vater, der aus Bologna stammte, handelte mit Tabak, einem Produkt, das auch in Alessandros Karriere eine wichtige Rolle spielen sollte. Renilde kam aus Chiaravalle, einer kleinen Stadt in der Nähe der an der Adria gelegenen Hafenstadt Ancona. Ihre Familie bestand aus Großgrundbesitzern und Gelehrten; der Bekannteste unter ihnen ist Antonio Stoppani. Alessandro hatte Renilde 1865 kennen gelernt, nachdem er als Inspektor der Tabak- und Salzindustrie von Faenza nach Chiaravalle versetzt worden war.

Die beiden heirateten und bekamen am 31. August 1870 eine Tochter: Maria.

Marias Geburt und die Geburt der modernen italienischen Nation fielen fast zusammen: Am 20. September 1870 gelang es der italienischen Armee, Rom von den päpstlichen Truppen zu erobern. Bei einem kurzen, aber heftigen Gefecht auf Höhe der Porta Pia gab es insgesamt 78 Tote: 59 auf italienischer Seite und 19 aufseiten der päpstlichen Garde. Dank des Opfers dieser 59 Helden konnte das letzte fehlende Stück der italienischen Halbinsel dem neuen italienischen Staat hinzugefügt werden. Dieses neue Italien, dessen Hauptstadt Rom wurde, war das Ergebnis eines langwierigen und komplizierten Prozesses nationaler Einswerdung, der Anfang des 19. Jahrhunderts begonnen hatte und zwischen 1860 und 1870 vollendet wurde. Alessandro und Renilde kamen beide aus Familien, die diesen Prozess in Wort und Tat unterstützt hatten. Sowohl Ferrara als auch Chiaravalle waren bis 1860 Teil des Kirchenstaates, des Gebiets, über dem der Papst als weltlicher Herrscher das Szepter schwang. Von allen Regimes, die sich gegen die Kräfte gewehrt hatten, die ein neues und unabhängiges Italien zu schaffen versuchten, war das des Papstes das hartnäckigste. Auch als sich die Macht Pius' IX. ab 1860 auf die Stadt Rom beschränkte, weigerte er sich, den neuen Staat Italien anzuerkennen. Stattdessen verbot er der mehrheitlich katholischen Bevölkerung unter Androhung der Exkommunikation die Teilnahme am politischen Leben des neuen Staates. Diese Haltung behielt er bis zur Eroberung Roms bei. Nachdem er sich auf das eigene Territorium, den Vatikan, zurückgezogen hatte, verweigerte er alle Regelungen, die ihm von der italienischen Regierung angeboten wurden. Er betrachtete sich fortan, wie er sagte, als »Gefangenen des Vatikans«. Erst 1929 sollten, dank der Intervention Mussolinis, die Beziehungen zwischen Kirche und Staat offiziell im so genannten Konkordat von Lateran geregelt werden.

Sowohl der Papst als auch Mussolini sollten in Marias Erwachsenendasein eine wichtige Rolle spielen. Allerdings bekam sie auch schon als Kind mit dem Aufeinanderprallen des alten und neuen Italien zu tun, einem Konflikt, der besonders in Rom zu spüren war. Nachdem Rom Hauptstadt geworden war, wurden dort, in und neben dem alten päpstlichem Machtzentrum, die Regierungsorgane des neuen Italien angesiedelt. Die Stadt erfuhr dadurch eine physische Transformation, weil die neue Staatsmacht, buchstäblich und im übertragenen Sinn, Gestalt in Form allerlei moderner Regierungsgebäude und der vielen Beamten annahm, die Rom bevölkerten. Zu dieser Gruppe gehörte auch Alessandro Montessori. Nachdem er schon 1873 von Chiaravalle nach Florenz gegangen war, zog er 1875 mit Renilde und der kleinen Maria nach Rom, weil man ihm einen wichtigen Posten im Finanzministerium angeboten hatte.

Maria wuchs also in den Kreisen der neuen politisch herrschenden Elite auf, die sich überwiegend liberal gab. Auch ihre Mutter war liberal, aber weil Renilde, im Gegensatz zu Alessandro, gleichzeitig auch praktizierende Katholikin war, sog Maria den Konfliktstoff, aus dem das neue Italien hervorgegangen war, sozusagen mit der Muttermilch auf. Was dies genau für sie bedeutete, müssen wir raten. Sicher ist nur, dass sie als Kind mit einem besonderen Familienmitglied in Berührung kam, das das Aufeinanderprallen von Tradition und Moderne, katholisch und liberal, wie kein anderer verkörperte: Antonio Stoppani, Renildes Onkel.

Antonio Stoppani

Dieser Priestergelehrte, der an der Universität von Mailand Geologieprofessor war, hat zeit seines Lebens versucht, die Erkenntnisse aus den modernen Naturwissenschaften mit den Dogmen der römisch-katholischen Kirche zu versöhnen. Seine wichtigste Waffe war sein Schreibtalent: Er schrieb nicht nur ausgereifte wissenschaftliche Abhandlungen über heikle Themen wie die Entstehung von Leben auf der Erde, sondern publizierte auch Poesie, journalistische Arbeiten, Romane und Reiseerzählungen. Das Buch, das ihn in Italien berühmt machte, hieß *Il Bel Paese*. Dieses 1875 erschienene Werk, das seither über 150-mal neu aufgelegt wurde, ist ein unterhaltsamer Lobgesang auf die Schönheiten Italiens. Es zeigt, dass Antonio Stoppani die Priesterschaft als umfassende Lebenskunst verstand, in der die Annehmlichkeiten des modernen Lebens eine wichtige Rolle spielten. Neben den Vergnügungen des modernen Daseins wie dem Reisen fanden auch andere Grenzüberschreitungen in ihm einen leidenschaftlichen Verfechter, so beispielsweise das Phänomen gelehrter Frauen. Es scheint, dass sich Renilde auf Veranlassung ihres Onkels auf die Bücher stürzte, eine Tätigkeit, der sich Frauen ihrer Generation notgedrungen nur zu Hause widmen konnten angesichts der Tatsache, dass ihnen die Universitäten den Zutritt verwehrten. Wie Stoppani verband auch Renilde eine Empfänglichkeit für das moderne Leben mit einer tiefen Religiosität, nur brachte ihr diese Kombination nicht den Ruhm ein, der Stoppani zuteil wurde. Ob sie selbst auch hatte berühmt werden wollen, wissen wir nicht. Dass dieser Ruhm im Fall ihres Onkels einen hohen Preis hatte, muss ihr jedenfalls klar geworden sein: Stoppani wurde zeit seines Lebens zwischen dem Wunsch, dem Papst zu gehorchen, und dem Verlangen, seinem eigenen Gewissen treu zu bleiben, hin und her gerissen.

Bevor Stoppani 1891 in Mailand starb, war er verschiedentlich in Rom gewesen, um mit Vertretern des Papstes oder mit ihm persönlich über die unterschiedlichen Auffassungen zu sprechen. Zweifellos hat er zu diesen Anlässen auch das Haus seiner Nichte und deren Familie besucht. Aufgrund fehlender Quellen ist nicht klar, welchen Eindruck er damals auf Maria gemacht hat. Wir wissen jedoch, dass sie ihm glich. Das Foto, auf dem sie uns als energische, frisch diplomierte junge Frau ansieht, ist fast das weibliche Ebenbild eines bekannten Porträts von Stoppani. Beide treten der Welt lebhaft, voller Selbstvertrauen und offen gegenüber. Auch der Stil, in dem sie ihr Werk präsentierten, zeigt eine auffallende Ähnlichkeit. Während berühmte Lehrer Marias wie Giuseppe Sergi und Cesare Lombroso Bücher produzierten, die jeglicher literarischer Qualität entbehrten, gab Maria, genau wie ihr Onkel, ihrer wissenschaftlichen Arbeit die Form einer spannenden Erzählung, der es gelingt, den Leser bis zum Schluss durch einen flüssigen, lebendigen Erzählstil und viele konkrete Beispiele zu fesseln. Außerdem reisten beide sehr gern; beide suchten unablässig das Rampenlicht der Öffentlichkeit.

Ob Maria Stoppani bereits als junges Mädchen für ein nachahmenswertes Vorbild gehalten hat, ist nicht bekannt. Dass er mit der Zeit für sie wichtig geworden ist, wissen wir: In ihrem späteren Nomadendasein gehörten seine Bücher zu ihrem ständigen Reisegepäck, weil sie nach eigenen Angaben nicht ohne sie sein konnte. Und wer den Bücherschrank des Raumes betrachtet, den sie während der letzten Jahre ihres Lebens als Arbeitszimmer nutzte, dem fallen sofort die in schönes Leder gebundenen Bände von Stoppanis *Storia della Creazione* (Schöpfungsgeschichte)[11] ins Auge.

Ein Mädchen, das aus dem Nichts kam 23

Abb. 2: Maria Montessori als frisch diplomierte Ärztin

Kinderjahre

War die Erde zu Beginn der Schöpfungsgeschichte »wüst und leer«, so stellt sich uns auch Marias Kinderzeit als leer und wüst dar. Maria wirkt noch formlos, ohne ausgesprochene Vorlieben oder Talente. In der Grundschule fiel sie weder in positiver noch in negativer Hinsicht auf. Ihre besten Noten erhielt sie für Verhalten und die »lavori donneschi« (Frauenarbeiten) beziehungsweise Nähen, Sticken und Stricken. Das einzig Auffallende ist, dass sie sich danach sehnte, Schauspielerin zu werden. Ein solcher Wunsch deutet darauf hin, dass sie schon früh von einer anderen Art Ruhm träumte, als es für ein Mädchen ihres Standes vorgesehen war. Auch einer der wenigen Rückblicke Marias auf ihre Jugend zeugt von diesem Verlangen nach einer ungewöhnlichen Form weiblichen Ruhms. In diesem Rückblick erinnert sie sich, wie sehr sie als junges Mädchen unter der Verpflichtung litt, sich in der Grundschule in die verflossenen Leben »berühmter Heldinnen des Vaterlandes« und anderer »außergewöhnlicher Frauen« zu vertiefen. Diese erbaulichen Lebensgeschichten sollten die Schülerinnen anspornen, in die Fußstapfen jener beispielhaften Frauen zu treten, damit sie selbst auch gute Bürgerinnen würden. Die Geschichten waren allerdings so einschläfernd, dass Maria beschloss, selbst nie berühmt zu werden. So wollte sie verhindern, dass man zukünftige Schulmädchengenerationen mit dem beispielhaften, aber äußerst langweiligen Leben einer Maria Montessori belästigen würde.

Wie dem auch sei, Maria Montessori mag sich zwar von dieser Art weiblicher Heroik, mit der sie in der Grundschule konfrontiert wurde, nicht angesprochen gefühlt haben, aber allein schon ihre Ablehnung dieser Vorbilder suggeriert, dass sie sich von anderen unterscheiden wollte. In der Schule, bei Spielen in der Pause, war sie immer Anführerin, eine Leiterin, die ihre Autorität nicht so sehr mit weicher, sondern mit harter Hand ausübte. Wenn ihr etwas im Verhalten ihrer Schulkameraden nicht passte, konnte es vorkommen, dass sie den Unglücklichen mit den Worten wegschickte: »Du! Du bist ja noch nicht einmal *geboren*!« Oder sie setzte einem Mitschüler zu: »Erinnere mich bitte daran, dass ich beschlossen habe, *nie* mehr mit dir zu sprechen.«[12]

Welche Wahrheit sich wirklich hinter dieser Art Anekdoten verbirgt, ist nicht so einfach festzustellen, weil sie Teil der Heldensage ausmachen, die Bewunderer anschließend, als Montessori schon berühmt war, über ihr Leben erzählten. Diese Verehrer wurden ihrerseits wieder mit den mythischen Geschichten gefüttert, die ihnen Maria selbst über ihr Leben erzählte. Geschichten über »Helden und Heldinnen« laufen in der Regel nach einem bestimmten Muster ab, bei dem die Episode der wundersamen Jugend ein fester Bestandteil ist. Schon während der Kinderjahre offenbaren sich die besonderen Gaben des Helden oder der Heldin, und es wird deutlich, dass er oder sie eine besondere Mission in der Welt hat. So wird über Maria erzählt, dass sie, als sie mit zehn Jahren hohes Fieber bekam, zu ihrer zutiefst beunruhigten Mutter sagte: »Hab keine Angst, Mama. Ich kann jetzt nicht sterben, denn ich habe noch so viel zu tun.«[13] Dass die kleine Maria daneben in den Augen anderer nicht durch besondere Qualitäten auffiel, ist ebenfalls ein Thema, das in die Tradition der Heldensage passt: Anfänglich scheint der Held oft überhaupt nicht außergewöhnlich zu sein; es kommt sogar ziemlich häufig vor, dass das wundersame Kind in etlicher Hinsicht hinter den anderen Kindern zurückbleibt. So erzählt man über einen der Helden des neuen Italien, Giuseppe Mazzini, die Geschichte, dass er erst mit fünf Jahren laufen lernte. Häufig ist es die Mutter, die von Anfang an das »Wissen« über die besondere Bestimmung ihres Kindes hat. So spürt die Mutter Mazzinis, Maria Drago, von dem Moment an, als sie schwanger ist, dass sie ein außergewöhnliches Kind unter dem Herzen trägt. Später, als sie mit dem kleinen Giuseppe durch Genua läuft, wird diese Intuition von einem Bettler bestätigt, der ihr mitteilt, ihr Sohn werde der Retter Italiens sein. Auch in der Heldengeschichte über Maria Montessori ist es ihre Mutter, die von Anfang an von den besonderen Gaben ihrer Tochter überzeugt ist. Von diesem Vertrauen soll eine stimulierende Wirkung ausgegangen sein.

Auch wenn die Heldengeschichte, die man über Maria Montessori erzählt, demnach auf das Vorbild anderer Erzählungen über das, was man »Heldenreise« nennt, geimpft ist, ist es dennoch nicht so, dass der »Montessori-Mythos« keine Wurzeln in Marias eigener Geschichte hat. Wenn jemand eine Geschichte über ein Leben erzählt, sei es nun das eigene oder das eines anderen, müssen Anhaltspunkte für die Fantasie darin enthalten sein, Beispiele, die diesem Leben eine Stimme geben können, einen Körper, eine Richtung. Die Wahl dieser Beispiele ist selten willkürlich, sondern mit Themen verbunden, die später, im eigenen Leben, als bedeutungsvoll erfahren werden. Das gilt im Fall Montessoris für das Thema des besonderen, abweichenden

Kindes, das eine Konstante in ihrem Leben und Werk darstellt. Sie schreibt zum Beispiel, dass hyperintelligente Kinder beziehungsweise »Wunderkinder« als sehr verletzliche und zerbrechliche Wesen behandelt werden müssten, weil sie für externe Anregungen außergewöhnlich empfänglich seien. Stattdessen werden sie von ihren Eltern in der Regel übermäßig gelobt und angeregt, so dass sie in einen Zustand permanenter Aufregung gebracht werden. Dieses exzessive Anregung ist nach Montessori sehr schädlich und führt dazu, dass diese Kinder unentschlossen und undiszipliniert werden. Um sie zu disziplinieren, suchen die Eltern dann Zuflucht bei allerlei Formen von Zwang, wobei Zwang gerade für diese Kinder fatal ist. Je mehr man als Kind gezwungen und bestraft wird, desto mehr hat man im Laufe des späteren Lebens das Bedürfnis nach Affekt und positiven Reizen.

Behauptungen dieser Art werfen ein anderes, ein komplizierendes Licht auf eine wundersame Jugend wie die Marias. Hier ist die Bewunderung von Eltern für ihre außergewöhnlichen Kinder nicht so sehr positive Stimulanz, als eher eine Last. Dass die Erwartungen, die Marias eigene Eltern an sie stellten, vermutlich ambivalente Gefühle auslösten, wird umso begreiflicher, wenn wir uns bewusst machen, dass ihr Vater und ihre Mutter recht unterschiedliche Auffassungen über das Ziel einer Erziehung von Mädchen hatten. Während Renilde von einer großen Zukunft träumte, die im Zeichen der Wissenschaft stand, erwartete Alessandro, dass seine Tochter in den Kreisen der römischen Elite mit ihrem Charme Furore machen würde. Bevor sie heiratete – und dass sie heiraten würde, war für ihn keine Frage –, konnte Maria gegebenenfalls den Beruf einer Lehrerin ausüben, aber dabei musste es dann auch bleiben.

Eltern

Alessandro Montessori war ein Mann, der ebenso praktisch wie selbstgefällig war. Anders als seine tief religiöse Frau war er nicht sehr an Fragen interessiert, die mit Spiritualität zu tun hatten. Gelehrt war er jedoch: Bevor er Staatsbeamter wurde, studierte er Mathematik und Rhetorik. Seine erste Erfahrung mit dem, was schließlich in Rom zu seinem Beruf werden sollte, machte er im Finanzministerium des Kirchenstaates, der ihn 1850 in Dienst nahm. 1853 wurde er für denselben Staat Inspektor der Salz- und Tabakindustrie, anfänglich in Comacchio und Cervia, danach in Bologna und Faenza. Als der Kirchenstaat seine Macht über die Gebiete, in denen Alessandro arbeitete, verlor, übte er weiterhin seine alte Funktion aus, aber nun für den neuen italienischen Staat, der im Entstehen begriffen war. Er fügte sich damit in die Reihe derer ein, die sich aus den Drohungen des Papstes nichts machten. Im Auftrag seines neuen Arbeitgebers wurde Alessandro 1865 nach Chiaravalle versetzt, wo er Renilde begegnete, die wie er eine begeisterte Anhängerin des neuen Italien war.

Alessandro gehörte zu der Gruppe moderner Italiener, die das neue Italien geschaffen hatten. Während zu Beginn des neunzehnten Jahrhunderts in der ersten Generation von Patrioten das adelige Element vorherrschte, war er ein typischer Vertreter der zweiten Generation, in der viel mehr Angehörige der Mittelklasse zu finden sind. Hier begegnet man auch mehr Machern als in der ersten Generation, in der virtuose Träumer wie Mazzini dem neuen Italien vor allem mit Fantasie Form zu geben versuchten. Beide Generationen hatten sich die gleichen Werte auf die Fahne geschrieben: Der moderne italienische Bürger sollte sein Vaterland, die Freiheit, die Unabhängigkeit, seine Arbeit und seine Familie lieben. Respekt vor allen Institutionen, die das neue Italien zustande gebracht hatte, war entscheidend, vor allem, wenn es um die Armee ging. Die Armee war der konkrete Beweis der italienischen Einheit und Unabhängigkeit und zugleich die wichtigste Lehranstalt für die »virilità«. »Männlichkeit« bedeutete hier in erster Linie Kampfgeist, Disziplin und die Fähigkeit, sich für das Vaterland zu opfern – Eigenschaften, die im Grunde bestimmten, ob jemand ein guter Bürger war oder nicht. Da Bürgerschaft so stark mit Eigenschaften verbunden wurde, die man als »männlich« charakterisierte, war es für die meisten Italiener schwierig, sich vorzustellen, dass auch Frauen das Recht auf die Qualifikation »Bürger« hatten. Obwohl Kämpferinnen für die Emanzipation wie Gualberta Beccari versuchten, auch der Idee einer *weiblichen* Bürgerschaft in Theorie und Praxis Gestalt zu geben, war und blieb »virilità« das wichtigste konstituierende Element der modernen italienischen Bürgerschaft.

Auch Alessandros Lebensstil war stark von militärischen Werten beeinflusst. Als junger Mann hatte er an einigen der Kriege teilgenommen, deren Ziel es war, Italien von fremden Herrschern, z.B. den Habsburgern, zu befreien. Um welche Kriege es sich genau handelte, ist nicht klar. Aber sicherlich haben seine Erfahrungen als Soldat einen bleibenden Eindruck bei ihm hinterlassen. Anna Maccheroni, eine Anhängerin Marias, die oft bei den Montessoris zu Besuch war, beschreibt, wie sehr der Ausbruch des Ersten Weltkrieges den inzwischen achtzigjährigen Alessandro betroffen machte.[14] Ein Zeitungsfoto löste mit einem Schock eine längst verflogene Erinnerung aus. Auf dem Foto sah man einen Soldaten auf Wache. Während er weiterhin auf die einsame, kerzengerade, aufs Äußerste gespannte Gestalt starrte, erzählte Alessandro, wie er selbst einmal unter so gefährlichen Umständen da gestanden hatte, dass seine Vorgesetzten ihm schließlich Befehl gegeben hatten, sich zurückzuziehen. Das war typisch für ihn, so Maccheroni. Immer hielt er bis zum bitteren Ende durch, ob es sich nun um lebensbedrohliche Situationen, um normale Anstrengungen oder um die Langeweile viel zu ausführlicher Gespräche handelte.

Alessandro bekam keinen Sohn, den er in demselben Geist hätte erziehen können wie dem, in dem er selbst aufgewachsen war. Was es für seine Erziehungsmethoden bedeutete, dass er eine Tochter bekam, wissen wir nicht, auch wenn es wahrscheinlich ist, dass er sie den strengen Regeln und der Disziplin unterwarf, die für ihn so wichtig waren. Vermutlich hielt er sich jedoch im Hintergrund und überließ Renilde Marias tägliche Erziehung. Das würde auch erklären, weshalb eine der spärlichen Erinnerungen Marias die Strenge ihrer Mutter betrifft, nicht die des Vaters. Als die Familie Montessori, nachdem sie einen Monat auf dem Land verbracht hatte, in das römische Appartement zurückkehrte, gab Maria zu erkennen, dass sie Hunger hatte. Ihre Mutter, die sehr damit beschäftigt war, Ordnung zu schaffen, bat sie, noch einen Moment zu warten. Maria wollte aber nicht warten und wiederholte, sie wolle etwas essen. Schließlich reichte es ihrer Mutter und sie gab ihr mit folgenden Worten etwas zu essen: »Wenn du nicht warten kannst, bitteschön!«[15] Wie sich herausstellte, handelte es sich um ein knochentrockenes Stück Brot, das einen Monat alt war und während der Ferien liegen geblieben war.

Dieser Zusammenstoß zwischen Mutter und Tochter erinnert an den Kampf zwischen dem Erwachsenen und dem Kind, den Maria später so oft beschrieben hat: Das Kind äußert ein spontanes, natürliches Bedürfnis und der Erwachsene befriedigt es nicht. Diese Art Beschreibungen bewegen den Leser durch die Betroffenheit, mit der Maria das tragische Missverständnis zwischen Kind und Erwachsenem skizziert: Auch wenn dieser nicht versteht, welche physischen und psychischen Bedürfnisse das Kind hat, liebt er oder sie das Kind. In ihrem Buch *Il metodo* lässt sie den Leser an einer Szene teilnehmen, die sie einst berührt hatte, als sie in Rom durch den Pincio Park spazierte.[16] Sie sah dort einen kleinen Jungen, der eifrig damit beschäftigt war, sein Eimerchen mit Steinen zu füllen. Er ging vollkommen in dieser Aktivität auf und war offensichtlich äußerst glücklich, bis sein Kindermädchen beschloss, dass es Zeit war, nach Hause zu gehen. Weil sie dachte, der Kleine wolle, dass sein Eimerchen voll werde, füllte sie es schnell für ihn, damit er zufrieden nach

Hause gehen könne. Der Junge war jedoch über diese »Hilfe« überhaupt nicht erfreut, weil es ihm nicht darum ging, eine Tätigkeit zu *vollenden* oder die Steine zu besitzen. Er schöpfte sein Vergnügen aus dem Prozess selbst, dem Hinein- und Hinausschaufeln der Steine. Dieses Vergnügen war, so beobachtet Montessori, der Ausdruck seines unbewussten Verlangens, sich selbst zu realisieren, zu wachsen. Das Schreckliche daran war, dass das Kindermädchen ihr Verlangen einen Prozess zu vollenden, ein Wunsch, der nach Montessori allen Erwachsenen eigen ist, auf den Kleinen projizierte. Und so tat sie dem Kind ungewollt Gewalt an, auch wenn es mehr als deutlich war, dass sie den Jungen sehr liebte.

Montessoris Skizze dieser römischen Szene strahlt eine gewisse Ergebenheit aus. An anderer Stelle hat sie in viel aggressiveren Worten[17] beschrieben, was ein Kind erfährt, das dem »finsteren Impuls« zu wachsen gehorchen will und daran von den Erwachsenen gehindert wird. Weil der Impuls nie ganz unterdrückt werden kann, bleibt er im Kind als Stimme erhalten, die immer wieder drängt: »Du bist es, der leben muss; du musst wählen zwischen wachsen oder sterben.« Das Kind hat keine Wahl, es ist die Beute »eines wahren Kampfes auf Leben und Tod«. Es will nicht, dass der Erwachsene »in ihm lebt«, es will *selbst* leben. Aber weil es noch nicht stark genug ist, seine Impulse zu lenken, kann es sich nur durch blinde Rebellion verteidigen.

Kinder müssen aus Montessoris Sicht also dafür sorgen, sich in einem lebensbedrohlichen Chaos widersprüchlicher Impulse aufrecht zu halten. Die größten Gefahren, die sie in diesem Dschungel bedrohen, sind die unsichtbaren: »Wenn Kinder oder Erwachsene nachts durch einen Wald irren, erschrecken sie gewöhnlich vom Rascheln des Windes in den Bäumen und den dunklen Schatten, die im geheimnisvollen Licht des Mondes drohende Haltungen einzunehmen scheinen. Das alles macht Angst, aber es ist nicht wirklich gefährlich. Im Wald verbergen sich aber andere Gefahren, die echt sind, auch wenn man sie nicht sehen kann. Das sind die wahren Bedrohungen.«[18]

Das Allergefährlichste für Kinder waren die so genannten Tarnungen, in die die Seele des Erwachsenen nach Montessori gehüllt war. Diese Tarnungen waren entstanden, weil sich der Erwachsene hatte anpassen müssen, indem er alle wilden Impulse in sich selbst unterdrückte. Die Kräfte waren jedoch unbezwingbar und ballten sich zu einem unbewussten Egoismus zusammen. Es war dieser getarnte Egoismus, der die Erwachsenen dazu trieb, die noch nicht verformte, »leere« Natur des Kindes mit ihrer eigenen so genannten zivilisierten Persönlichkeit zu füllen. Das Kind spürt diese Gefahr sehr wohl, aber es kann sich nicht verteidigen, weil sich ihm die Gewalt des Erwachsenen unter dem Mantel der Liebe zeigt. Außerdem spielt sich der Kampf zwischen Kind und Erwachsenem in der Intimität der Familie ab, so dass kein Außenstehender dem Kind zu Hilfe eilen kann. Und so bleibt das Kind hilflos in seiner eigenen Wirklichkeit eingeschlossen, die es für die einzige Möglichkeit hält.

Das Monster Ombius

Montessori zögert nicht, die Familiendomäne, die gerade zu ihrer Zeit wahrer Kultgegenstand ist, als den Ort abzustempeln, an dem wie an keinem anderen Unterdrückung die trügerische Gestalt der Liebe annahm. Dem geläufigen Bild der Familie als »heaven in a heartless world« stellte sie das Bild eines gefährlichen Dschungels gegenüber, wo die unsichtbare Macht des Monsters »Ombius« herrschte. »Ombius« stand für »l'Organizzazione del Male che prende la forma del Bene Imposta dall'ambiente all'Umanità intera con la Suggestione« (die Organisation des Bösen, das die Gestalt des Guten annimmt und das die Umwelt der ganzen Menschheit mithilfe der Suggestion auferlegt). Ombius war das Instrument, mit dem die Gesellschaft und die Familie Kinder auf allerlei subtile und perfide Arten deformierten. Ein neugeborenes Kind, so Montessori, weckt in den Eltern die größten Gefühle von Liebe und Ehrfurcht für das Wunder, das es verkörpert. Sie können aber an dieser Gemütslage nicht festhalten, weil sie für den Druck durch Konventionen empfänglich sind. Und so wird die Elternschaft immer mehr mit Pflichtgefühl und Opferbereitschaft assoziiert, Gefühle, die dafür sorgen, dass das Kind seiner authentischen Persönlichkeit beraubt wird. Die Eltern spüren zwar, dass da etwas geschieht, das gegen ihr Gewissen geht, aber sie sind sich über das Warum im Unklaren. Und so fallen sie einem ernsthaften inneren Konflikt zum Opfer, für den das Kind bezahlt, weil es, nach Montessori, »mit seiner lebendigen Anwesenheit den Erwachsenen stets daran erinnert, dass er das Kind für ein Ziel erzieht, das nur ihm selbst und nicht dem Kind zum Vorteil gereicht.«[19]

Montessoris wütende Anklage gegen die teuflische Macht der deformierten Erwachsenen, die ihr unterminierendes Werk im Geheimen, in der für Außenstehende geschlossenen Sphäre der Familie verrichten, ist unter dem Aspekt ihrer eigenen Jugendgeschichte interessant. Auch diese Welt ist Außenstehenden nahezu unzugänglich. Das trifft umso mehr zu, wenn man bedenkt, dass Montessori die geheimnisvolle Geschlossenheit des Familienlebens aufbrechen wollte, indem sie es vom Licht ihrer Pädagogik durchdringen lassen wollte. Dieses Verlangen äußerte sie nicht nur in ihrer Theorie, sondern auch in der Praxis: Das erste Casa dei Bambini (Kinderhaus) war bewusst als eine Art »öffentliche« Sphäre mitten in einem Appartementkomplex entworfen worden, in dem viele Familien ein voneinander abgeschirmtes, eigenes Leben führten. Auch wenn man die Kinderhäuser demnach als greifbare Übersetzung von Montessoris Streben nach dem »Durchbohren« der finsteren Familiendomäne mit Licht betrachten kann, ist doch auch in diesem Fall die Bedeutung von Durchbohren doppeldeutig. In den Häusern wurden Kinder zwar dazu angeregt, »en publique« über ihr eigenes Leben zu erzählen, aber sie erhielten dabei den Auftrag, sich auf festliche Ereignisse wie Geburtstage zu konzentrieren. Dieses Ausgerichtetsein auf die positiven Aspekte menschlichen Daseins ist ein grundlegendes Element der Pädagogik, die Montessori als Erwachsene entwickelte. Deren Zweck war es, dem »finsteren Impuls« zu wachsen eine konstruktive Richtung zu geben. Beim Negativen sollte man so kurz wie möglich verharren; nur das positive Ergebnis der nie im Ganzen zu ergründenden Regungen der Seele zählte. Trotz der großen Bedeutung, die Montessori den Gefahren der inneren Repression zumaß, hielt sie nichts von Freuds Psychoanalyse, weil sich diese ihrer Meinung nach zu stark auf die negativen, neurotischen Effekte von Verdrängungsmechanismen konzentrierte. Sie versprach sich viel mehr von Adlers Psychologie, die den Nachdruck auf die erhebende Wirkung der individuellen Willenskraft legte.

Es ist Montessoris spezielle Auffassung von »Offenheit«, die dafür gesorgt hat, dass verwirrende, schmerzhafte Aspekte ihres Daseins in der Heldengeschichte über ihr Leben fehlen. Dass diese vorenthalten werden, darf jedoch nicht zur Schlussfolgerung führen, dass Schmerz, Wut und Angst für die Wendungen, die Montessoris Leben genommen hat, nicht genauso wichtig gewesen sind wie die freudvolleren Gefühle. Darauf verweist zum Beispiel das märchenhafte Monster Ombius, ein Wesen, das sie selbst ins Leben rief. An dieser die Fantasie sehr ansprechende Figur können wir nicht einfach so vorübergehen, auch wenn es nur deshalb wäre, weil sie in ihrer ansonsten so positiven (und bewusst antimärchenhaften) Pädagogik so auffallend fehl am Platze ist. Wenn wir Montessoris eigene Warnung vor der Gefahr unsichtbarer Feinde ernst nehmen, ist es wichtig, Ombius ein wenig näher zu beleuchten.

Die beunruhigende Erscheinung von Ombius, der sich mit List und Gewalt der Seele der Kinder bemächtigt, erinnert an die finstere Gestalt König Blaubarts, der einer Frau nach der anderen mit tödlicher Gewalt seinen Willen auferlegt. Die Psychologin Clarissa Pinkola Estés betrachtet Blaubart als eine mächtige Fantasie der destruktiven Kräfte in der menschlichen Psyche[20]. Blaubart verkörpert den »inneren Raubfeind«, der sich über die Erziehung in der Psyche der Kinder einnistet und dort ihre eigenen Kräfte untergräbt, indem er ihnen unablässig Versäumnisse anlastet. Das Drama Blaubarts ist, dass er selbst aus dem Reich des Lichts verbannt ist und jetzt das Licht so sehr hasst, dass er die Psyche anderer für immer verfinstern will. Jeder läuft Gefahr, in seine Hände zu fallen; aber vor allem jene, die sich nach der Anerkennung und der Liebe sehnen, die Blaubart ihnen zu bieten scheint, neigen dazu, sich auf ihn einzulassen. Wenn sich erst einmal seine wahre Gestalt zeigt, ist es zu spät: Das eigene psychische Leben hat sich nicht gut entwickeln können, so dass es an den unterminierenden Kräften zugrunde geht.

Dass Blaubart bei Seelen, die nach Aufmerksamkeit und Zuneigung dürsten, die größte Chance auf Erfolg hat, ist etwas, das die Psychologin Alice Miller das »Drama des begabten Kindes« nennt.[21] Hilflos und abhängig, wie sie sind, wollen sich alle Kinder der Liebe ihrer Eltern versichern, weil sie diese zum Überleben brauchen. Es hängt vom psychischen Gleichgewicht der Eltern ab, inwiefern sie dieses kindliche Verlangen nach Liebe (unbewusst) zu ihrem eigenen Vorteil nutzen. »Begabte« Kinder laufen zusätzlich Gefahr, die Erfüllung der elterlichen Wünsche über ihre eigenen Bedürfnisse zu stellen. Ihre besondere Sensibilität und Intelligenz ermöglicht es ihnen nämlich, sich in die Gefühle ihrer Eltern zu versetzen. Das gilt insbesondere für Wünsche, die unausgesprochen bleiben.

Maria Montessori war zweifellos ein begabtes Kind. Eine der Eigenschaften, für die sie gerühmt wurde, war, dass sie mit einem Blick »sehen« konnte, was im Herzen eines anderen vorging. Die Geschichte, die Anna Maccheroni erzählt, auf welche Weise Maria Montessori sie eroberte, veranschaulicht das. Maccheroni war eine Lehrerin, die in Rom einer Vorlesung Montessoris beiwohnte und sehr davon beeindruckt war. Weil sie nicht genau wusste, weshalb, suchte sie Maria in ihrem römischen Appartement auf. »Die Frau Doktor erschien und fragte, was ich wünsche. Ich antwortete, dass ich genau das nicht wisse. Sie sah mich sehr interessiert an und ließ mich neben sich auf dem Sofa Platz nehmen. Es war ein sehr besonderer Moment. Alles, was mir auf dem Herzen lag, kam heraus: meine Familie, zerrissen von den ständigen Streitereien meiner Eltern, die aufgrund ihres Charakters absolut nicht zusammenpassten; der übertriebene Schmerz, den ich deswegen empfand, als sei es eine Schande, die mich so sehr niederschmetterte, dass ich mich niemals getraut hatte, darüber zu sprechen. Und doch war es das Erste, was ich ihr erzählte.«[22] Durch Montessoris Verständnis wurde Anna Maccharoni von der Last ihres Lebens befreit und fühlte sich wie neugeboren. Von diesem Moment an wich sie nicht mehr von Montessoris Seite.

Wachsen durch Kampf

An diesem Beispiel – und an vielen anderen – kann man erkennen, wie Maria in ihrem späteren Leben aus ihren speziellen Gaben Macht ableitete, indem sie Menschen an sich band. Das ist eine Umkehrung des hilflosen Zustands, in dem sich Kinder ihrer Meinung nach befanden. »Das Kind liebt den Erwachsenen, wie der Erwachsene Gott liebt«[23], schrieb sie einmal einer Freundin und deutete damit an, wie wehrlos Kinder den Eltern ausgeliefert sind. Die Eltern sehen jedoch nicht, wer das Kind ist, sondern wollen nur wissen, inwieweit es den Kindern gelingt, ihre Regeln und Normen zu absorbieren. Hierin, so schreibt sie, »liegt die Genugtuung von Vätern begründet.«[24]

Ihr eigener Vater hat zweifellos etwas von diesem fast archetypischen Vater gehabt. Er sah wohl, dass Maria talentiert war, aber er wollte, dass sie diese Talente in erster Linie benutzte, um die Kreise der römischen Elite, in denen sich die Familie Montessori bewegte, zu beeindrucken. Er legte großen Wert auf äußeren Anstand: Vielfach ausgezeichnet, nicht nur für seine tapferen Taten als Soldat, sondern auch für seine Verdienste als italienischer Bürger, liebte er es auch, Erfolg mittels seiner Frau und seiner Tochter zu ernten. Sowohl Renilde als auch Maria waren charmante Erscheinungen; Alessandro schöpfte dann auch große Genugtuung daraus, wenn sich die Leute auf der Straße nach ihnen umdrehten, wenn sie zu dritt durch das Zentrum Roms spazierten.

Während Alessandro Maria demnach in gewissem Sinn brauchte, um auf die Leute um ihn herum Eindruck zu machen, konnte er auch selbst zu seinem Erfolg durch die Möglichkeiten beitragen, die er als Mann hatte, um zum Beispiel im Finanzministerium auf sich aufmerksam zu machen. Er war also bedeutend weniger hilflos als seine Frau, wenn es um die Realisierung seiner gesellschaftlichen Ambitionen ging. Renilde wuchs in einer Zeit auf, die allerhand Versprechungen für die Beteiligung von Frauen am gesellschaftlichen Leben bereithielt, diese Versprechen aber nur sehr langsam einlöste. Zu langsam für Renilde. Zu der Zeit, als sich für Mädchen und Frauen neue Studien- und Berufsmöglichkeiten auftaten, war sie zu alt, um tatsächlich Gebrauch davon zu machen. Dass sie im Prinzip gerne gewollt hätte, ist für Maria vermutlich sowohl ein Segen als auch eine Prüfung gewesen. Renildes nicht realisierte Bestrebungen fungierten als Motor für die Ambitionen ihrer Tochter, waren manchmal aber auch ein Stolperstein.

Dass Maria als Kind unter den starken und gleichzeitig widersprüchlichen Anregungen litt, die von ihren Eltern ausgingen, kann man nicht nur aus dem schließen, was sie über empfindsame Kinder schrieb. Interessant ist auch eine Anekdote aus ihrer Jugend, die uns etwas von ihrer Reaktion auf die vielen Meinungsverschiedenheiten zeigt, die ihre Eltern ausfochten. Maria erzählte Anna Maccheroni, die, wir wir gesehen haben, selbst aus einer zerrissenen Familie stammte, wie sie als Kind einmal während eines elterlichen Streits einen Stuhl nahm und ihn zwischen die Eltern stellte. Nachdem sie selbst hinaufgeklettert war, griff sie nach der Hand ihres Vaters und der ihrer

Mutter und legte sie ineinander in dem Versuch Frieden zu stiften.[25] Auch auf andere Weise glättete sie die Unebenheiten in der Beziehung ihrer Eltern: Ihre 1910 veröffentlichte *Antropologia pedagogica*[26] ist ihren Eltern anlässlich »der Gelegenheit des 45. Jahrestags ihrer wolkenlosen Ehe« gewidmet.

In Marias Pädagogik steht der Begriff »Kampf« an wichtiger Stelle. Das Kind wächst, indem es mit den Hindernissen kämpft, die ihm auf seinem Weg begegnen. Ihre Pädagogik schafft diese Hindernisse in gewisser Weise, indem sie dem Kind Gegenstände anbietet, die seinen Entwicklungsdrang herausfordern. Der Kampf, zu dem ihre Pädagogik die Kinder anregt, ist jedoch niemals Ergebnis persönlicher Aggression und Gewalt vonseiten der Erzieher. Auch Konflikte unter den Erziehern sind schädlich, weil sie das Kind von dem ablenken, über das es selbst Kontrolle ausüben kann. Das Kind kann seinen Kampf denn auch nur mit Erfolg führen, wenn es sich der Liebe der Erwachsenen um sich herum sicher ist. Ob sich Montessori dessen als Kind selbst sicher war, ist fraglich. Ihre Bemerkung, dass gerade empfindsame Kinder oft ihr ganzes Leben lang das Bedürfnis nach besonderer Zuneigung und Anerkennung haben, gibt jedenfalls zu denken. Dasselbe gilt für ihren Wunsch, Schauspielerin zu werden. Kinder, die der destruktiven Macht von Ombius zum Opfer gefallen sind, haben ihrer Ansicht nach die Tendenz, in die Fantasie zu flüchten. Mit diesen Äußerungen weist Maria alle Formen von Fantasie zurück, die nicht mit der Realität in Verbindung stehen. Damit verurteilt sie implizit auch einen wichtigen (und einträglichen) Aspekt ihrer eigenen Persönlichkeit, nämlich ihre Theatralität. Und doch ist es vielleicht gerade ihr neugieriger, fantasiereicher Geist gewesen, der sie von Kind an in die Lage versetzte, ihren Wünschen eine eigene Stimme, einen eigenen Körper zu geben. Victor passt sich dem Pariser Leben nicht an, weil die Verlockungen des zivilisierten Lebens keine Anziehungskraft auf ihn ausüben. Auch wenn er auf diese Weise Itard besiegt, ist er doch gleichzeitig ein Verlierer, weil er nicht in die Wildnis zurückkehren kann. So bleibt er im Kontrast von »Wildheit« und »Zivilisation« eingesperrt. Blaubarts letzte Frau durchbricht genau diesen Gegensatz. Sie bleibt ihrer eigenen »wilden« Seele treu und gibt dem Wunsch nach Wissen nach, indem sie das Geheimzimmer öffnet.

Auch Maria gibt ihrem Verlangen nach, die Geheimnisse der »zivilisierten« Welt zu erkunden. Als Zwölfjährige teilte sie ihren Eltern mit, sie wolle eine technische Schule besuchen, weil sie Ingenieur zu werden wünschte, ein Beruf, der wie kein anderer das moderne Streben, der Welt aktiv Form zu geben, verkörpert. In den Augen des Ingenieurs steht die Welt für menschliche Intervention offen und wird ein »Design«, eine Konstruktion. Alle Eigenschaften und Fähigkeiten, die für das Ingenieurwesen gefordert werden, wurden zu Marias Zeiten ausschließlich mit Männern assoziiert. Von Frauen erwartete man, passive, rezeptive Wesen zu sein, die weder mit technischer Einsicht bedacht sind noch mit dem Vermögen, sich selbstständig, beherrscht, rational und stabil die Welt gefügig zu machen. Warum ein Mädchen wie Maria ausgerechnet das Ingenieurwesen als Mittel zur Realisierung ihrer Träume sah, ist eine Frage, die ebenso interessant wie schwierig zu beantworten ist. Der Beruf des Ingenieurs öffnete die Tür zu einer Domäne, die für Frauen absolut verboten war. Deutlich ist jedenfalls, dass die erste Phase ihres heldenhaften Abenteuers in der modernen Zivilisation sie in eine von Männern beherrschte Welt brachte. Diese erste Phase begann im Herbst 1883, als sie die Klassenräume der römischen Reichstechnischen Schule Michelangelo Buonarroti betrat.

Auf dem Seziertisch

Geschichten über heldenhafte Abenteuer sind Geschichten von Grenzüberschreitungen. Es gibt immer einen Moment, in dem die Hauptperson, in der Regel ein Mann, die sichere Geborgenheit der Welt der gewöhnlichen Sterblichen verlässt und sich in Sphären wagt, in die niemand vor ihm je einen Fuß gesetzt hat. Um den ungewohnten, übermenschlichen Charakter dieses Schrittes zum Ausdruck zu bringen, beginnt der Held sein Abenteuer allein. Es überrascht dann auch nicht, dass der mutige Charakter dieser ersten Tat, mit der sich Maria deutlich von »normalen« Mädchen unterschied, in der Heldengeschichte über ihr Leben noch etwas stärker betont wird, indem man den Eindruck erweckt, sie besuchte als einziges Mädchen die Reichstechnische Schule Michelangelo Buonarroti. Aus anderen Quellen wissen wir aber, dass es noch ein weiteres tapferes Mädchen[27] gab, das gemeinsam mit Maria am Unterricht teilnahm. Anders als Maria ist es diesem Mädchen allerdings nicht gelungen, weitere Spuren in der Geschichte zu hinterlassen, so dass wir nicht einmal ihren Namen kennen und uns mit der simplen, aber bedeutungsvollen Tatsache ihrer Anwesenheit begnügen müssen.

Auch wenn Maria also nicht ganz allein in dem Abenteuer war, das sie der amorphen Anonymität entrückte, in der sie bis dahin verkehrt hatte, trägt dieses Abenteuer dennoch alle Kennzeichen einer Heldenreise. Sie kam immerhin in eine vollkommen fremde Welt, in der buchstäblich und im übertragenen Sinne kein Platz für sie war. So gab es zum Beispiel keine gesonderten Toiletten für Mädchen, wodurch die Mädchen gezwungen waren, sich entweder zu beherrschen oder aber eine sehr intime Konfrontation mit den »legitimen« Bewohnern der Schule einzugehen: den Jungen. Diese Jungen akzeptierten nicht, dass man in ihre Domäne einbrach, und belästigten die Mädchen auf jede mögliche Weise. Nach einiger Zeit wurde beschlossen, die Mädchen während der Pausen in einem Klassenzimmer einzuschließen, damit sie vor den Schikanen geschützt sein sollten. Das mag den beiden Ruhe verschafft haben, aber es beraubte Maria auch der Möglichkeit, im Spiel den Kampf mit ihren Klassenkameraden aufzunehmen und so wie in der Grundschule zu versuchen, die Führung zu übernehmen. Diese erzwungene Isolation, die das Bewusstsein, etwas Außergewöhnliches zu sein, vermutlich verstärkt hat, war nur eine der Schwierigkeiten, die Maria überstehen musste. Das Unterrichtssystem war ein weiteres Hindernis, das besiegt werden musste. Die Unterrichtsstunden waren nämlich so aufgebaut, dass sie alles töteten, was Maria später so wichtig finden sollte: Neugier, Experimentierlust, individuelle Freiheit, intellektuelles Vergnügen. Alle Schüler mussten den Lehrstoff auf dieselbe Art und Weise und im selben Tempo aufnehmen. Beobachten und Experimentieren, die wichtigsten Prinzipien der modernen Wissenschaft, waren Fertigkeiten, die nicht unterrichtet wurden. Wissen erwarb man, indem man sich passiv auf Theorien anderer stützte; eigene Wahrnehmungen durften nicht hinzugezogen werden. Außerdem war der Stundenplan sehr streng; jeder Tag lief auf dieselbe eintönige Weise ab, weil es keinerlei Raum für spontane Aktivitäten gab. Maria überstand diese Prüfung ohne offene Rebellion. Wieder waren die höchsten Noten, die sie erzielte, die für Betragen; wieder unterschied sie sich in den übrigen Fächern nicht durch besonders gute Resultate. Offensichtlich ging es in dieser ersten Phase ihrer Heldenreise schlichtweg ums Überleben.

Eine Heldengeschichte

In Geschichten über Helden und Heldinnen bekommen es diese während ihres Kampfes, um in einer fremden Welt zu bestehen, nicht nur mit dem Widerstand der »natürlichen« Bewohner zu tun, sondern auch mit dem der dienstbaren Geister aus der Welt, von der sie Abstand nehmen wollen. Oft arbeitet ihre Familie gegen sie, die sie auf einen anderen, weniger gefährlichen Lebensweg zu lenken probiert. Mädchen haben es fast immer mit Versuchen zu tun, sie in einer Ehe einzusperren und sie so daran zu hindern, in die weite Welt zu ziehen. Ob es ihnen gelingt, ein außergewöhnliches Leben zu führen, hängt dann auch in erheblichem Maße von ihrer Fähigkeit ab, sich gegen ihre Eltern aufzulehnen und einem Lockruf zu gehorchen, der von anderswo kommt.

Auch in der Heldengeschichte über Marias Leben ist vom Widerstand in ihrer Familie die Rede. Der kommt vonseiten ihres Vaters. Er soll ihre keine Unterstützung gegeben und sich im Hintergrund gehalten haben. Ob dieser Widerstand wirklich so groß war, wie behauptet wird, ist jedoch die Frage. Es fällt jedenfalls auf, dass Alessandro, trotz seiner Zurückhaltung gegenüber Marias Wunsch, Ingenieur zu werden, sie dennoch nicht davon abgehalten hat, was ein Vater in dieser Zeit leicht hätte tun können. Auch stellt sich die Frage, ob die Unterstützung, die Maria sehr wohl bekam, nämlich die ihrer Mutter, sie ausschließlich positiv angespornt hat, wie immer gesagt wird. Renilde, die selbst Autodidaktin war, hat Maria ermutigt, den Unterrichtsstoff aktiv und auf ihre eigene Weise zu verarbeiten, statt nur passive, sklavische Empfängerin von Wissen zu sein. Kenntnis von der Welt konnte, so sollte Maria später schreiben, nur erworben werden, indem man selbst »Schöpfer« war: Man musste das, was man in sich aufnahm, auf seine eigene Weise assimilieren und anschließend der Welt in einer neuen Form zurückgeben. Auch wenn Renildes Solidarität Marias Einsamkeit zweifellos weniger schmerzlich gemacht hat, ist es doch die

Frage, ob Renilde Maria den Raum ließ, das, was sie in der Schule erlebte, auf ihre eigene Art zu verarbeiten. Der Eindruck, den die Beschreibungen der Unterstützung Renildes hinterlassen, ist der einer drückenden, allgegenwärtigen Anwesenheit: Wenn Maria nach Hause kam, besprachen Mutter und Tochter während des restlichen Abends die Ereignisse in der Schule und gingen das Gelernte durch, bis es Zeit war, ins Bett zu gehen.

Abb. 3: Maria Montessori mit 17 Jahren

Maria scheint sich in dieser Zeit in der beschützenden Umarmung ihrer Mutter gewärmt zu haben. Sie wird dann auch keine Heldin, indem sie sich gegen ihre Mutter auflehnt, sondern indem sie auf Abstand zu ihrem Vater geht. Sein Widerstand und derjenige der Jungen in der Schule scheint die wettbewerbsbereite und kämpferische Haltung herauszufordern, die für die erwachsene Maria so charakteristisch ist. Als betagte Frau schrieb sie zum Beispiel an Anna Maccheroni: »Es geht mir gut, aber meine Lebendigkeit und mein Vertrauen nehmen allmählich ab. Vielleicht liegt es daran, dass alles sehr gut läuft und ich keine Spannungen erlebe: Mir fehlt der Ansporn durch den Kampf!«[28] Mehr als in der Grundschule nahm Marias Außergewöhnlichkeit in dieser Periode aufgrund ihres Geschlechts Gestalt an. Jedes Interesse, ganz gleich, wie kränkend es auch war, hatte mit der Tatsache zu tun, dass sie ein Mädchen war. Sie muss sich dann auch, mehr als es schon normalerweise während der Pubertät geschieht, ihrer Weiblichkeit und der Vor- und Nachteile, die diese mit sich brachte, stark bewusst geworden sein. Umringt von Jungen musste sie zwar ihren spottenden und abfälligen Blicken trotzen, aber sie wurde »gesehen«, und gesehen zu werden ist etwas, das für Maria Montessori immer eine wichtige Antriebsfeder für alles, was sie tat, geblieben ist.

Das letztendliche Ergebnis der Jahre, in denen sich Maria als echte Heldin in einer feindlichen Umgebung behauptete, war ausgezeichnet: 1886 bestand sie mit guten Noten ihr Abschlussexamen. Das führte zu ihrem Entschluss, ihre Ausbildung am Reichstechnischen Institut Leonardo da Vinci fortzusetzen. Dort studierte sie zwischen 1886 und 1890, Jahre, in denen sie eine wahre Leidenschaft für die Mathematik entwickelte. Diese Leidenschaft sollte sie nie mehr loslassen und brachte sie dazu, Mathematik an der Universität von Rom studieren zu wollen. Mit diesem Wunsch trat Maria direkt in die Fußstapfen ihres Vaters, der ebenfalls Mathematik studiert hatte. Ob das einer der Gründe war, weswegen sich Alessandro Marias Wunsch widersetzte, wissen wir nicht. Es ist auch nicht klar, ob es vielleicht (auch) die Haltung ihres Vaters gewesen ist, die sie damals von einem Universitätsstudium der Mathematik hat absehen lassen. Es ist auch sehr gut möglich, dass sein Widerstand Maria wie immer anspornte, sich mit ihm zu messen, indem sie anders war. Der neue Entschluss, den sie 1890 fasste, war für ihren Vater jedenfalls mindestens ebenso provozierend wie ihr früheres

Vorhaben, Mathematik zu studieren. Nachdem sie das Abschlussexamen des Leonardo-da-Vinci-Instituts mit guten Ergebnissen abgelegt hatte, äußerte Maria nämlich völlig unerwartet, Medizin studieren zu wollen.

Mit diesem Beschluss folgte Maria dem Lockruf von anderswo und nahm Abstand von der Welt ihrer Eltern, inklusive der ihrer Mutter, die ihrer Entscheidung für die Medizin zwiespältig gegenüberstand. Die Geschichte, die Maria viele Jahre später über diesen Wendepunkt erzählt, ist denn auch eine Geschichte über Gehorsam. Gehorsam gegenüber dem unerklärlichen Drang einer inneren Kraft, »die stärker war als sie selbst«.[29] Anna Maccheroni schreibt, Montessori habe ihr einmal erzählt, dass sie selbst nicht wusste, warum sie plötzlich anderer Meinung war. »Es geschah blitzschnell. Eines Abends sah Maria auf einer Straße in Rom eine arme Frau, die auf dem Bürgersteig saß. Sie hatte ein kleines Kind auf dem Schoß, das einen Fetzen roten Papiers in den Händen hielt. Sie erinnerte sich sehr gut an diese Einzelheit und kam in ihrer Beschreibung der Szene immer wieder darauf zurück. Sie sagte, in diesem Moment habe sie genau gewusst, dass sie Medizin studieren wollte. Während sie mir dieses seltsame Ereignis erzählte, hatten ihre Augen einen mysteriösen, nach innen gekehrten Ausdruck, als würde sie nach den Dingen graben, die hinter den Worten liegen. Und sie selbst fragte sich: ›Warum?‹ Mit einer kaum wahrnehmbaren, ausdrucksvollen Geste ihrer Hand machte sie deutlich, dass in uns unerklärliche Dinge geschehen, die uns zu einem Ziel führen, das wir selbst nicht kennen …«[30]

Auch wenn wir nicht wissen, ob Maria ihre Entscheidung wirklich aus Anlass einer Begegnung mit einer römischen Frau aus dem Volke getroffen hat, ist das Bild interessant, das sie wählt, um die Geschichte einer unerklärlichen, aber entscheidenden Wendung in ihrem Leben zu erzählen. Sie eignet sich damit ein wichtiges Thema der Heldengeschichte an, das Thema des Führers, der den Übergang zum neuen Leben vereinfacht. Wenn die Hauptfigur einer solchen Geschichte einmal den Sprung ins Unbekannte gewagt hat, weiß sie anfangs nicht genau, durch welche Kräfte sie sich leiten lassen soll. Einerseits sind da die Stimmen aus der Welt, die der Held hinter sich gelassen hat. Indem er ihnen lauscht, droht er sich zu verirren, weil diese Stimmen Kräfte repräsentieren, die den Helden auf seiner Entdeckungsreise zurückhalten wollen. Nachdem er eine Zeit lang ein wenig ziellos herumgeirrt ist, hört der Held in einem bestimmten Moment andere Stimmen, die ihm den Weg in seine neue Welt zeigen. Die »guten« Stimmen nehmen in den Heldengeschichten manchmal eine konkrete Gestalt an. So wurde Jeanne d'Arc – der Archetyp des weiblichen Helden – nach eigener Aussage durch die heilige Katharina von Alexandria und durch Margareta von Antiochia geführt.[31] Aber egal, ob es nun identifizierbare Figuren betrifft oder nicht; es geht immer um Führer, die den Helden oder die Heldin durch das unbekannte Gebiet ihres eigenen Lebens leiten.

Wendepunkt

In den Geschichten über heldenhafte Abenteuer kommt es natürlich darauf an, dass die Hauptperson im richtigen Moment einsieht, welcher Stimme sie gehorchen muss, um die Heldenreise zu einem guten Ende bringen zu können. Später, als Maria selbst zur Führerin für andere geworden ist, lässt sie die Kinder in ihren Kinderhäusern so genannte »Stilleübungen« machen. Diese Übungen, die viel Aufsehen erregten und auf einiges Unverständnis stießen, kann man als einen Versuch Marias sehen, Kindern beizubringen, die Stimme zu erkennen, der sie gehorchen sollten. Die Kinder mussten sich in einem Raum versammeln, der vollkommen abgedunkelt war. Sie bekamen die Anweisung, die Augen zu schließen und in absoluter Stille auf den Moment zu warten, in dem Maria sie eins nach dem anderen zu sich rief. »Ich spreche mit tiefer Stimme«, berichtet Montessori, »wobei ich die Silben sehr langsam artikuliere, als riefe ich die

Kinder von der anderen Seite der Berge. Diese fast okkulte Stimme scheint sich direkt ans Herz und an die Seele des Kindes zu wenden. Jedes Kind, das gerufen wird, hebt den Kopf, öffnet die Augen und ist zutiefst glücklich. Dann steht es auf, ganz still, ohne mit seinem Stuhl zu lärmen und läuft auf Zehenspitzen, so leise, dass man es kaum hört ... Derjenige, der gerufen wird, fühlt, dass er auserkoren ist, dass er ein Geschenk erhalten hat, einen Preis. Und doch wissen sie auch, dass sie alle aufgerufen werden ... Nach solchen Übungen kam es mir so vor, als liebten mich die Kinder mehr als vorher. Auf jeden Fall waren sie gehorsamer und lieber. Das ist auch verständlich, weil wir, abgesondert von der Welt, einige Minuten inniger Gemeinschaft erfahren hatten, ich, indem ich sie suchte und rief, und sie, indem sie in tiefster Stille der Stimme lauschten, die jedes von ihnen persönlich rief und die sie in diesem Moment als das Beste von allen anderen Kindern unterschied.«[32]

In diesen Stilleübungen ist es eine freudvolle Erfahrung, durch eine höhere Macht gerufen zu werden. Indem es der Stimme lauscht, die diese höhere Macht repräsentiert, erfüllt das Kind ein Verlangen, das Montessori als »brennend« betitelt: das Verlangen, »etwas oder jemandem« zu gehorchen, »das oder der sie ins Leben führt«.[33] Jemand, der auf diese Weise gehorcht, erfährt, dass sein individueller Wille wirklich mit dem einer höheren Macht zusammenfließt, so Montessori. Der Unterschied zwischen der individuellen und der kollektiven Realität verschwindet, weil sich das Individuum in etwas aufgenommen weiß, das größer ist als es selbst. Diese Art von Gehorsam wird in Montessoris Augen auch nicht als Verlust eigener persönlicher Macht erfahren, im Gegenteil. Das Kind beugt sich zwar demütig der Kraft des höheren Willens, es fühlt sich aber auch auserkoren, weil es gerufen wird.

Es kam kein Wort über die Lippen der Frau aus der römischen Arbeiterklasse, und doch gehorchte Maria der Kraft, die diese Mutter mit Kind darzustellen schien. Was hatte sie Maria zu sagen? Heldengeschichten können – auch – als Darstellungen der unsichtbaren Transformationen, die sich im Seelenleben vollziehen, gesehen werden. Weil innere Veränderung durch und im Kampf zwischen dem Verlangen, am Bekannten festzuhalten, und dem Drang, sich ins Unbekannte zu begeben, zustande kommt, ist das Thema des Wendepunktes in Heldengeschichten sehr wichtig. Wendepunkte sind jedenfalls die Momente, in denen jemand zu der Einsicht gelangt, dass alte innere Richtlinien nicht mehr ausreichen. Andere Leitsterne tauchen im Nebel auf; Führer, die das Neue im Leben des Helden verkörpern und darum häufig einen lebendigen Kontrast zur Gestalt des Helden bilden. Ist das einer der Gründe, weshalb Maria der Geschichte über ihren plötzlichen Entschluss, Medizin zu studieren, die Form einer Begegnung mit einer armen Frau aus der römischen Arbeiterklasse gab? Aber was haben ihr Mutter und Kind gezeigt? Warum sind gerade sie es, die Maria verdeutlichten, dass sie etwas anderes will als Mathematik studieren?

Die Figur des einfachen Mannes oder der Frau aus dem Volk dient in den Heldengeschichten des 19. Jahrhunderts öfter als Katalysator für radikale Wenden. Als Außenstehende, die sie sind, verkörpern diese Figuren meistens das reine, unkonventionelle Gefühlsleben, das der Held in seinem Leben vermisst. Besonders Prostituierte und Bettler – die *outcasts* schlechthin – weisen Helden recht häufig den Weg zu ihrer wahren Bestimmung. In den Geschichten über diese Art Bekehrungen werden die Konfrontationen mit den *outcasts* dann auch häufig als Beginn des speziellen »Opus« präsentiert, mit dem der Held Bekanntheit erwerben wird.

Auch Montessoris Erinnerung an die Begegnung mit der römischen Frau aus dem Volk kann als eine Geschichte vom Beginn dessen gesehen werden, was einmal ihr spezieller Stil als Wissenschaftlerin werden sollte; ein Stil, in dem sich wissenschaftliche Distanz und liebevolles Engagement nicht ausschließen. Die Begegnung markiert aber auch einen Abschied, nämlich von dem Wunsch, Ingenieur zu werden. Warum ließen

Mutter und Kind Maria einsehen, dass ihr Werk anders sein musste als das Projekt des Ingenieurs?

Die Figur des Ingenieurs ist wie keine andere mit Konnotationen von Männlichkeit behaftet. Der Ingenieur greift aktiv in die Welt ein, indem er moderne technische Kultur entwirft, deren hauptsächliches Symbol die Stadt ist. Er legt die Wildheit an die Leine und schließt sie in seinen Konstruktionen ein. Was er verkörpert, steht in scharfen Kontrast zu dem, was die römische Frau aus dem Volk in Montessoris Geschichte symbolisiert. Sie sitzt ruhig auf dem Bürgersteig der Stadt, immun gegen die Eile und das Gewühl der Menge. Mit ihrem spielenden Kind auf dem Schoß repräsentiert sie ein besonders häusliches Bild, das scheinbar nicht in das dynamische, öffentliche Leben der Stadt passt. Und doch sitzt sie da und nimmt sichtbar ihren Platz in der modernen Kultur ein. Noch dazu einen Platz, an dem Beziehungen eine andere Bedeutung haben als im Universum des Ingenieurs. Der Ingenieur hat eine abstrakte Beziehung zu den Menschen, für die seine Entwürfe bestimmt sind; die römische Mutter hat eine konkrete Beziehung mit dem Kind auf ihrem Schoß.

Mathematiker, Physiker und Chemiker erforschen keine konkreten Menschen, Ärzte sehr wohl. Darin lag für Maria die Anziehungskraft der Medizin. Mit dieser Ansicht stand sie nicht allein. Der Wunsch, sich mit Menschen aus Fleisch und Blut zu beschäftigen, war die wichtigste Motivation für die Generation junger Männer, die ab 1860 in die italienischen Universitäten strömten, um Medizin zu studieren. Es waren Männer, die sich danach sehnten, das Objekt der Forschung wirklich anzufassen, statt es mittels trockener theoretischer Abhandlungen kennen zu lernen. Sie trieben auf dem Strom des Positivismus, unter dessen Einfluss sich die medizinische Wissenschaft in relativ kurzer Zeit von einer spekulativen in eine experimentelle Wissenschaft veränderte. Als Maria 1890 beschloss, Medizin zu studieren, war diese Entwicklung bereits seit etwa fünfzehn Jahren vollzogen. Sie trat also in eine Welt ein, die in theoretischer und praktischer Hinsicht vom Positivismus regiert wurde. Nicht die Theorie, sondern die Beobachtung, das Experiment, wurde als Anfangspunkt neuen »positiven« Wissens betrachtet. Der konkrete Körper und nicht der unfassbare menschliche Geist sollte in den Beobachtungen und Experimenten der Ärzte Ausgangspunkt für Diagnosen und Theorien über Krankheit und Gesundheit sein. Die Theorien erstreckten sich auch bis zur Gemeinschaft als Ganzem, die in der medizinischen Bildersprache zum Körper wurde, einem sozialen Organismus, der krank und gesund sein konnte. Viele der neuen Ärzte beschäftigten sich tatsächlich nicht nur mit kranken Individuen, sondern dem Wohl und Wehe der Gesellschaft in ihrer Ganzheit. Genährt durch Erkenntnisse aus verwandten und von denselben Prinzipien geleiteten Disziplinen wie der Kriminologie, der Anthropologie und der Psychologie stellten sie sich in den Dienst des Fortschritts – eines Fortschritts, der aus ihrer Sicht nicht aus zersetzenden Revolutionen, sondern aus unermüdlichen Anstrengungen von Wissenschaftlern wie ihnen hervorgehen sollte.

Medizin

Die Welt, für die sich Maria entschied, als sie beschloss, Arzt statt Ingenieur zu werden, war wieder eine Welt, die von Männern dominiert wurde. Während das Bollwerk der Ingenieure aber nach wie vor von undurchdringlichen Mauern umringt war, hatte man in die Burg der Mediziner kleine Breschen geschlagen. Unter dem Einfluss der Frauenbewegung, die in Italien im Kielwasser der nationalen Einswerdung entstanden war, waren die ersten Diskussionen über die Frage, ob Frauen Ärzte werden konnten oder durften, entbrannt. Befürworter und Gegner kreuzten ab 1870 über die (Nicht-)Eignung von Frauen für diesen Beruf die Klingen. Die unterstellte größere Feinfühligkeit von Frauen diente dabei abwechselnd als Argument dafür oder dagegen. Wo Feministinnen wie Gualberta Beccari der Ansicht waren, dass die größere Feinfühligkeit ein Vorteil war und außerdem einem rationalen und selbstständigen Standpunkt nicht im Weg stand, da bezweifelten die Gegner weiblicher Ärzte natürlich gerade Letzteres.

Zu der Zeit, als Maria 1892 als Medizinstudentin der Universität Rom ihr Studium aufnahm, war die Schlacht um den weiblichen Arzt noch lange nicht geschlagen. Aber es stimmt nicht, dass sie, wie sie selbst behauptet hat, die erste italienische Frau war, die Medizin studierte.[34] Anderswo in Italien waren Frauen wie Anna Kuliscioff ihr bereits vorangegangen. Das Bild, das Maria – im Nachhinein – von sich selbst als »Erste unter den Frauen« zeichnete, gehört denn auch zur Heldengeschichte über ihr Leben, worin sie stets als einsame Pionierin und Wegbereiterin auftritt. Das gilt auch für das Wenige, das über die Art und Weise, wie es ihr gelungen war, zum Medizinstudium zugelassen zu werden, bekannt wurde. Der erste notwendige Schritt, um sich auf das Examen vorbereiten zu können, das ihr Zugang zu diesem Studium verschaffen sollte, war im Herbst 1890 ihre Einschreibung als Studentin der Mathematik und Physik. Dieser Schritt verlief offensichtlich ohne nennenswerte Probleme. Das galt nicht für ihren Eintritt als Studentin an der medizinischen Fakultät. Dafür war die Zustimmung des Kultusministers notwendig. Dieser Minister namens Guido Baccelli, der selbst Arzt war, gab Maria Montessori in einer persönlichen Unterredung zu verstehen, es könne gar keine Rede davon sein, dass man sie zum Medizinstudium zulassen werde. Maria ließ ihn jedoch am Ende ihres Gesprächs wissen, dass sie, wie auch immer, Medizin studieren werde.[35]

Diese natürlich erst im Anschluss aufgezeichnete entschlossene Äußerung erwies sich als prophetisch: Im Herbst 1892 wurde Maria Medizinstudentin. Und so wie die Erfüllung von Prophezeiungen für sich spricht und nicht näher erläutert werden muss, bleibt es auch ein Rätsel, wie es Maria gelungen war, den Zugang zum Bollwerk Medizin zu erzwingen. Vielleicht

Auf dem Seziertisch 51

hat sie, wie eine ihrer späteren Studentinnen suggeriert, von den Netzwerken ihres Vaters Gebrauch machen können. Angesichts seiner wichtigen Funktion im Finanzministerium saß Alessandro nicht nur dicht an der Quelle der Regierung, sondern gehörte auch zu dem in politischen Kreisen so einflussreichen Freimaurermilieu. Wenn Alessandro Maria tatsächlich bei ihren Versuchen, in die Universität vorzudringen, geholfen hat, dann gerät das Bild Alessandros als Hindernis auf Marias Weg noch etwas stärker unter Druck. Er mag über Marias Tatendrang nicht sehr glücklich gewesen sein, aber er hielt sie auch jetzt nicht davon ab. Er begleitete sie sogar zur Universität und später zu den Krankenhäusern, wo sie ihre Praxiserfahrung sammeln sollte, weil man es nicht für schicklich hielt, dass Frauen ihres Standes allein über die Straße gingen. Die Unterstützung ihres Vaters scheint auch weniger nicht vorhanden als von sehr anderer Art als die ihrer Mutter gewesen zu sein. Wo Alessandro die praktischen Voraussetzungen schuf, unter denen Maria Studentin sein konnte, war es wieder Renilde, die in den ersten Jahren von Marias Studium mit ihrer Tochter Gedanken über das universitäre Leben austauschte. Auf dem Weg über ihre Tochter konnte Renilde den Glanz einer Welt auffangen, die ihr selbst verschlossen geblieben war. Voller Ungeduld wartete sie abends auf Maria, brennend vor Verlangen zu hören, was ihre Tochter gelernt und erlebt hatte. Wenn sich Maria dann an ihren Schreibtisch setzte, ließ Renilde die Tür zu Marias Zimmer offen. Sie selbst blieb im angrenzenden Zimmer, um zu lesen und zu rauchen, wobei sie ab und zu einen forschenden Blick auf ihre studierende Tochter warf. So blieben die beiden Frauen auf eine komplizierte Weise miteinander verbunden, bis es Zeit war, ins Bett zu gehen, und Maria sich von dem liebevollen, allgegenwärtigen Blick ihrer Mutter befreien konnte.

Auch tagsüber an der Universität war Maria Blicken ausgesetzt, die, so sagt die Heldengeschichte, schwer auf ihr lasteten. Um die Kontakte zu ihren Mitstudenten auf ein Minimum zu begrenzen, hatte man festgelegt, dass Maria die Hörsäle erst betreten durfte, nachdem sich alle anderen gesetzt hatten. Weil sie in der ersten Reihe Platz nehmen musste, war sie gezwungen, allein durch den Gang zu gehen, während alle sie anstarrten. Um das zu überstehen, maßte sich Maria eine überhebliche Haltung an, wobei sie mitten durch ihre Mitstudenten schaute. Das rief die entsprechenden Reaktionen hervor: Wenn sie durch die Gänge lief, bliesen die Jungen ihre Wangen auf, um die Luft anschließend mit einem verächtlichen Prusten wieder auszustoßen. Während Maria sie keines Blickes würdigte, murmelte sie vor sich hin, gerade laut genug, um gehört zu werden: »Je kräftiger ihr blast, desto höher kann ich steigen.«[36] Einmal, als ein Junge in der Bank hinter ihr mit dem Fuß gegen Marias Bank zu drücken begann, drehte sie sich mit einem solchen Ausdruck auf dem Gesicht um, dass dieser seinem Kameraden zurief: »Noch so einen Blick und ich war einmal!«

Auf diesem Schlachtfeld einander kreuzender, tödlicher Blicke ist Maria wieder einmal die Königin. Dank der Besonderheit ihres Geschlechts gelingt es ihr, alle Blicke auf sich zu ziehen. Objekt von Verehrung und Verschmähung ist sie es, die als Subjekt triumphierend aus diesem Kampf ums Gesehenwerden hervortritt. Das heißt, zumindest bis sie mit einer ganz anderen Art von Objektivierung konfrontiert wird, einer Objektivierung, die sie des besonderen Charakters zu berauben droht, den sie gerade von ihrem Geschlecht ableitet.

Im Seziersaal

Die Konfrontation fand an einem sonnigen Morgen im Jahre 1894 statt, als Maria am Seziersaal der Universität eintraf, um dort ihre erste Anatomiestunde zu erhalten. Sie war allein, weil es undenkbar war, dass eine Frau in Gesellschaft männlicher Mitstudenten einen nackten Körper betrachten würde, selbst wenn es sich um einen toten Körper handelte. Darum war verabredet worden, dass Maria Privatunterricht erhalten sollte.

Weil sie zu früh war, beschloss sie, schon mal hineinzugehen und sich umzusehen. Dort erwartete sie eine abschreckende Szene. Im Halbdunkel sah sie mannshohe Schränke mit Vorratsgläsern, die mit Eingeweiden und anderen Organen in Alkohol gefüllt waren. In gläsernen Vitrinen grinsten sie Reihen von Schädeln an. Riesige Skelette standen im Saal verstreut herum und schienen auf sie zuzukommen, so dass sie instinktiv zurückwich. Sie konnte, so schrieb sie später ihrer Freundin Clara, nur fühlen, nicht denken. Während sie sich durch den großen Saal schob, versuchte sie sich abzulenken, indem sie die Windungen der präparierten Hirne zählte. »Allmählich spürte ich aber«, schrieb sie, »wie mich eine unsichtbare Kraft zwang, an mein eigenes Gehirn zu denken, so dass sich meine Gedanken in meinem eigenen Hirn auf die Suche nach den Windungen machten.« Plötzlich war es, als würde sich ein Skelett bewegen. »Mein Gott«, dachte Maria bei sich, »was habe ich getan, um so leiden zu müssen? Warum bin ich hier alleine inmitten all dieses Todes?« Mit einem Schock machte sie sich klar, dass sie das Skelett vielleicht würde anfassen müssen. »Ein Schauder fuhr mir in die Knochen. Ich fühlte mich, als würde sich mein Gerippe vom Rest meines Körpers lösen, als wäre ich nur noch so ein Skelett wie das, was vor mir stand.«[37]

Sie versuchte ihr Gleichgewicht wiederzufinden, indem sie zum Fenster ging und es öffnete. »Es war hell draußen; Menschen liefen vorbei, die Frauen in farbenfrohen Kleidern. Alles wirkte so schön. Auf der Schwelle eines Ladens auf der gegenüber liegenden Seite der Straße stand eine junge Hutverkäuferin. Ich beneidete sie zutiefst. Sie war draußen, sie war frei, alles um sie herum lebte. Ihre Gedanken reichten nicht weiter als bis zu ihren Hüten. Sie war zufrieden, wenn sie etwas verkaufte. Sie nahm, ohne dass es ihr bewusst war, an einem unermesslichen Glück teil. Sie spürte das Sonnenlicht auf ihrer Haut und genoss es, ohne darüber nachzudenken …«

Genau wie Maria mit ihrer Geschichte über die Begegnung mit der Frau aus dem römischen Volk eine innere Umkehr zum

Ausdruck brachte, so bezieht sich auch ihre Beschreibung der Erfahrung im Seziersaal auf ein wichtiges psychologisches Thema, nämlich auf die Konfrontation mit dem Tod, die einen Menschen für immer verändert. Marias brutale Einweihung in das Mysterium des Todes erinnert stark an die Szene, in der Blaubarts letzte Frau die Tür zum Geheimzimmer öffnet und dort die blutüberströmten Frauen sieht, die von ihrem eigenen Ehemann ermordet wurden. Blaubarts Frau weicht zurück, als ihr bewusst wird, dass die Toten im Zimmer Frauen waren wie sie selbst. Schnell schließt sie die Tür, aber sie kann nicht alle Spuren ihrer Initiation verwischen: Obwohl sie heftig putzt, bleibt dennoch Blut am Schlüssel des Geheimzimmers kleben.

Auch Maria gelang es nicht, sich von den Schrecken zu befreien. Sie wollte gern entkommen und sich im Sonnenlicht und am Anblick einer lebendigen glücklichen Frau wärmen, aber sie nahm sich zusammen und harrte im Seziersaal der Dinge, die kommen sollten. Der Unterricht begann; etwas wurde auf den Seziertisch gelegt. »Ich schaute hin. Es war etwas Dunkles, etwas Weiches, etwas Missgebildetes und es stank abscheulich. Dann brachten sie eine Schüssel mit ein paar Knochen herein. Durch das rosige Fleisch, das daran saß, sahen sie sehr frisch aus. Dieses Fleisch nahm in meinem überhitzten Gehirn gigantische Ausmaße an. Ich fühlte mich, als sei mein eigenes Fleisch durch einen sehr dünnen Draht mit diesem anderen Fleisch verbunden. ›Das sind die Knochen einer Person, die gedacht hat‹, und ich konnte meine Augen nicht davon abwenden. Ich konnte die Vorstellung nicht ertragen, dass diese armseligen Reste einmal von einem moralischen Leben, von Gedanken, von Schmerz beseelt gewesen waren.« Plötzlich schreckte die Stimme des Professors sie aus ihrer Trance auf, als er sagte: »Bei Menschen liegt der Reproduktionsapparat inwendig.« »Mir war, als würde mir ein Messer ins Herz gestoßen«, schrieb Maria ihrer Freundin, »das Blut stieg mir in Wellen in den Kopf. Ich wollte mich übergeben, aber es ging nicht. Das Blut stieg immer weiter und weiter und meine Ohren rauschten so, dass ich kein anderes Geräusch hören konnte. Ein stechender Schmerz klopfte in meinen Schläfen und mein Kopf fühlte sich so schwer an, dass ich ihn stützen musste. Als der Unterricht vorbei war, konnte mein Gehirn wegen all des Bluts, das sich angesammelt hatte, immer noch nicht richtig funktionieren.«

Zu Hause gelang es Maria nicht, ihre Erschütterung vor ihren Eltern verborgen zu halten. Nachdem sie ihnen von dem Abscheu erzählt hatte, der sie im Seziersaal befallen hatte, verlangten sowohl Renilde als auch Alessandro, Maria solle das Studium sofort aufgeben. Äußerst verwirrt ging Maria zu Bett, wo sie nicht einschlafen konnte. Immer wieder erschienen die abscheulichen Bilder vor ihrem geistigen Auge. »Ich dachte unablässig an dieses grauenhafte Skelett«, schrieb sie ihrer Freundin. »Wie würde es erst sein, wenn ich eine Leiche zu sehen bekäme? (...) Ich hatte noch nie einen Toten gesehen. Bis zu dem Moment im Seziersaal war ich wie ein unschuldiges Kind gewesen und das Leben hatte mich geliebt und glücklich gemacht. Meine Mutter hatte mich so erzogen. Meine Unwissenheit hatte mich so rein und verletzlich gemacht. Wie würde ich auf bestimmte Auseinandersetzungen reagieren? Wenn eine Andeutung, eine schlichte Andeutung mich schon so angegriffen hatte (...), dann würde eine detaillierte Beschreibung bestimmt so viel Blut in meinen Kopf jagen, dass ich an einem Gehirnschlag sterben würde. Ich würde nicht nur in Ohnmacht fallen, nein, ich würde sterben.« Nachdem sie beschlossen hatte, die Anatomiestunden aufzugeben, schlief Maria ein, um am nächsten Morgen in dem Bewusstsein zu erwachen, dass sie doch in den Seziersaal zurückkehren würde. Erneut hatte sie keine rationale Erklärung für diesen Beschluss. Ihrer Freundin schrieb sie zwei Jahre später über den Grund: »Wer weiß? (...) Es war wie eine tiefe, innere Überzeugung: Wer kann die erklären? Und ich leerte den bitteren Kelch bis zum Grund.«

Die richtigen Fragen

Psychologen wie Bruno Bettelheim haben Vorfälle, wie sie in der Geschichte von Blaubart beschrieben werden, als (psychologische) Strafe für die sexuelle Neugier von Frauen interpretiert.[38] Auch Maria ließ sich von ihrem Willen leiten, wissen zu wollen, einem Willen, der sie dazu gebracht hat, ganz allein den Seziersaal zu betreten, wo sie nicht nur mit dem Geheimnis des Todes konfrontiert wurde, sondern auch mit dem der menschlichen Fortpflanzung. Aus ihrer Beschreibung dieser »Urszene« ist zu entnehmen, dass sie sich selbst anfänglich wie ein zu Tode Verurteilter fühlte. Aber auch wenn ihr Hinweis den »bitteren Kelch«, den Giftbecher von Sokrates, in Erinnerung bringt, starb Maria nicht, jedenfalls nicht so, wie sie es befürchtete. Doch sie tat etwas Unerhörtes: Sie trotzte nicht nur dem Willen ihres Vaters, sondern auch dem ihrer Mutter und kehrte in den Seziersaal zurück. Dort gelang es ihr, Leichen zu sezieren, ohne sich übergeben zu müssen oder ohnmächtig zu werden. Um den Gestank der präparierten Körper besser zu ertragen, beschäftigte sie einen Mann, dem sie den Auftrag gab, Zigaretten zu rauchen, während sie ihre Arbeit tat. Schließlich fing sie auch selbst an zu rauchen. Um ihre Fantasien im Zaum zu halten, zwang sie sich, sich auf das zu konzentrieren, was sie »wirklich« sah. Sie dachte dabei an Volta, der sich von den Zuckungen der Frösche, an denen er seine Experimente durchführte, nicht ablenken ließ.[39] Stattdessen stellte er die richtige Frage, nämlich: »Warum bewegt sich ein toter Frosch immer noch?« Diese Frage hatte ihn, so hielt sich Maria vor, zu seinen so wichtigen Entdeckungen auf dem Gebiet der Elektrizität gebracht.

Auch Maria versuchte, die richtigen Fragen zu stellen; das ist auch genau das, worum es laut der Psychologin Estés beim Märchen von Blaubart geht.[40] Estés distanziert sich von Interpretationen wie denen Bettelheims, in denen die Neugier von Frauen eine negative Bedeutung erhält. Ihrer Ansicht nach zeigt

Blaubarts Geschichte, dass Frauen gerade dann überleben, wenn sie sich während ihrer Entdeckungen nicht durch die innere Stimme aus dem Takt bringen lassen, die ihnen vorhält, es sei schlecht, Nachforschungen anzustellen und Kenntnis von finsteren Geheimnissen zu erwerben. Die ersten Frauen Blaubarts ließen sich durch die Stimme irreführen und zogen den Kürzeren. Seine letzte Frau aber hält an der Erkenntnis fest, die sie erlangt hat, indem sie die Tür des verbotenen Zimmers öffnete (nämlich dass sie untergeht, wenn sie sich Blaubarts Willen beugt), und weiß, als sie von Blaubart ertappt wird, mit einer List den Aufschub der Exekution zu erlangen. Während dieses Aufschubs stellt sie sich die richtigen Fragen über das, was sie gesehen hat, und versichert sich der Hilfe »männlicher« Kräfte. Es sind gerade diese Kräfte – in der Geschichte verkörpert durch ihre Brüder –, die sie retten und Blaubart töten.

Auch Maria kehrt an den Schauplatz des Schreckens zurück und beruft sich auf die Hilfe rauchender Männer und die Eigenschaften, die in dieser Zeit nahezu ausschließlich Männern zugeschrieben wurden, wie Selbstbeherrschung, Ausdauer, und die Fähigkeit, auf Gefühle und Fantasien zu verzichten. Dennoch ist es fraglich, ob ihr dies tatsächlich die Rettung brachte, die Estés meint. Interessant ist der Brief, den Maria nach ihrem Studienabschluss 1896 an die Freundin schrieb, die sie auch an ihrer Einweihung in die Geheimnisse des Seziersaal hatte teilnehmen lassen. »Jeder beachtet mich und folgt mir, als sei ich eine Berühmtheit. (...) Folgendem verdanke ich meinen Ruhm: Ich sehe zart und ziemlich schüchtern aus, und doch weiß man, dass ich Leichen anschaue und sie berühre, dass mir ihr Gestank gleichgültig ist, dass ich nackte Körper betrachte (ich – als einziges Mädchen unter so vielen Männern!), ohne in Ohnmacht zu fallen. Dass mich nichts aus der Ruhe bringt, nichts; noch nicht einmal ein Examen vor Publikum; dass ich mit lauter Stimme so ungerührt und kaltblütig über komplizierte Sachverhalte spreche, dass selbst die Prüfer dadurch in Verlegenheit geraten; dass ich die moralische Kraft besitze, die man nur bei sehr alten und stattlichen Frauen antrifft; dass ich genauso unbewegt eine verweste Leiche anfasse, wie ich mir die öffentlichen Lobpreisungen einer wissenschaftlichen Berühmtheit anhöre.

Hier bin ich also: berühmt! Aber das ist nicht so schwierig, wie du siehst. Ich bin ja nicht wegen meiner Fachkenntnis oder meiner Intelligenz berühmt, sondern wegen meines Mutes und meiner Gleichgültigkeit gegenüber allem und jedem. Das ist etwas, das man, wenn man nur will, jederzeit erreichen kann, aber es kostet schon gewaltige Anstrengung.«[41]

Auch wenn aus diesem Brief eine deutliche, möglicherweise doppelsinnige Zufriedenheit über den Ruhm spricht, der ihr nach Abschluss des Studiums zuteil wurde, so kann man ihren Worten doch auch entnehmen, dass dieser Ruhm in gewissem Sinne auf Kosten ihrer selbst gegangen war. Nicht ihre Intelligenz und Fachkenntnis hatten sie berühmt gemacht, meint Maria, sondern ihr Mut und ihre Gleichgültigkeit gegenüber allem und jedem. Vor allem Letzeres ist in Anbetracht des Grundes wichtig, aus dem sie beschlossen hatte, Medizin zu studieren. Sie hatte gehofft, dass sie in diesem Studium eine Beziehung zu dem Objekt, dem Menschen, haben könnte, worin sich etwas ausdrücken würde, was sie die »einfache und süße Liebe von Mensch zu Mensch« nannte. Ein Wissenschaftler, der ein solches Verhältnis zu seinem Objekt hätte, würde sich nicht fühlen, als würde er »dem Leben selbst geraubt«[42], so Maria. Offensichtlich ist dies nun genau das Gefühl, das Maria während ihres Studiums empfand, ein Gefühl, für das die Erfahrung im Seziersaal Modell stand.

Liebevoller Abstand

Die Konfrontation mit der nur Eingeweihten zugänglichen Welt des Seziersaals war und ist für viele Medizinstudenten, Männer und Frauen, ein Ritus. Dieser Übergangsritus weiht den Studenten/die Studentin in den Habitus ein, der von einem Mediziner erwartet wird. Wesentlich für diesen Habitus ist die Fähigkeit, Abstand von den eigenen und den Emotionen des Patienten/der Patientin zu nehmen, eine Fähigkeit, die man von alters her mehr mit Männer als mit Frauen assoziierte. Der Positivismus, die herrschende Wissenschaftsphilosophie der Zeit, in der Maria studierte, gründete sich auf dem Gedanken, dass der Wissenschaftler Abstand von sich selbst und von anderen nehmen konnte und musste. Das Forschungsobjekt – ob das nun andere Menschen waren oder der Wissenschaftler selbst – stellte man sich als einen Körper vor, der Stück für Stück all seine Geheimnisse, auch die verborgensten, preisgeben würde, wenn er nur sorgfältig und vollständig seziert und kartiert wurde. Der »Atlas« als Ergebnis dieser Forschungen zielte nicht darauf ab, den Menschen als Ganzes darzustellen, sondern wollte Einblick verschaffen, indem Menschen stückweise zur Schau gestellt wurden. Analysieren bedeutete demnach auch auseinander nehmen, fragmentieren und schneiden. Die Beobachtungen, die der bekannte italienische Kriminologe Cesare Lombroso als Medizinstudent in sein Tagebuch aufnahm, ein Tagebuch, das er begonnen hatte, um sich selbst zum Forschungsobjekt zu machen, veranschaulichen das. Er erzählt, dass er, wenn er die Wirklichkeit um sich herum analysierte, immer ein Messer oder einen Brieföffner zur Hand haben musste. Ohne Messer konnte er nicht studieren, so sehr wurde er von einem heftigen Verlangen verzehrt, »alles in Stücke zu schneiden, alles zu berühren«.[43]

Es wird deutlich sein, dass der Wissenschaftler sich selbst und andere nur auf eine solche Weise analysieren konnte, wenn er sich auf das konzentrierte, was er sah und berührte, und sich weder von irgendwelchen bestehenden Ideen, noch von persönlichen Gefühlen, Fantasien, moralischen Urteilen und Begierden ablenken ließ. Der Test, dem sich ein zukünftiger Mediziner im Seziersaal unterwerfen musste, war dann auch in erster Linie ein Test seiner Fähigkeit, sich selbst und andere zu objektivieren. Dieses Vermögen wurde als »männlich« angesehen, u.a. um zukünftige Ärzte anzuspornen, sich nicht durch alles, was mit Frauen und »Weiblichkeit« zu tun hatte, irreführen zu lassen. So kann es kein Zufall sein, dass Lombroso seinen Studenten vorhielt, sie hätten erst dann die richtige Haltung entwickelt, wenn sie in der Lage waren, selbst »die schönen Rundungen der Venus«[44] mit dem Zirkel Stückchen für Stückchen zu analysieren, ohne die sublime Schönheit des Ganzen zu beachten. Und so kann es auch kein Zufall sein, dass Lombroso seinen Studenten gerade anhand dieses berühmten Frauenkörpers beizubringen versuchte, was das letztendliche Ziel dieser Art der Analyse war: Indem jeder Körper, ob er nun einem Kind, einem Mann oder einer (schönen) Frau gehörte, objektiv betrachtet wurde, konnte der Wissenschaftler allerhand Illusionen rund um den Menschen zerlegen. Die einzige echte Wahrheit über den Menschen lag Lombroso zufolge im Körper. Sexualität zum Beispiel war für ihn und seine Kollegen ein Komplex rein körperlicher Impulse, um die die Menschen ein unechtes, romantisches Gebäude errichtet hatten, indem sie Sexualität mit Liebe und Moral verbunden hatten. Venus war das Symbol der Liebe, und das war dann auch das Bild, das Lombroso aufrief, um zu zeigen, dass gerade Frauen mit einem Strahlenkranz aus (Schein-)Heiligkeit umgeben waren. Diese Aureole hinderte die Menschen daran, zu sehen, wie sehr Frauen, mehr noch als Männer, einschließlich ihrer sexuellen Impulse von ihrem Körper beherrscht wurden. Darum lag Lombroso sehr viel daran, gerade Frauen zu »entheiligen«, indem er sie buchstäblich und im übertragenen Sinn auf den Sezierlisch legte.

Als Maria am Tag ihrer ersten Anatomiestunde mit dem positivistischen Universum konfrontiert wurde, fühlte sie sich, so zeigt ihr Brief, als würde sie selbst gesund und munter auf dem Seziertisch liegen. Zum ersten Mal in ihrem Leben schaute sie direkt in die »Hölle der Unschuldigen«[45], wie die Gegner der Vivisektion das Labor nannten, wo man außer an Leichen auch an lebenden Tieren schnitt. Bis dahin war Maria unschuldig gewesen – als Folge einer Erziehung, die sie, wie es in dieser Zeit üblicherweise mit Mädchen geschah, gegen die unsichtbaren Gefahren von Eros und Thanatos zu schützen versuchte. Als Maria Ärztin werden wollte, musste sie von ihrer Kindheit und damit von ihren Eltern Abstand nehmen, vor allem von ihrer Mutter. Sie wünschte sich zwar, dass sie noch so wie die junge Hutverkäuferin sein könnte, aber es gab keinen Weg zurück. Sie war für immer mit einem neuen, blutigen Wissen in Berührung gekommen. Maria scheint, wie Blaubarts letzte Ehefrau, intuitiv erkannt zu haben, dass das Heiligste der Heiligen des Positivismus eine Wahrheit enthüllte, die speziell für sie als Frau lebensbedrohlich war. Jedenfalls war sie, wenn sie diesen Test bestand, dazu verurteilt, ihr eigenes Geschlecht regelrecht zu verleugnen, weil sie sich gegenüber allem und jedem »männlich« gleichgültig würde verhalten müssen. Außerdem würde sie ihr Geschlecht noch auf eine andere Weise »ermorden«: Wenn sie den Imperativen des Positivismus gehorchte, würde sie zumindest stillschweigend den Gedanken akzeptieren, dass gerade Frauen von den spezifischen Eigenschaften ihres Körpers regiert werden. Das wäre eine lebendige *contradictio in terminis*, weil die Tatsache, dass sie Ärztin war, zeigte, dass auch Frauen ihren Wissensdrang ausrichten konnten, ohne im Chaos widersprüchlicher, primärer Impulse unterzugehen. Als weiblicher Arzt würde sie wegen ihres Geschlechtes außergewöhnlich sein, während ihr Geschlecht diese Außergewöhnlichkeit gleichzeitig unablässig untergrub.

Auch wenn Maria nach ihrer Erfahrung im Seziersaal ihren Wissensdrang weiterhin auf das Studium der Medizin richtete, enthielt der Kelch, den sie dafür leeren musste, einen bitteren Trank. Sie schnitt an Leichen herum, aber sie fühlte sich, so scheint es, sich selbst entfremdet. Wieder war es eine wundersame Begegnung mit einer Mutter und ihrem Kind, die ihr verdeutlichte, wie sie weitergehen musste, ohne sich selbst zu verlieren. Die Szene, die sie in dieser Erinnerung skizziert, gleicht wie ein Ei dem anderen der Szene, die sie nach eigenem Bekunden hat einsehen lassen, dass sie Medizin anstelle von Mathematik studieren wollte. Das heißt möglicherweise, dass es sich um ein und dieselbe Begegnung handelt, die in Marias Erinnerung zwei Bedeutungen erhalten hat. Wie dem auch sei – ob es nun um Begegnungen geht, die wirklich stattgefunden haben oder nicht – Marias Geschichte, die sie diesmal ihrem Bewunderer und Biographen Standing erzählt, ist auch jetzt wieder wegen des Bildes interessant, das sie wählt, um diesen nächsten Wendepunkt in ihrem Leben zu visualisieren.[46]

Eines Nachmittags, so Montessori, lief sie durch den Pincio-Park in Rom, nachdem sie viele Stunden im Seziersaal verbracht hatte. Sie war deprimiert, nicht nur wegen des Sezierens, sondern auch wegen der Isolation, in der sie an der Universität und zu Hause verkehrte. Sie ging durch den schönen, romantischen Park, ohne die Dinge um sie herum wirklich wahrzunehmen, als sie plötzlich ein zweijähriger Junge rührte, der mit einem kleinen Fetzen farbigen Papiers spielte. Seine Mutter, eine in Lumpen gekleidete Bettlerin, war bei ihm. Mit liebevollem Blick betrachtete sie ihr Kind, das völlig in seinem Spiel aufging. Sie griff nicht ein, sondern ließ es gewähren. Als Maria den Ausdruck äußersten Glücks in den Augen des Kindes sah, überkamen sie Gefühle, die sie nicht erklären konnte. Sie drehte sich um und ging ohne Zögern zurück in den Seziersaal. Von dem Moment an war sie für immer von dem Abscheu befreit, der sie bis dahin gefangen gehalten hatte. Sie spürte nun ganz deutlich, dass sie eine Mission hatte und von einer überlegenen Kraft geleitet wurde. In diesem Bild von Mutter und Kind liegen alle Elemente, die später in der Art und Weise sichtbar werden sollten, wie Montessori der Beziehung zwischen Erzieher und Kind Gestalt gab. Es ist dann auch wahrscheinlich, dass die Geschichte, die Maria Standing erzählte, dank ihrer späteren Entwicklung Form erhielt. Die Form ist in diesem Fall etwas ausgearbeiteter als die Erinnerung, die Anna Maccheroni aufzeichnete. Dadurch wird deutlich, was Marias Begegnung im

Park für sie bedeutet haben muss und warum ihr das Bild der beiden half, sich während des Sezierens nicht länger von sich selbst abgeschnitten zu fühlen.

Die Bettlerin und ihr Kind verkörpern eine Beziehung, die eine Alternative zu dem Verhältnis darstellte, das ein Wissenschaftler zu seinem Forschungsobjekt haben sollte. Zwischen Mutter und Kind war ein Abstand, der sich radikal von dem Abstand unterschied, den der Wissenschaftler zu seinem Objekt einnahm. Während der mächtige Wissenschaftler das machtlose Objekt beobachtete und anfasste, um all seine Geheimnisse zu ergründen, betrachtete die Mutter ihr Kind, ohne aktiv einzugreifen. Sie bemächtigte sich nicht der Erfahrung des Kindes. Indem sie nicht eingriff, gestand sie dem Kind zu, ungehindert seine eigenen Vorlieben und Wünsche zu ergründen und zu erleben, unabhängig davon, wie unbegreiflich sie auch in den Augen von Erwachsenen waren. Während man von dem Wissenschaftler erwartete, dass er das emotionale Band durchschnitt, das ihn mit dem Objekt verband, wurde die Liebe zwischen Mutter und Kind durch den Abstand nicht gebrochen. Sie waren voneinander getrennt, aber sie blieben gleichzeitig auch durch die Liebe und in ihr verbunden. Durch die Liebe verwandelte sich die Mutter zu dem unselbstsüchtigen Instrument, welches das autonome Wachstum des Kindes ermöglichte. Das vollendete Glück des spielenden Kindes war der lebende Beweis der transformierenden Kraft dieser Art von Liebe.

War Marias Begegnung mit der Bettlerin und ihrem Kind so tröstend, weil ihr die beiden zeigten, dass weibliche Wissenschaftler nicht zu Männern werden mussten, um Abstand nehmen zu können? Die römische Mutter verkörpert jedenfalls die Fähigkeit, Liebe und Distanz zu kombinieren. Sie ist allerdings auf sich selbst gestellt, und das ist etwas, was für Maria vorläufig nicht galt. In der von ihr heraufbeschworenen idyllischen Szene fehlt der Mann. Das stand in krassem Gegensatz zu der Wirklichkeit, in die sie nach ihrer wundersamen Begegnung zurückkehrte und in der sie sich in den folgenden Jahren weiterhin bewegen sollte. Bis 1894 war sie durch eine schier unüberbrückbare Kluft von Männern, Studenten und Dozenten in ihrer Umgebung getrennt gewesen. Das änderte sich in dem Maße, in dem sie immer mehr Praxiserfahrung sammelte. Da bekam die Frage des liebevollen Abstandes doch eine sehr persönliche Dimension.

In den Kampf

Mit ihrem Entschluss, auch weiterhin die Anatomiestunden zu besuchen und an dem festzuhalten, was sie für ihre Bestimmung hielt, gehorchte Maria einer Stimme, die stärker zu ihr sprach als die ihrer Eltern. Sie hatte schon zuvor Abstand von ihrem Vater genommen, indem sie einen anderen Weg wählte, als diesem für sie vorschwebte. Jetzt widerstand sie auch der Sorge ihrer Mutter, die befürchtete, Erfahrungen wie die im Seziersaal könnten Maria »Böses tun«.[47] Indem sie der Konfrontation mit dem Bösen nicht aus dem Weg ging, brach Maria mit dem Vorbild ihrer Mutter. Die hatte Marias Unschuld bewahren wollen, indem sie die dunkle Seite des Lebens einfach verschwieg. Wissenschaftler wie Lombroso, in dessen Fußstapfen Maria nun bewusst trat, wollten gerade die Schattenseite enthüllen. Mithilfe reich illustrierter Bücher, »Atlanten« und Ausstellungen stellten sie das Böse im Menschen aus, damit »Mythen« über die angeborene menschliche Güte entlarvt würden und sich die Gesellschaft vor ihren »gefährlichen Kindern«[48] schützen konnte.

Die Abschlussarbeit[49], mit der sich Montessori in den Jahren 1895–1896 beschäftigte, trägt folglich auch alle Spuren der positivistischen Zwangsvorstellung von dem Bösen. Wie so viele ihrer Kollegen der Medizinwissenschaften jener Zeit war ihr Interesse am psychischen Leben des Menschen immer stärker geworden. Ihre Abschlussarbeit handelt dann auch von Wahnvorstellungen, bei denen der betroffene Patient mal Stimmen hört, die ihn auf das Böse ansetzen, dann wieder Stimmen, die ihn zum Guten zu bewegen versuchen. Widersprüchlichen Impulsen ausgeliefert, rast der Patient steuerlos durch die Welt, mit allen damit einhergehenden unangenehmen Folgen. Nicht nur Montessoris nüchterne Erfassung von ab und an schon sehr nackten Tatsachen zeigen, dass sie die tief auf dem Grunde liegende Wirklichkeit einsetzte, um den Mythos von der grundlegenden Güte des Menschen abzubauen. Auch die Wahnvorstellungen selbst drücken den Streit zwischen Mythos und Geschichte aus: Die meisten Patienten geben dem Gegensatz zwischen Gut und Böse die vertraute Gestalt vom Engel und vom Teufel, aber es gibt auch einige, die meinen, dass die sich widersprechenden Stimmen historischen Persönlichkeiten zuzuordnen sind. So erzählt ein Soldat, er werde von König Umberto besucht, der ihm verspricht, er werde General, wenn er sich tapfer verhält. Von einem solch noblen Verhalten hält ihn jedoch Prinzessin Laetizia ab, die ihm alle möglichen Arten von sinnlichen Genüssen in Aussicht stellt.

Gut und Böse

Marias Wahl für das Thema der sich widersprechenden Visionen lenkt die Aufmerksamkeit auf eine der interessantesten und am wenigsten bekannten Waffen, die die moderne Wissenschaft am Ende des 19.Jahrhunderts einsetzte, um bestehendes »falsches« Wissen über den Menschen durch wahre, »positive« Erkenntnis zu ersetzen. Dieses Ziel versuchten die Wissenschaftler u.a. damit zu erreichen, dass sie die althergebrachten Heldengeschichten durch neue Geschichten ersetzten. Die neuen Geschichten sind darauf angelegt, die mysteriöse Dimension – so wichtig in den alten Heldengeschichten – sozusagen »aufzulösen«, indem sie die Wahrheit »hinter« den Rätseln zeigten. So macht Lombroso beispielsweise deutlich, dass die wundersame Leistung von Heiligen und »weltlichen« Helden wie Mazzini, sich selbst für das Heil der Menschheit hintanzustellen, nichts anderes als eine Form von Geistesgestörtheit war.[50] Andere, so der französische Arzt und Philosoph Pierre Janet, enthüllen, dass man die religiöse Ekstase, die den Kern von Heiligengeschichten bildete, als Hysterie betrachten konnte.[51] Der positivistische Angriff richtete sich jedoch nicht allein auf die heroische Thematik. Auch über den Erzählstil versuchte man bewusst, eine Alternative zu schaffen. Heldengeschichten wurden zwar nach einem festen Muster erzählt, aber das schließt nicht aus, dass die Geschichte auf verschiedene, sogar widersprüchliche Weisen verstanden werden kann. So ist es kein Zufall, dass ausgerechnet Märchen für eine schier unendliche Reihe von Interpretationen offen stehen. Die positivistischen Bücher und Artikel wollten gerade keinen Anlass zu mehrdeutigen Interpretationen geben. Die Autoren waren dann auch nicht der Ansicht, sie produzierten Geschichten, sondern Analysen (nicht umsonst nannte Freud, der in diesem Sinn ein echter Positivist war, seine Theorie *Psychoanalyse*). Diese Analysen bestanden meist aus einer mehr oder weniger anschaulichen Präsentation einer Reihe von Fällen und wurden immer häufiger mit Tabellen und Grafiken illustriert, um die Argumentation mit einer »harten«, der neuen Wissenschaft der Statistik entlehnten Beweisführung zu untermauern.

Marias Abschlussarbeit unterscheidet sich nicht von den durchschnittlichen positivistischen Abhandlungen. Anhand einer trockenen Aufstellung an und für sich faszinierender Fälle (wobei jemandem zum Beispiel über das rechte Ohr das Gute und über das linke Ohr das Böse zugeflüstert wird) versucht sie, das Wesen der untersuchten Wahnvorstellungen zu erforschen. Das Thema der sich widersprechenden Visionen eignete sich außerdem gut für die so erwünschte Entheiligung der Wissenschaft. Es geht hier ja um ein sehr altes Thema, das in der christlichen Kultur mit Eva beginnt, die der Stimme der verführerischen Schlange erliegt, und in Heiligengeschichten, Märchen und Mythen allerlei Gestalten angenommen hat. Von der mittelalterlichen Heldin Jeanne d'Arc (die ihr selbst zufolge von göttlichen Stimmen geleitet wurde, während ihre Gegner meinten, es handele sich um die Stimme des Teufels) bis zu einem heutigen Helden wie dem Bergsteiger Joe Simpson (der sich während einer furchtbaren Überlebenstour von einer unpersönlichen Stimme leiten lässt, der von allerlei verwirrenden und ablenkenden Stimmen aus dem gewöhnlichen Alltagsleben widersprochen wird).[52] Immer geht es in diesen Geschichten um einen Kampf zwischen egozentrischen, »weltlichen« und unpersönlichen, »göttlichen« Kräften. Montessoris Abschlussarbeit versucht, eine wissenschaftliche Erklärung für diesen Kampf zu liefern, eine Erklärung, die sie im Gehirn sucht.

Auf den ersten Blick birgt Marias Arbeit nichts Besonderes. Bei näherer Betrachtung fällt allerdings auf, dass ihr Versuch nicht ganz gelungen ist. Das gibt sie auch erklärtermaßen zu: Im Gehirn der Wahnsinnigen fand sich kein gemeinschaftliches Merkmal, das die Dualität in den Halluzinationen erklärt. Es scheint sich um ein Phänomen zu handeln, das mit dem Wesen des normalen psychischen Lebens im Zusammenhang steht. Psychisch gesunde Menschen, so behauptet sie, sehen auch Bilder vor ihrem geistigen Auge erscheinen: Jedes Bild ruft in einer endlosen Reihe von Variationen ein Gegenbild auf. Dasselbe gilt für die Halluzinationen der Geistesgestörten: Diese sind in ihrer Art so individuell, dass man keine allgemeinen Aussagen darüber machen kann. Montessori plädiert dann auch dafür, dass die Wissenschaft den *»individuellen Charakter«* (die Hervorhebung stammt von ihr selbst) aller psychopathologischen Phänomene anerkennt.

Im Licht der späteren Entwicklung Montessoris fällt als Erstes auf, dass sie schon in ihrer Abschlussarbeit erkennt, dass Individuen, auch geistesgestörte, sich auf verschiedene Arten äußern. Es gibt in ihrer Arbeit allerdings auch Aussagen, die gerade von dem abweichen, was sie später vorbringen wird, und diese beziehen sich auf die Einbildungskraft. Sie schreibt, dass ein inneres Bild immer wieder andere Gegenbilder aufruft, ein Phänomen, das sie weder als gut noch als schlecht qualifiziert. Sie suggeriert lediglich, das dies ein Merkmal des psychischen Lebens eines jeden Menschen ist. Während Montessori später in ihren pädagogischen Schriften kategorisch alle

Formen der Einbildung, die nicht auf die eine oder andere Weise aus der Beobachtung der äußeren Wirklichkeit stammten, ablehnen sollte, urteilte sie 1896 demnach noch nicht negativ über Bilder, die das Innenleben hervorbringt.

Auch der Gedanke, dass Bild und Gegenbild sich schnurgerade gegenüberstehen und die halluzinierende Person steuerlos machen, ist interessant. Der Gedanke passt in die Kultur des Fin de Siècle, wo man sich den Gegensatz zwischen Gut und Böse auf eine neue Weise vorstellt. Unter dem Einfluss der neuen Humanwissenschaften verstärkte sich der Gedanke, dass das Böse nicht nur von außen kommt, sondern auch im Innern des Menschen lauert. Beispielhaft ist der berühmte Roman von Robert Louis Stevenson aus dem Jahre 1886, *The Strange Case of Dr. Jekyll and Mr. Hyde,* in dem der anständige und rechtschaffene Doktor Jekyll allmählich in die Fänge seines durch und durch verdorbenen *alter ego* Hyde gerät. Hyde gewinnt schließlich die Oberhand, so dass Jekyll untergeht. Auch Montessoris Abschlussarbeit ist zweifellos von der Sorge über einen drohenden Sieg des Bösen beseelt. Ihre Wahl, Halluzinationen zu erforschen, in denen die eine das Gegenstück zur anderen bildet, scheint aber auch eine persönliche Dimension zu haben. In den Geschichten, die sie später über ihre eigenen inneren Veränderungen erzählt, sind es jedenfalls immer gute Bilder – die Frau aus dem römischen Volk und ihr Kind –, die Maria eine sichtbare Alternative für böse Visionen bieten, die ihre Gemütsruhe zu stören drohen. Dies ist eine Umkehrung der düsteren Perspektive, die Stevensons Roman zeichnet, weil in Montessoris Leben, so will sie uns wissen lassen, die guten Kräfte das Böse besiegen.

Erfolg

Wann diese Umkehrung zum Abschluss gelangte, wissen wir nicht. Es hat den Anschein, dass sich Maria in den ersten Jahren nach 1894 in einer Gedankenwelt befand, die von einem nicht gelösten Gegensatz zwischen Gut und Böse beherrscht wurde. Indem Adam und Eva der Stimme der Schlange zuhören und der Versuchung erliegen, vom Apfel zu essen, der am Baum der Erkenntnis von Gut und Böse hängt, werden sie aus dem Garten Eden verjagt.

Marias Beschreibung der Konfrontation im Seziersaal kann man als ihre persönliche Darstellung vom »Sündenfall« betrachten, wie er in der christlichen Kultur Gestalt angenommen hat. Vertrieben aus dem Paradies, wo alles eins war, sind Adam und Eva zu einer Welt verurteilt, die von Gegensätzen beherrscht wird: Tod und Leben, Dunkel und Licht, Körper und Geist, Gut und Böse, Frau und Mann. Auch Maria hat mit ihrer Entscheidung, den Seziersaal zu betreten, Kenntnis von diesen Gegensätzen erhalten. Und selbst wenn sie sich dem warmen Sonnenlicht draußen zuwendet, kommt sie nicht länger um die kühle Finsternis herum, obwohl sie sich instinktiv entziehen will.

Mit ihrem Entschluss, dem elterlichen Willen zu trotzen, betritt Maria eine Art Grauzone, in der sie allein umherstreift. Zwar ist für immer etwas verändert, aber welches konkrete Wesen diese Veränderung annehmen wird, ist noch nicht klar. Aus den Erzählungen über diesen Abschnitt in Marias Leben ist die warme, mitfühlende Fürsorge Renildes verschwunden. Ihr Vater begleitet sie zwar zu den Krankenhäusern und medizinischen Instituten, wo sie ab 1894 Praxiserfahrung sammelt, aber er verhält sich ihr gegenüber gleichgültig und kalt. Währenddessen sammelt er jedoch alle Zeitungsartikel und Berichte, die in immer größerer Zahl über seine außergewöhnliche Tochter erscheinen. Damit verhält er sich wie die Väter, über die Maria später schreiben wird, dass sie lediglich am mondänen Erfolg ihrer Kinder und nicht an deren persönlicher Entwicklung interessiert sind.

Sie selbst scheint sich in diesen Jahren mit der Frage herumzuschlagen, welche Haltung sie gegenüber ihrem gesellschaftlichen Erfolg annehmen soll, der ihr allmählich zuteil wurde. Das wachsende öffentliche Interesse brachte ihr viele Vorteile, nicht zuletzt auch in finanzieller Hinsicht: 1894 gewann sie das Stipendium, das die Fondazione Rolli jedes Jahr für einen Medizinstudenten zur Verfügung stellte. Es sollten noch verschiedene andere Stipendien folgen, so dass sich Maria in ökonomischer Hinsicht von ihrem Vater lösen konnte. Die größere Unabhängigkeit von ihrem Vater ging mit einer gefühlsmäßigen Annäherung einher, die interessanterweise dank Marias Leistung, öffentlich Erfolg zu ernten, zustande kam.

Dieser Erfolg fiel ihr in ihrem letzten Studienjahr zu, als sie einen Vortrag vor allen Studenten und Dozenten der medizinischen Fakultät halten sollte. Sie hatte sich, so erzählte sie später, wegen der Feindseligkeit, mit der man ihr bis dahin begegnet war, fürchterlich davor gescheut. Sie fühlte sich dann auch wie ein Dompteur, der einen Käfig voller wilder Löwen und Tiger betrat.[53] Natürlich gelang es ihr, die wilden Tiere zu zähmen (wir befinden uns schließlich in einer Heldengeschichte), aber das war nicht das Einzige. Sie gewann mit diesem Auftritt auch die Liebe ihres Vaters (zurück), der sich unter den Zuhörern befand. Anfangs hatte er nicht kommen wollen. Als als er am Morgen des großen Ereignisses durch die Straßen Roms ging, begegnete er einem Freund, der ihn überredete, doch hinzugehen und zuzuhören. Während seine Tochter ihre Zuhörer mit ihrer leidenschaftlichen und intelligenten Argumentation im Bann hielt, starrte Alessandro gleichgültig und unwirsch vor sich hin. Erst als das Publikum in stürmischen Beifall ausbrach und ihm etliche Menschen zu dem außergewöhnlichen Erfolg seiner Tochter gratulierten, taute er auf.[54] Von dem Moment an fand er sich mit Marias Wahl ab und kritisierte sie nicht länger. 1900, als Maria dreißig wurde, zeigte er ihr offen seine Bewunderung, indem er ihr die Sammlung von Zeitungsartikeln mit ihren Triumphen als Beweis seiner Liebe und seines Stolzes anbot.

In der Grundschule zähmte Maria ihre Kameraden während der Pausenspiele. Jetzt, als Studentin, spielte sie ein anderes Spiel, das Spiel der Rednerin. Als Kind hatte sie sich danach gesehnt, als Schauspielerin aufzutreten. Sie betrat nun ein anderes Theater, aber sie erwartete auch dort Beifall. Beifall wofür? Das ist in dieser Periode noch eine offene Frage. Aus dem bereits zuvor zitierten Brief an ihre Freundin Clara wird beispielsweise deutlich, dass sich Maria nicht sicher war, ob die Qualitäten, durch die sie auffiel, die gleichen waren, die sie selbst wichtig fand. Während sie in diesem Brief darüber klagte, dass man sie wegen ihrer Gleichgültigkeit statt wegen ihres Eifers und ihrer Intelligenz bewunderte, ließ sie in einem anderen Brief durchschimmern, dass ihr mit all dem öffentlichen Interesse für ihre äußere Erscheinung nicht gedient war. Dieses Interesse spricht zum Beispiel aus einem Bericht der populären *Illustrazione Popolare*. Dieses Familienblatt, in dem man auch über ein öffentliches Auftreten der anmutigen jungen Prinzessin der Niederlande, Wilhelmina, berichtete, hatte nach Marias Studienabschluss 1896 ein Porträt der jungen Ärztin veröffentlicht, um den vielen Bitten der Leserschaft nachzukommen, die ihr Album gerne mit einem Foto einer so »charmanten Ärztin und Chirurgin«[55] schmücken wollten. Maria schrieb daraufhin an ihre Eltern aus Berlin, wo sie auf einem internationalen Kongress über Frauenrechte einen großen Erfolg mit einer Rede verbucht hatte: »Ich werde dafür sorgen, dass sie dies alles vergessen! Mein Gesicht wird nicht mehr in der Zeitung erscheinen, und niemand wird es mehr wagen, meine so genannten Schönheiten zu besingen. Ich werde ernsthaft und hart arbeiten!«[56]

In den Kampf 73

Abb. 4: Maria Montessori als Studentin

Schön und bewundert

Es kann nun kein Zweifel daran bestehen, dass Maria Montessori immer ernsthaft und hart gearbeitet hat, aber gleichzeitig gibt es auch keinen Pädagogen oder keine Pädagogin, der oder die sich der Welt so oft über ein Porträt präsentiert hat wie Maria Montessori. Da es sich meist um Fotos handelt, für die sie posiert hat, muss hier von einer bewussten Wahl die Rede sein. Was zeigt ihre Wahl aus der Zeit, als sie ihr Studium beendete und ihre ersten Taten als praktizierende Ärztin vollbrachte? Im Vergleich mit Fotos aus späteren Tagen fällt als Erstes ihre schlanke Gestalt auf. Sie musste sich dafür buchstäblich und im übertragenen Sinne zügeln, da Schlankheit für sie kein natürlicher Zustand war, sondern ganz im Gegenteil Opfer von ihr verlangte: Sie war eine ausgezeichnete Köchin und liebte es, viel und gut zu essen. Auch ihre Kleidung und ihre Frisur zeugen von ihrer Bereitschaft, der Anmut Opfer zu bringen: Eng anliegende, äußerst elegante Kleider verraten das Vorhandensein eines zweifellos sehr beengenden Korsetts. Ihre Haare sind zu einer kunstvollen Frisur aufgesteckt, aus der verspielte, aber bis in die Spitzen bewusst drapierte Löckchen hervorspringen, die ihr Gesicht umrahmen. Der Ausdruck auf diesem Gesicht ist fröhlich, kokett und stolz, genau wie ihre sehr aufrechte Haltung. Alles in allem erwecken die Fotos aus dieser Zeit den Eindruck, dass Maria ihre Schönheiten selbstbewusst und unbekümmert zur Schau stellte.

Es war genau diese Kombination aus Kraft, weiblichem Charme und Gelehrtheit, die die Journalisten auch weiterhin verblüffte. Wie war es möglich, so schrieben sie, dass eine so bezaubernde Frau die »Virilität« besaß, die man brauchte, um medizinische Handlungen zu verrichten? Und wie war es möglich, dass sich Intelligenz und Anmut in ihr vereinigten? Montessori war für die Öffentlichkeit der lebende Beweis, dass all diese Gegensätze überwunden werden konnten. Damit wurde sie automatisch als Ausnahme dessen abgestempelt, was man für die Regel hielt, nämlich dass intelligente und kaltblütige Frauen »unweiblich« waren. Marias Engagement in der Frauenbewegung dieser Zeit, ein Engagement, das sehr schlecht dokumentiert ist, suggeriert, dass sie sich nicht damit begnügte, als Ausnahme durchs Leben zu gehen. Auf dem Berliner Kongress 1896 forderte sie zum Beispiel für alle Frauen das Recht auf gleiche Arbeit wie Männer mit der dazugehörigen gleichen Entlohnung. Dass sie mit der Rede, in der sie diesen Standpunkt vertrat, vor allem wegen ihrer charmanten Erscheinung so viel Erfolg hatte, ist etwas, was sie laut dem Brief an ihre Eltern ärgerte. Jahre später bei einem Besuch in den Vereinigten Staaten ließ sie die versammelten Journalisten wissen, sie fände es ungerecht, dass lediglich auf der weiblichen Hälfte der Menschheit die Pflicht ruhe, schön zu sein.[57] Sie war der Ansicht, dass Männer, als sie noch Perrücken und Kleidung mit allem möglichen Firlefanz trugen, viel anziehender aussahen als zu ihrer Zeit. Sie fragte sich, ob die Männer nicht zu den Tagen zurückkehren sollten, in denen die Pflicht, schön zu sein, gleichmäßiger über die Geschlechter verteilt gewesen war. Die Journalisten fanden das alles sehr geistreich, womit sie die Radikalität des Standpunkts geflissentlich übersahen, den Maria hier als witzige Bemerkung vorbrachte. Indem sie die Verpflichtung, schön zu sein, umkehrte und den Männern zur Last legte, beleuchtete sie jedenfalls das unlösbare Dilemma, vor dem Frauen, die die öffentliche Bühne betraten, standen: Gebrauchten sie ihren Charme, wurden sie nicht ernst genommen; war ihnen die Pflicht zur Schönheit jedoch egal und gingen sie in ästhetischer Hinsicht ihren eigenen Weg, liefen sie Gefahr, unbemerkt zu bleiben oder aber als Männerhasser oder Blaustrumpf gebrandmarkt zu werden. Es war nicht einfach, zwischen Regen und Traufe zu wählen, erst recht nicht für jemanden wie Maria Montessori, die sowohl sehr schön als auch sehr empfänglich für bewundernde Blicke war.

Diese stammten in jenen Jahren in erster Linie von Männern. Hatten ihre Mitstudenten ihr Interesse anfänglich vor allem in negativer Form geäußert, behandelten sie die Studenten und Hochschullehrer, mit denen Maria ab 1894 in den Krankenhäusern zusammenarbeitete und praktische Erfahrung sammelte, als faszinierende Kollegin. Eine Kollegin, die einem wegen ihres unerschütterlichen Tatendrangs, ihrer Scharfsinnigkeit und – wie könnte es anders sein – ihrer Anmut Bewunderung abnötigte. Zu Zeiten ihrer Spielchen in der Grundschule und auch noch während ihrer Rede vor der Fakultätsgemeinschaft hatte Maria die Bewunderung, die sie hervorrief, in Macht umsetzen können. Nun musste sie zum ersten Mal in ihrem Leben als (angehende) gelehrte Frau mit Männern zusammenarbeiten, ohne automatisch die Führungsposition einnehmen zu können, obwohl man sie bewunderte. Ebensowenig konnte sie sich, wie sie es während ihrer ersten Studienjahre mit ihren männlichen Mitstudenten getan hatte, in einer Art *splendid isolation* von ihrer Umgebung abwenden. Vorläufig musste sie sich mit einem Platz im Schatten ihrer Kollegen begnügen. Wieder war es ein Kind, das ihr zeigte, wie man die Nachteile ihrer Position in Vorteile ummünzen konnte.

Dieses neuerliche Kind kreuzte ihren Weg, als sie in der psychiatrischen Klinik der Universität von Rom arbeitete, wo sie 1895 ihre Tätigkeit aufnahm. Es war in jeder Hinsicht ein Gegenpol zu dem Jungen aus ihrer Pincio-Park-Vision: Das Kind war aus der Gemeinschaft ausgestoßen, primitiv, tierisch, gefährlich und von Artgenossen statt von einer liebenden Mutter umgeben. Maria traf diesen kleinen »Wilden« während eines Rundgangs durch die Klinik, in der sie Material für ihre Doktorarbeit sammelte. In einem kahlen, düstern Raum befanden sich ein paar Kinder, die man Maria als »behindert« präsentierte. Die Frau, die sie bewachte, beschrieb diese als gierige, unersättliche Tiere. »Wie meinen Sie das?«, fragte Maria. »Sobald sie mit dem Essen fertig sind«, antwortete die Frau, »stürzen sie sich auf die Brotkrümel, die am Boden liegen, und fangen an, sie in sich hineinzustopfen.« Maria schaute sich um, so Anna Maccheroni, der Maria die Geschichte erzählte, und sah, dass es in dem kleinen Saal absolut nichts gab, was die Kinder festhalten konnten. Die Brotkrümel waren ihre einzige Chance, ihre Hände und Finger zu benutzen. Und sie begriff schlagartig, dass die Kleinen das Bedürfnis hatten zu handeln, Kontakt mit der Welt aufzunehmen. Sie waren gefangen, während sie eigentlich frei sein müssten, sie waren isoliert, aber sie versuchten verzweifelt, ihren Körper zu entwickeln, ihren Geist, ihre Persönlichkeit. »Maria sah, dass in ihren Augen die Flamme der Intelligenz leuchtete, und sie beschloss, diese Flamme zu nähren«, so Maccheroni.[58]

In dieser Geschichte markiert Marias Begegnung mit den »gefährlichen Kindern« Italiens den Beginn ihrer besonderen pädagogischen Erkenntnisse. Und weil wir uns noch immer in der Heldengeschichte befinden, ist dieser Beginn mythisch:

Niemand in ihrer Umgebung, so wird suggeriert, war bis dahin auf den Gedanken gekommen, dass nicht nur der Körper, sondern auch der Geist »wilder« Kinder genährt werden musste. Nun, Maria verkehrte seit ihrem Eintritt in die psychiatrische Klinik in Gesellschaft zahlreicher Experten auf dem Gebiet »behinderter« Kinder, die sich allesamt mit der Frage beschäftigten, inwiefern diese Kinder erziehbar waren. So führte Maria die Studie für ihre Doktorarbeit, in der Kinder übrigens noch durch Abwesenheit glänzen, gemeinsam mit Sante De Sanctis durch. Genau wie es Montessori später tun sollte, betonte De Sanctis die erhebende Kraft des individuellen Willens, der auch in »abnormalen« Kindern vorhanden sein sollte. Mit diesem Gedanken als Ausgangspunkt entwickelte er sich zum »Vater« der italienischen Kinderpsychiatrie, eine Entwicklung, die bereits in vollem Gang war, als Maria ihre Entdeckung machte. De Sanctis seinerseits war von Ezio Sciamanna angeregt worden, einem Schüler des berühmten französischen Arztes und Psychiaters Jean Martin Charcot. Sciamanna wurde in dem Jahr, als Maria in der psychiatrischen Klinik die Arbeit aufnahm, Direktor der Klinik und bestimmte den Arzt Giuseppe Montesano zu seinem Assistenten. Sowohl Sciamanna als auch Montesano hatten ein spezielles Interesse an so genannten abnormalen Kindern und beiden gingen in ihren Forschungen von dem Gedanken aus, dass diese Kinder in gewissem Maße erziehbar waren.

Obwohl nicht mit Sicherheit festgestellt werden kann, wer von all diesen Leuten als Erster die Idee entwickelte, dass auch »abnormale« Kinder eine Art embryonale Intelligenz besaßen und demnach in gewissem Maße erziehbar waren, ist es dennoch nicht wahrscheinlich, dass Marias »Entdeckung« aus dem Nichts kam, wie in der Anekdote über die Kinder und die Brotkrümel suggeriert wird. Gerade an der Universität von Rom herrschte schon seit dem Ende der Achtzigerjahre ein Klima, das die Entwicklung einer Pädagogik begünstigte, die sich von medizinischen Erkenntnissen über das Phänomen der »Defizienz« anregen ließ. Das alles hatte mit der Anwesenheit von Giuseppe Sergi zu tun, Hochschullehrer für Anthropologie zwischen 1884 und 1916 und Anreger einer »Schulpsychologie«. Während sein wichtigster Gleichgesinnter, Lombroso, für Erziehungsfragen wenig Interesse zeigte, konzentrierte sich Sergi auf die pädagogischen Maschen im positivistischen Netz. Diese Maschen wirken auf den ersten Blick nicht groß, da Positivisten ja davon ausgingen, dass die menschliche Persönlichkeit von unveränderlichen physikalischen Gesetzen bestimmt werde. Gleichzeitig nahmen sie allerdings an, dass die an sich unvermeidlichen Tendenzen zum Schlechten durch richtige Erziehung in gute Bahnen gelenkt werden könne. Diese Erziehung musste aber auf einer genauen Beobachtung des Verhaltens »abnormaler« und »normaler« Kinder basieren. Viele der Protagonisten des italienischen Positivismus, unter ihnen die beiden Töchter Lombrosos, Gina und Paola, führten dann auch Tagebücher, in denen sie das Verhalten ihrer eigenen Kinder bis in die kleinsten Einzelheiten registrierten. Diese Beobachtungen, die durch ihre erbarmungslose Kühle, mit der auch die negativen Seiten der Kinder beleuchtet wurden, betroffen machen, schufen die Grundlage für eine medizinisch-anthropologische Pädagogik. Diese Pädagogik setzte sich zum Ziel, die positiven Impulse zu stimulieren und zu entwickeln und die negativen einzuschränken.

Maria verweist in ihren Büchern zwar im allgemeinen Sinn auf das Interesse der italienischen pädagogischen Tradition, die von Sergi inspiriert war, aber sie erwähnt mit keinem Wort den viel direkteren Einfluss ihrer Kollegen aus der psychiatrischen Klinik, unter dem sie gestanden haben muss. Lediglich De Sanctis' Forschungen werden flüchtig genannt, allerdings nicht im Zusammenhang mit der Entwicklung ihrer eigenen Methode. Über Montesanos Arbeit schweigt sie, obwohl sie doch so eng mit ihm zusammenarbeitete, dass sie 1897 gemeinsam mit ihm einen Artikel veröffentlichte – einen Artikel, der übrigens nicht über »abnormale« Kinder ging.[59] Betrachtet man diesen

Beitrag und den Artikel, den Maria gemeinsam mit De Sanctis dem Gegenstand ihrer Abschlussarbeit widmete[60], etwas näher, so fällt jedoch auf, dass hier Maria diejenige ist, die regelrecht verschwindet. Sie wird zwar als Mitautorin genannt, aber in den Anmerkungen wird nur auf die Forschung De Sanctis' und Montesanos verwiesen, wodurch der Eindruck erweckt wird, dass Marias Studie nichts dazu beitrug.

Dies alles deutet auf Kampf hin: Kampf um das »Patent« auf neue wissenschaftliche Erkenntnisse. Dieser Kampf passt in das kulturelle Klima des Fin de Siècle: Überall bemühten sich Wissenschaftler nach Kräften, als Erste die Welt mit ihren vielen Erfindungen und Entdeckungen zu erobern. Die Amerikaner Thomas Alva Edison und Alexander Graham Bell führten einen Kampf auf Leben und Tod um das Patent auf das Telefon; Guglielmo Marconis Patent auf die Erfindung der drahtlosen Kommunikation wird bis auf den heutigen Tag bestritten. In den meisten Fällen ging es um einen Kampf zwischen Männern; als Einsatz dienten technische Erfindungen. An der beruflichen Entwicklung Montessoris, die sich mühelos vom Gebiet des Ingenieurs zu dem der Medizin und von dort zur Pädagogik zu bewegen scheint, kann man allerdings ablesen, dass man zu ihrer Zeit (noch) keinen so strengen Unterschied zwischen dem Entwurf von Gegenständen und dem Entwurf von Ideengebäuden machte. Zwischen dem Beruf des Ingenieurs und dem des Pädagogen tat sich dann auch nicht die tiefe Kluft auf, die diese beiden Berufe heutzutage voneinander trennt. In beiden Fällen ging es um den Entwurf von Instrumenten, mit denen man dem modernen Leben Form und Richtung geben konnte. Für jemanden wie Edison bestand kein prinzipieller Unterschied zwischen der Erfindung einer Methode und der Erfindung eines Apparats. Der Kampf zwischen De Sanctis, Montesano und Montessori ist damit auch sehr gut mit der Konkurrenzschlacht zwischen Bell und Edison vergleichbar. Ein solcher Vergleich ist vor allem klärend, weil er Marias Wettbewerbsdrang in ein anderes, gewöhnlicheres Licht stellt. Zumindest, wenn man ihr

Verhalten nach den Maßstäben dessen beurteilt, was zu ihrer Zeit bei Frauen üblich war, dann ist dieser Wettbewerbsdrang abweichend und merkwürdig. Betrachtet man sie allerdings als weibliches Pendant zu Edison, dann ist dieser Drang alles andere als ungewöhnlich. Das einzige Merkwürdige ist dann, dass sich Maria als Frau auf einen Kampfplatz begab, der von Männern beherrscht wurde. Noch auffallender ist, dass sie diejenige war, die die erste Schlacht um die Erfindung einer neuen Erziehungsmethode für (»behinderte«) Kinder gewann.

Eine neue Leidenschaft

Diese Schlacht lieferte man sich im September 1898 auf einem pädagogischen Kongress in Turin. Mit ihrem Gefühl für Publikumswirksamkeit griff Maria den Mord an Elisabeth von Österreich – der legendären Sissi – auf, um ihre Auffassung herauszustellen, dass normale Kinder von ihren »behinderten« kleinen Artgenossen getrennt werden müssten. Der (italienische) Mörder Elisabeths war auch einmal Kind gewesen, ein abnormales Kind. Wäre dieses Kind in einem Spezialinstitut aufgewachsen, hätte diese Tragödie nicht stattgefunden, so hielt Maria ihrer Zuhörerschaft vor. Dann hätte er zumindest eine Erziehung erhalten, die seine schlechten Neigungen in gute Bahnen gelenkt hätte. Das Wichtigste war zu erkennen, dass diese Kinder spezielle Eigenschaften hatten, die vom »Meister« studiert und respektiert werden mussten. Der musste sich dabei leiten lassen »durch die Liebe, die notwendig ist, um aus ihm wirklich den Erzieher der Menschheit zu machen«[61], so Maria. *Die Frau* war das umfassende Symbol dieser Liebe. Die neue Pädagogik musste dann auch die sublime Art der universellen Mutterschaft anerkennen, mit dem Ziel, sowohl den normalen, als auch den abnormalen Teil der Menschheit beschützen zu können. Das Publikum reagierte mit stürmischem Beifall und einer Resolution, in der festgelegt wurde, dass man die Regierung darum ersuchen würde, die Gründung spezialisierter Erziehungsinstitute für »abnormale« Kinder zu fördern. Dank ihres guten *timings*, ihres Rednertalents und der wohl bekannten Mischung aus weiblichem Charme, Kampfgeist und Intelligenz gelang es Maria, einen Aufsehen erregenden Erfolg mit einer Idee einzuheimsen, die sie gemeinsam mit ihren römischen Kollegen entwickelt haben muss. Sowohl De Sanctis als auch Montesano hatten vor Maria mit der Erforschung »abnormaler« Kinder begonnen. Beide hatten versucht, öffentliche Aufmerksamkeit für ihre Ideen zu wecken. So gründete De Sanctis 1898 die »Associazione Romana per la cura medico-pedagogica dei fanciulli anormali« (Römische Vereinigung für die medizinisch-pädagogische Betreuung abnormaler Kinder); Montesano hatte sich in der Zwischenzeit mit Clodomiro Bonfigli zusammengetan, dem Direktor des Manicomio di Santa Maria della Pietà in Rom. Dieser hatte im Herbst 1897 ein Ersuchen an die italienische Regierung gerichtet, um die Gründung spezieller Erziehungsinstitute für »behinderte« Kinder zu erreichen. Er schlug auch vor, spezielle Kurse zu organisieren, um Lehrkräfte für diese Institute auszubilden. Während die Regierung Bonfiglis Ersuchen negativ beschied, beantwortete sie die Resolution des Turiner Kongresses mit der Gründung der »Lega nazionale per la educazione dei fanciulli deficienti« (Nationaler Verband zur Erziehung behinderter Kinder), die die Organisation von Spezialinstituten für »behinderte« Kinder in die Hand nehmen sollte.

Mit ihrer Rede auf dem Turiner Kongress trat Maria Montessori aus dem Schatten ihrer männlichen Kollegen und begann in aller Öffentlichkeit den Kampf um das Patent auf eine neue Erziehungsmethode. Und wo sie bis zu diesem Moment bei der Frage gezögert zu haben schien, ob und wie sie Weiblichkeit als Waffe einsetzen sollte, da präsentierte sie dem Publikum im September 1898 eine neue Pädagogik, die vom Gedanken der universalen Mutterschaft unterstützt wurde. Damit verlor die medizinische Pädagogik ihren ausschließlich männlichen Charakter, ohne dass sie zunächst an Wissenschaftlichkeit einbüßte. Sie konfrontierte die Öffentlichkeit jedoch nicht nur mit einer neuen Idee, sondern auch mit einer neuen Maria. Sie hielt ihre Rede, wie sie schrieb, »unter dem Einfluss einer neuen Leidenschaft«[62], derselben Art Leidenschaft wie die, die ihr nach eigener Aussage intuitiv ein Vorgefühl von der befreienden Mission einer neuen auserkorenen sozialen Klasse gegeben hatte: die der Erzieher.

Was war in den Jahren geschehen, die diesem *coming out* vorangingen, die Jahre, in denen eine bescheidene Maria Seite an Seite mit De Sanctis und Montesano in der psychiatrischen Klinik arbeitete? Welche Stimmen sprachen in jener grauen Periode richtungsloser Bewegungen zu ihr? Wie verhielten sich die Stimmen ihrer Eltern, insbesondere die ihrer Mutter, zu den neuen Stimmen, Stimmen von Männern, von Bewunderern? Auch wenn sich die Antwort auf diese Fragen unseren Wahrnehmungen entzieht, zeichnet sich doch ein Ereignis klar ab: Am 31. März 1898 wurde in Rom ein Junge geboren, der den Namen Mario erhielt und der als Sohn von Montesano und Montessori ins Register eingetragen wurde.

Als sich Maria und Giuseppe irgendwann 1894 oder 1895 begegneten, war Giuseppe bereits seit einigen Jahren diplomierter Arzt. Er war, so heißt es, »jung und genial«[63], charmant, arbeitete hart und wurde von der damals so gängigen Auffassung getrieben, Ärzte hätten eine besondere gesellschaftliche Mission. Wie Maria stammte auch Montesano ursprünglich nicht aus Rom, aber anders als sie kam er aus dem fernen Süden Italiens. Dort wurde er am 4. Oktober 1868 in Potenza als Sohn einer Familie von Intellektuellen geboren, jedenfalls soweit das die Männer betraf. Giuseppes Vater war Jurist, von seinen vier Brüdern wählte einer wie Giuseppe den Arztberuf, zwei wurden Rechtsanwälte und einer Mathematiker. Von Giuseppes Mutter und vier Schwestern wissen wir nichts, was vermutlich bedeutet, dass sich ihre Aktivitäten rund um den häuslichen Herd abspielten. Giuseppe verließ diesen so bindenden häuslichen Herd wie so viele andere Intellektuelle und Künstler aus dem Süden, etwa der Schriftsteller Giovanni Verga. Sie waren mit den Idealen des Risorgimento in Berührung gekommen, namentlich mit dem Gedanken, dass Italien mithilfe der Kunst und der Wissenschaft eine neue kulturelle Mission in der Welt erfüllen würde. Rom war das Zentrum dieses neuen Italien und daher wirkte die Stadt auf die kulturelle Elite des Südens wie ein Magnet. In Rom schrieb sich Giuseppe als Siebzehnjähriger an der medizinischen Fakultät ein. Er unterschied sich schon bald von seinen Mitstudenten, womit er, wie Maria ein paar Jahre später, die Möglichkeit erhielt, bereits vor seinem Abschluss (1891) Praxiserfahrung in Krankenhäusern zu sammeln. Er war von der klinischen Forschung so fasziniert, dass er, nachdem er eine Arztpraxis eröffnet hatte, nebenbei weiterhin als Forscher am Istituto d'Igiene (Hygieneinstitut) von Angelo Celli arbeitete. Hier wurde er irgendwann einer neuen Kollegin vorgestellt: Maria Montessori. Gemeinsam mit ihr wechselte er 1895 zur psychiatrischen Klinik.

Wann die Beziehung von Maria und Giuseppe einen mehr als rein kollegialen Charakter annahm, wissen wir nicht. Die Geschichte ihrer Beziehung ist geheimnisumwittert: Das Paar heiratete nicht, und trotz der vielen Aktivitäten, die Maria entfaltete, blieb ihre Schwangerschaft offensichtlich unbemerkt, ebenso Marios Geburt. Mario wurde einer Familie auf dem Lande zur Pflege gegeben, wo er fünfzehn Jahre lang blieb, ohne zu wissen, wer seine wirklichen Eltern waren. Alle sichtbaren Zeichen von Marias Mutterschaft fehlen demnach. Wir verfügen nur über die auf dem Turiner Kongress geäußerte Bemerkung, sechs Monate nach Marios Geburt, über die »neue Leidenschaft«, von der sie getrieben wurde, eine Leidenschaft, die sie auf die gleiche Linie mit einer anderen Entdeckung stellte: die Bedeutung der Liebe als Erziehungsinstrument. Hiermit nahm sie nicht nur Abschied vom positivistischen Imperativ, dass der Wissenschaftler nicht durch Gefühle mit dem Forschungsobjekt verbunden sein soll, sondern auch von den zu diesem Imperativ gehörenden Assoziationen mit Männlichkeit. Auch wenn sie den Erzieher »Meister« nennt, steht doch die Vision, die sie auf dem Turiner Kongress aufruft, sehr nahe bei der Szene im Pincio-Park, eine Szene, in der das männliche Element völlig fehlt.

Den Kampf, den Maria 1898 in Angriff nahm, scheint sich dann auch ausdrücklich gegen Männer und Männlichkeit zu richten. Völlig entgegen den herrschenden Konventionen, die Mutterschaft immer mehr mit Unschuld und Friedsamkeit verbanden, präsentierte Maria eine Mutter, die »viril« und kampfeslustig war. Die moderne Mutter, so sollte sie in den Jahren nach 1898 wiederholt herausstellen, war intelligent und aktiv und wappnete sich gegen die Grausamkeiten des Lebens. In früheren Zeiten, so schreibt sie, dachte eine Frau, sie sei schön, wenn sie den Kopf senkte, aber darin irrte sie sich. Eine Frau, die zu kämpfen beginnt, stellt sich den Konflikten, statt sie zu vermeiden, und hebt den Kopf. So bekommt sie die Haltung, die sie wirklich schön macht, weil sie zu ihren »feministischen Freiheitsbestrebungen«[64] passt.

Auf dem Kampfplatz, den Maria 1898 betrat, befand sich zuallererst Montesano. Mit ihm teilte sie das Geheimnis, das sie letztendlich für immer trennen sollte. Vor dem endgültigen Bruch, der 1901 stattfand, scheinen die beiden Liebenden in einen heftigen Konkurrenzkampf verwickelt gewesen zu sein, in der gekränkter persönlicher und beruflicher Stolz einen unentwirrbaren Knoten bildeten. Dieser Kampf, der für Marias Geburt als Pädagogin so wichtig gewesen ist, fehlt in der Heldengeschichte über Montessoris Leben. Auch die Montesano gewidmeten biographischen Schilderungen verschweigen sie. Lediglich ein Gespräch über die Liebe, das Montessori ein paar Jahre später mit einer ihrer Schülerinnen führte, verrät etwas von der Intensität ihrer Gefühle. »Es gibt einen schlimmeren Schmerz als den Schmerz, den wir empfinden, wenn wir unseren Geliebten verlieren«, hielt Montessori der jungen Paola Boni Fellini vor, »und das ist die Erkenntnis, dass er total anders ist, als wir anfänglich dachten. Ihn verachten zu müssen ist schrecklich.« »Ihr Blick wurde hart«, erzählt Paola, »ihr Gesicht verzog sich, als müsse sie ein abscheuliches Gefühl hinunterschlucken, und sie wechselte sofort das Thema. (...) Ich dachte, dass in jemandem, der so sehr für das Leben gewappnet war, Liebe und Hass schrecklich sein mussten und dass sie ihren natürlichen Kampfgeist bestimmt verstärkt hatten. Und vielleicht – wobei ich mich auf meine damaligen Eindrücke und die mehr oder weniger genauen Andeutungen anderer verlasse – ist die zähe Kampfbereitschaft, mit der sie nach dem Erfolg der Arbeit strebte, die sie berühmt gemacht hat, auch durch weibliche Rachsucht inspiriert. Vielleicht hat eine Enttäuschung, eine tiefe Kränkung der Liebe im Allgemeinen und ihrer Eigenliebe, sie herausgefordert«, so Paola in ihren Erinnerungen.[65]

Ob Marias Kampfeslust nun das Ergebnis eines verletzten weiblichen Ehrgefühls war oder auch nicht, Tatsache ist, dass sie kämpfte und siegte, aber nicht sofort. Nach dem Turiner Kongress bat Bonfigli Montesano nämlich, dem Vorstand der gerade gegründeten »Lega Nazionale per la educazione dei fanciulli deficienti« beizutreten.

Bonfigli war von der italienischen Regierung zum Präsidenten dieser Liga ernannt worden und stellte einen Vorstand zusammen, der sich aus – männlichen – Vertretern der römischen Elite zusammensetzte. Auch Montessori bekam jedoch ein ehrenvolles Ersuchen: Minister Baccelli, derselbe Minister, der ihr anfänglich den Zugang zum Medizinstudium verweigert hatte, lud sie ein, ab Januar 1899 für zukünftige Lehrkräfte eine Vorlesungsreihe über die Erziehungsmethoden für »behinderte« Kinder zu halten. Dieser Einladung folgte Maria gerne.

Die neue Maria

Anfang 1899 arbeiteten Montessori und Montesano also in unterschiedlichen Rollen für dasselbe Ziel. Offiziell befand sich Maria in einer marginaleren Position als Montesano, aber praktisch gesehen war sie diejenige, die mit ihren Interventionen den größten Effekt erzielte. Auf den Flügeln ihres Rednertalents bereiste sie Italien und sprach überall zu begeisterten Mengen. Die Lesungen beschäftigten sich nicht nur mit »behinderten« Kindern, sondern auch und vor allem mit der so genannten »Neuen Frau«. Diese *donna nuova*, die zum Beispiel Marias Kollege Scipio Sighele, ein Vertreter der neuen Massenpsychologie, 1898 in Wort und Bild porträtiert hatte, konnte um die Jahrhundertwende auf großes öffentliches Interesse zählen.[66] Sie war der Prototyp der emanzipierten Frau und wurde dann auch häufig mit einer Zigarette oder einem Buch in der Hand abgebildet, Attribute, die sich bis vor kurzem ausschließlich in den Händen von Männern befanden. Maria verteidigte die »Neue Frau« und präsentierte sich selbst als solche. In ihren Reden rief sie ihre Geschlechtsgenossinnen auf, sich auf das Gebiet der Wissenschaft zu begeben, wobei sie betonte, es sei nicht die Wissenschaft, die sich gegen (gelehrte) Frauen wandte, sondern die männlichen Wissenschaftler. Sie verspottete öffentlich die positivistischen Lehrsätze um die minderwertige weibliche Gehirnkapazität und wehrte sich gegen Ideen wie die Lombrosos. Der hatte behauptet, die Frau sei ein Mann, der sozusagen in seiner Entwicklung stecken geblieben war, so dass Frauen auf der Evolutionsskala eine relativ niedrige Position einnähmen. Dieses primitive Niveau, das Frauen eher in die Nähe von Kindern und Primitiven rückte, als in die von Männern, äußere sich besonders in einem Fehlen von Intelligenz und moralischem Gefühl.

Als sich Maria 1896 auf dem Berliner Kongress für das Prinzip von gleichem Lohn für gleiche Arbeit ausgesprochen hatte, hatte sie sich nicht öffentlich gegen Männer gewehrt. Jetzt, auf der Tournee durch Italien, tat sie das sehr wohl, wobei sie es sogar wagte, ihren römischen Lehrer und Förderer Sergi lächerlich zu machen. Dies alles ist bezeichnend für den Kampf, den sie 1898 aufgenommen hatte, ebenso wie der Stil, den sie sich selbst anmaß: Wo sie noch 1896 nur mit Mühe akzeptieren konnte, dass man sie auch wegen ihres Aussehens bewunderte, da scheint sie dieses Äußere und damit auch ihr Geschlecht ab 1898 bewusst als Waffe einzusetzen. Überall stimmten (männliche) Journalisten ihrer radikalen Botschaft zu und meinten, Maria würde beweisen, dass männliche Kraft mit weiblicher Sanftheit vereinbar war. Sie wurde zur idealen Verkörperung der Frau, die die Frauenbewegung ins Leben rufen wollte: stark, intelligent und anmutig. Nachdem Maria 1899 als italienische Abgesandte auf einem internationalen Frauenkongress in London gesprochen hatte und sogar von Königin Viktoria empfangen worden war, kam Bonfigli nicht länger um sie herum. Er bot ihr im Herbst 1899 einen Sitz im Vorstand der Liga an, eine Einladung, die Maria gerne annahm.

So gelangte sie auf einigen Umwegen erneut an die Seite Montesanos, auch wenn wir nicht wissen, inwiefern und für wen dies eine glückliche Wiedervereinigung war. Vielleicht begrüßte Montesano Marias Kommen, weil er das Bedürfnis nach Unterstützung verspürte. Er hatte in diesen Jahren nicht nur mit Konkurrenz vonseiten Marias zu tun, sondern auch mit der ihres gemeinsamen Kollegen De Sanctis. Dieser gründete 1899 in Rom eine Schule für »abnormale« Kinder zwischen drei und sechs Jahren und machte damit den ersten Schritt in Richtung auf Gründungen von Spezialinstituten für diese Kinder. Die Liga, und damit Montesano und Montessori, antwortete sofort mit einer ähnlichen Initiative: Ende 1899 wurde in Rom die so genannte Scuola Magistrale Ortofrenica eröffnet. Diese Schule verfolgte ein doppeltes Ziel: die Ausbildung für Lehrkräfte für den Unterricht an »behinderten« Kindern und die weitere Entwicklung einer speziellen Unterrichtsmethode für diese Kinder. Die Schule beherbergte dann auch ein Forschungsinstitut, wo man didaktische Experimente mit »behinderten« Kindern durchführte. An der Spitze der Scuola Ortofrenica standen zwei Direktoren: Montesano und Montessori.

Welcher Art auch immer ihre Verbindung gewesen sein mag, ihr war kein langes Leben vergönnt. 1901 verließ Maria die Liga und die Scuola Ortofrenica und zog sich zeitweilig von der öffentlichen Bühne zurück. Getreu dem Muster der Heldengeschichte erwähnen weder Montessori noch ihre Bewunderer, dass sie gemeinsam mit Montesano Direktor der Schule gewesen war. In dieser Geschichte taucht Montesano nicht auf und Maria ist diejenige, der die Leitung der Schule oblag. Ihr Entschluss, die Schule zu verlassen, wird als der Beginn einer logischen Etappe auf dem Weg zur Geburt ihrer pädagogischen Methode 1907 dargestellt. Sie hatte, so behauptet Maria selbst, das Bedürfnis nach Ruhe[67], um alles, was in den turbulenten Jahren seit ihrem Examen 1896 geschehen war, verarbeiten zu können. Dass Montesano einen wichtigen Beitrag zu dem bewegten Charakter dieser Jahre geleistet hat, bleibt im Dunkeln. Wir wissen demnach auch nicht, inwiefern Marias Entschluss, ihren Weg allein fortzusetzen, vom Wunsch beeinflusst ist, für immer mit Montesano zu brechen. Die schon zuvor genannte Boni Fellini spricht von »unklaren Meinungsverschiedenheiten«[68], die Ursache von Marias Ausscheiden gewesen sein sollen.

Wie dem auch sei und mit wem Maria diese Meinungsverschiedenheiten auch gehabt haben mag, Tatsache ist, dass sich Marias und Giuseppes Wege ab 1901 definitiv trennten. Montesano leitete noch eine Zeit lang die Scuola Ortofrenica, wobei er sich immer mehr auf die Ausbildung spezialisierter Lehrkräfte konzentrierte. Anders als Maria blieb er nicht unverheiratet. Er heiratete eine Frau, die ihn mit ständiger Fürsorge umgab, aber er bekam keine weiteren Kinder: »Seine Saat fiel nicht immer in fruchtbare Erde«[69], steht in einem Montesano gewidmeten Nachruf, wobei sich das, um ehrlich zu sein, auf die vielen Probleme bezieht, auf die Montesano während seiner

In den Kampf 89

Versuche stieß, mit seinen Ideen von einer Pädagogik für »abnormale« Kinder Erfolg zu verbuchen. Dieser Erfolg stellte sich nie ein. Anders als Montessori blieb er einer der vielen, die sich mit »abnormalen« Kindern beschäftigten, ohne dass es ihm gelang, sich von seinen Konkurrenten zu unterscheiden. Sein Tod 1961 in Rom wurde dann auch nur von einem kleinen Kreis bemerkt.

Die neue Maria, die 1898 zum Vorschein kam, wurde also auch aus dem Bruch mit einem Mann geboren. Sie ging jedoch nicht nur auf Abstand zu einem Mann, sondern auch zu dem Kind, das aus ihrer Verbindung mit diesem Mann hervorgegangen war. Das lässt die Frage entstehen, was die von ihr mit so großer Leidenschaft vorgetragene Idee der »emanzipierten Mutterschaft« eigentlich genau beinhaltete. Viele andere Feministinnen, Mutter oder nicht, nutzten die Idee der »Mutterschaft«, um das Prinzip der Gleichberechtigung von Männern und Frauen zu verteidigen, ohne sich dabei auf ihre eigene eventuelle Mutterschaft zu beziehen. Es ist dann auch nicht merkwürdig, dass eine Frau wie Maria den Wert der universellen Mutterschaft betonte, ohne merken zu lassen, dass sie selbst ein Kind hatte. Rückblickend betrachtet fällt Marias Schweigen jedoch auf, weil sie ab 1901 für vollkommene Offenheit in Sachen aller Fragen plädierte, die mit Schwangersein und Mutterschaft zu tun hatten. Sie war der Ansicht, dem schändlichen Schweigen über die (sexuellen) Tatsachen, die mit der Mutterschaft zusammenhingen, müsse ein Ende gemacht werden. Dieses Plädoyer lässt den »weißen« Fleck in der Heldengeschichte über ihr Leben besonders scharf hervortreten. Was in dieser Geschichte nicht erzählt wird, ist genauso interessant wie das, was erzählt wird. Es ist nun auch an der Zeit, einen Blick auf die »Leere« zu werfen, in die sich Maria 1901 begab. »Ich mache mich leer, ich mache mich leer«[70], pflegte sie zu sagen, wenn sie sich der Wahrheit des Augenblicks öffnen wollte. Die Wahrheit war komplex und für Komplexitäten war im italienischen positivistischen Universum kein Platz.

Im Auge eines Wirbelsturms

Jedes Heldenabenteuer kennt einen Moment, in dem der Held seinem Schicksal ganz allein ins Auge blicken muss. Er fühlt sich von Gott und der Welt verlassen: Auch seine allerwichtigsten Vertrauten ziehen sich zurück. In dieser totalen Einsamkeit, der »schwarzen Nacht der Seele«[71], findet eine Konfrontation mit den letzten, tiefsten Zweifeln statt, Zweifel, die einen gewöhnlichen, schwachen Menschen definitiv brechen würden. Ein Held unterscheidet sich jedoch von gewöhnlichen Sterblichen durch seine übermenschliche Fähigkeit, diese Prüfung zu bestehen und geläutert daraus hervorzugehen. In und dank dieser Krise wird die Einsicht geboren, dass man vom früheren Leben Abschied nehmen muss, um eine besondere Mission erfüllen zu können. Für Heilige ist der Mut, mit der Familie zu brechen und eine Heirat zu verwerfen, eine absolute Bedingung, um ihre Kampfeslust, Aufrichtigkeit, Scharfsinnigkeit und ihren Unabhängigkeitssinn für ihre Mission nutzen zu können. Auch andere, eher »weltliche« Helden, müssen in den Geschichten, die über sie erzählt werden, Abschied von den Lieben nehmen. Beispielhaft ist die Geschichte über einen der »Väter des italienischen Vaterlandes«, Giuseppe Mazzini. Er soll von einer Heirat mit seiner Geliebten Giuditta Sidoli abgesehen haben, weil er sich selbst als »mit Italien verlobt« betrachtete. Er fasste diesen Entschluss 1836, nachdem er in der Schweiz seine *tempesta del dubbio* (Sturm der Zweifel) erlebt hatte. Von da an zog er als »ewig Verbannter« durch Europa und widmete sich ausschließlich der Realisierung seines Ideals: eines vereinigten Italien. Das schmerzliche Opfer, das er gebracht hatte, nimmt in den Porträts Gestalt an, die seither von ihm angefertigt wurden: Bildete man ihn noch vor seiner Krise als flammende Erscheinung ab, strotzend vor Energie und Lebenslust, zeigte er sich danach durchgängig in einer leidvollen, ergebenen Pose.[72]

Auch in Montessoris Leben ist von einem radikalen Bruch die Rede, der in den Jahren 1900–1907 zur Vollendung gelangt. In diesen Jahren wendet sie sich von den »abnormalen« Kindern ab und konzentriert sich ganz auf die Erziehung »normaler« Kinder. So wird die Grundlage für die Geburt ihrer berühmten pädagogischen Methode und für ihren Abschied von der Medizin geschaffen, ein Abschied, der 1910 endgültig werden sollte. Genau wie Mazzini zeigt sich Montessori der Welt nach dieser Umkehr in einer neuen Gestalt. Das ist die Gestalt der »starken Frau«, der »befreiten Eva/Maria«, die »als einzige unter den Frauen«[73] (sexuelles) Wissen, Mutterschaft, Autonomie und Kampfeslust auf allen Gebieten des Lebens kombiniert. Sie arbeitet nicht länger im Schatten der Männer und erhebt sich auch über ihre Geschlechtsgenossinnen, indem sie sich offen und in aller Öffentlichkeit den Stil einer Primadonna anmaßt.

Wie es sich in einer Heldengeschichte gehört, vollzieht sich diese Wandlung in Stille und Einsamkeit. Maria hatte, so erzählt sie, nach all den Jahren fieberhafter Aktivität das Bedürfnis nach Ruhe, um alle Erkenntnisse und Eindrücke, die sie gesammelt hatte, zu verarbeiten. Ihr wird klar, dass sie sich bislang wie jemand verhalten hat, der einen Roman in einer einzigen Nacht zu Ende liest und dabei ihre Energie nur flüchtig nutzte, »wie eine Windbö, die über trockenen Boden streicht«. Jetzt brauchte sie geduldige, beständige Arbeit, die nicht auf das Erreichen eines konkreten beruflichen Ziels aus war, sondern auf die »Erhebung des Geistes«. Meditation war hervorragend dazu geeignet, Wissen auf die richtige Weise zu assimilieren, »weil jemand, der studiert, indem er meditiert, auf eine sehr spezielle Weise etwas lernt. Indem er etwas in sich aufnimmt und dort lange Zeit ruhen lässt, fühlt er zu seiner eigenen Überraschung etwas Unbekanntes in sich zum Leben erwachen, so wie eine Saat erst zu keimen beginnt, nachdem sie lange Zeit regungslos im Boden geruht hat. Eine unverhoffte innere Welt öffnet sich, faszinierend gerade für diejenigen, die gewohnt sind, ihre Gedanken schnell über zu viele verschiedene Gegenstände huschen zu lassen«[74], so Montessori.

Umweg

In diesem Bericht über ihre meditative Periode fehlt jeder Hinweis auf eine »schwarze Nacht der Seele«, wie sie Mazzini und andere Helden erlebt hatten, einschließlich Denker wie Nietzsche, Freud und Jung, die alle erst nach einer marternden Krise zu ihrem eigenen, besonderen »Opus« kommen. Montessori konfrontiert uns nur mit dem konkreten Ergebnis der stillen Jahre: der Erfindung ihrer Methode. Die Geschichte ihres Lebens, so suggerieren ihre Bücher, fällt mit der Geschichte der Entstehung ihrer Methode zusammen. Diese Selbstdarstellung passt zu ihrer Auffassung, wie Geschichte im Allgemeinen geschrieben werden müsse. Sie war eine heftige Gegnerin von Geschichtserzählungen, in denen der Entwicklungsprozess der Menschheit als das Ergebnis von Tyrannei, Krieg, Leid und Gewalt präsentiert wurde. Stattdessen trat sie für Geschichten ein, in denen der Mensch als »schöpferischer Held«[75] erschien, ein Held, der allerlei Gerätschaften zur Förderung des gesellschaftlichen Fortschritts erfindet.

Auch wenn Montessori in ihren Büchern nicht über Schmerz, Wut, Verwirrung, Zweifel und Angst spricht, bedeutet das nicht – wie schon zuvor erwähnt –, dass sie nicht doch wichtig gewesen sind für die spezifische Form und den Inhalt, den ihre eigene Erfindung bekommen hat. Selbst sagt sie über die »erwachsene, virile« Frau, die ihr als Ideal vor Augen stand, dass diese »eine Weisheit besitzt, die aus persönlicher Erfahrung entsteht«, wobei gerade »schmerzliche Erfahrungen« wichtig waren.[76] Wenn dem so ist und wenn wir bedenken, dass Montessori die Geschichte ihrer Methode mit der Geschichte ihrer eigenen Entwicklung als Wissenschaftlerin auf eine Ebene stellt, dann gehen ihre Methode und ihre neue Erscheinung auf jeden Fall *auch* aus »schmerzlichen« Erfahrungen hervor.

Welche das waren, bleibt im Dunkeln. Aber auch nun kann uns ein »Umweg«[77] vielleicht etwas zeigen, das über die direkte Annäherung im Schatten bleibt.

Dieser Umweg führt uns zu Mazzini und den Heldengeschichten über sein Leben. Darin wird erzählt, wie er in und durch seinen »Sturm der Zweifel« zu der Schlussfolgerung gelangt, dass die italienische Nation eine geistige Gemeinschaft ist, die ihren inneren Zusammenhalt dem Prinzip der Selbstaufopferung entlehnt. Er selbst wird in den Geschichten zur Verkörperung der Selbstaufopferung schlechthin: Indem er von einer Heirat mit Giuditta Sidoli absah, opferte er ja seine persönlichen Wünsche »auf dem Altar des Vaterlands«[78]. Die historische Forschung, die ab der Jahrhundertwende durchgeführt wurde, versetzt uns in die Lage, über Mazzinis Selbstaufopferung eine viel komplexere Geschichte zu erzählen, die auch die Umkehr in Montessoris Dasein erhellt. Die Wendung, die Mazzinis Leben 1836 nahm, hat nämlich sehr viel mit seiner Vaterschaft zu tun oder genauer gesagt mit dem Tod des Kindes, das 1832 aus seiner Beziehung mit Giuditta hervorgegangen war. Die Geburt fand in Marseille statt und wurde geheim gehalten. Als die beiden Liebenden 1833 Marseille verlassen mussten, ließen sie das Kind in der Obhut ihres Freundes Démosthèn Ollivier zurück. Adolphe, wie der Junge genannt wurde, starb 1835, ohne seine Eltern noch einmal gesehen zu haben. Den Namen Adolphe hatte man dem gleichnamigen Roman von Benjamin Constant entnommen, der 1816 veröffentlicht wurde. Hauptthema dieses Erfolgsromans ist die Liebe zwischen Adolphe und Ellénore. Diese Liebe wurde niemals durch eine Heirat besiegelt, weil Adolphe es nicht wagte, seine Karriere für Ellénore aufs Spiel zu setzen, die zuvor Mätresse eines anderen Mannes gewesen war.

Die düstere Pose als Verkörperung von Mazzinis »Opus« stammt also *auch* aus den schmerzlichen Erfahrungen, die mit der Geburt und dem Tod seines Sohnes verbunden sind. Während seiner Krise wird es Mazzini deutlich, dass er es niemals wagen würde, Giuditta, eine Witwe mit vier Kindern, zu heiraten, weil er sich selbst für einen Verurteilten hält, für jemanden, der statt Glück Tod und Verderben sät. Er hat insbesondere Angst, dass Giudittas Ruf durch eine Heirat mit ihm Schaden leiden könnte und dass sie gezwungen würde, ihrem Schwiegervater die Kinder zu überlassen. Dennoch will er Giuditta nicht verlassen, woraufhin sie ihn schließlich selbst verlässt.

Mazzinis Drama dreht sich also um Verlassen und Verlassenwerden, Schuld und Sühne, männliche und weibliche Ehre, eheliche und außereheliche Elternschaft, Mut und Feigheit und um die Rechtlosigkeit von Frauen, die außerhalb der Ehe sexuell aktiv waren. Das sind die Themen, die gerade im 19. Jahrhundert ganz im Zentrum des Interesses stehen; so wundert es nicht, dass Montessori *Adolphe* in ihrem Bücherschrank stehen hatte. Doch darf nicht ausgeschlossen werden, dass der Roman auch für sie, genau wie für Mazzini und Sidoli, eine persönliche Bedeutung hatte. Romane und Theaterstücke dienten im 19. Jahrhundert oft als Vermittler für die Verbalisierung persönlicher Dramen. Diese für ein immer größer werdendes Publikum verfügbaren Kunstformen stellten eine Art kulturelles Bezugssystem dar, das Menschen die Möglichkeit gab, anderen etwas aus ihrem eigenen Leben zu zeigen. Die Beziehung zwischen Kunst und Leben war so stark, dass der Unterschied zwischen fiktiven Personen und lebenden Menschen manchmal völlig verschwamm. Mazzini identifizierte sich beispielsweise so intensiv mit dem verdorbenen Priester Frollo aus Victor Hugos *Notre dame de Paris* (Der Glöckner von Notre-Dame), dass ihn Frollos Schicksal, so schrieb er, von einer Verbindung mit

Giuditta abhielt.[79] Die Feministin Gualberta Beccari, deren Leben von dem Problem eines syphilitischen Vaters bestimmt wird, spiegelte sich am Beispiel Oswalds aus Ibsens Syphilis-Drama *Gespenster* und blieb unverheiratet, um die Nachwelt vor Ansteckung zu schützen. Montessori hat immer wieder auf die Gefahren einer Vermengung von Fantasie und Wirklichkeit hingewiesen. Dennoch wimmeln ihre Bücher von Vergleichen mit jedem bekannten Geschichten, variierend von Romanen bis zu biblischen Themen wie dem Sündenfall, dem Tod und der Wiederauferstehung Christi. Man kann sich des Eindrucks nicht erwehren, dass auch sie über diese Darstellung universeller menschlicher Themen etwas von ihrem eigenen Leben zeigte. Dieses Leben wurde in jener Zeit vom Motiv der Trennung beherrscht.

Trennung

»Ein menschliches Wesen erziehen ist«, so Montessori, »als würde man das Neugeborene von der Mutterbrust reißen.« Dieser bildhafte Vergleich, den Maria benutzte, um Victors Drama zu charakterisieren, passt hervorragend auf ihr eigenes Kind. Mario wurde ja bald nach seiner Geburt zur Pflege gegeben und aus Rom weggebracht, um bei einer Familie auf dem Land aufzuwachsen.

Diese Geschichte, die Mario selbst später von seiner Mutter zu hören bekam und die er seinerseits Marias Biographin Rita Kramer erzählte, lässt viele Fragen offen.[80] So bleibt es ein Rätsel, warum Maria und Giuseppe nicht heirateten, als sich erwies, dass Maria schwanger war. Montesano erkannte das Kind an: In der Geburtsurkunde ist er als Vater genannt. Auffallend ist, dass die Mutter in dieser Urkunde mit den Buchstaben N.N. verzeichnet ist.[81] Dass Maria Marios Mutter war, lässt sich nur aus späteren Quellen ableiten, unter ihnen Mario selbst. Die Kennzeichnung N.N. für die Mutter ist ungewöhnlich: Wenn einer der Elterteile unbekannt bleiben wollte, war das in der Regel der Vater, der sich auf diese Weise seinen väterlichen Pflichten entzog. Vielleicht hatte man beschlossen, Marias Identität nicht bekannt zu machen, weil ihr Ruf infolge der herrschenden doppelten Moral leichter zu schädigen war als der Montesanos. Ein »Fehltritt«, der einen Mann nur straucheln ließ, verschaffte einer Frau für immer das Stigma der »gefallenen Frau«. Weil allem Anschein nach die Beziehung zwischen Maria und Giuseppe erst 1901 endgültig abgebrochen wurde, bleibt jedoch die Frage, warum sie 1898 nicht heirateten, da eine Heirat die beste Lösung für den drohenden Gesichtsverlust sowohl Marias als auch Giuseppes gewesen wäre.

Wichtig ist, dass Maria in der Geschichte, die sie später ihrem Sohn erzählte, den Eindruck weckte, dass der Entschluss, von einer Heirat abzusehen und Mario wegzugeben, nicht ihr eigener war, sondern unter dem Druck der Familien Montesano und Montessori gefasst wurde. Besonders die beiden Mütter seien gegen eine Hochzeit gewesen. Auch sollten sich gerade diese beiden Frauen gegen die Vorstellung gewehrt haben, dass Maria als unverheiratete Mutter ihren Sohn bei sich behielt. Eine derartige Situation wäre dermaßen skandalös gewesen, dass sowohl die viel versprechende Karriere Marias als auch die Giuseppes Gefahr liefen, im Keim erstickt zu werden. Dass dies jedenfalls in Marias Fall keine Hirngespinste waren, wird in einer Aussage der bekannten niederländischen Feministin Wilhelmina Drucker deutlich, die selbst ein »uneheliches« Kind war. Sie schrieb 1895, eine unverheiratete Mutter hätte oft lediglich die Wahl aus den folgenden Möglichkeiten: »Selbstmord als Folge der Verzweiflung über ein zerstörtes Leben, Kindermord, begangen in einer Anhäufung aus Kummer und Angst, oder Prostitution als letzte Rettung, um ihren Unterhalt und den eines unglückseligen Kindes zu bestreiten.«[82]

Angesichts der sehr reellen Gefahr, zum *outcast* zu werden, ist es nicht verwunderlich, dass Maria und Giuseppe beschlossen, Marios Existenz geheim zu halten. Auffallend ist jedoch, dass sie einander versprachen, für immer unverheiratet zu bleiben. Es soll Mario zufolge Montesanos Schändung dieses Versprechens gewesen sein, die letztendlich zu einem definitiven Bruch zwischen Maria und Giuseppe führte und Maria wahrscheinlich zu ihrem Herzenserguss gegenüber Paola Boni Fellini brachte, ihre größte Enttäuschung sei gewesen, dass sich ihr Geliebter als so anders erwiesen habe, als sie ursprünglich gedacht hatte.

Montesanos Entschluss ist vielleicht u.a. verletzend gewesen, weil er einen ganz anderen Typ Frau als Maria wählte. Zumindest, wenn wir der in einem Nachruf Montesanos auftauchenden Charakterisierung dieser nicht namentlich genannten Ehefrau Glauben schenken, stand sie ihm immer zur Seite und sorgte mit ihrer »entspannenden Gesellschaft«[83] dafür, dass er nach einem ermüdenden Tag seine Probleme am häuslichen Herd vergessen konnte. Es kann also sein, dass Montesano von einer Frau wie Maria genug hatte, die ihm die Hölle heiß machte und ihm in beruflicher Hinsicht den Rang abzulaufen drohte. So fällt zum Beispiel auf, dass er viele Jahre nach dem Bruch mit Maria schrieb, dass der an sich berechtigte Kampf für die Gleichberechtigung von Frauen und Männern »leider bei ziemlich vielen Frauen dazu geführt hatte, dass ihre gefühlsmäßige Neigung zur Feindschaft gegenüber Männern verstärkt wurde«[84].

Montesano schreibt im selben Text auch noch etwas anderes, das im Hinblick auf seine düstere Geschichte mit Maria interessant ist. Er erklärt, die Ehe sei das »Grab der Liebe« und dass eine so genannte »freie Ehe« (eine monogame Verbindung, die nicht per Gesetz bekräftigt und nicht ausdrücklich für die Ewigkeit bestimmt war) vorzuziehen sei. Maria verkehrte während dieser Jahre in Rom in einem Umfeld, in dem »freie Ehen« und andere unkonventionelle Beziehungsformen gang und gäbe waren. Es ist dann auch sehr gut möglich, dass sie und Giuseppe eine freie Verbindung eingegangen sind. Darauf verweist auch Marias Geschichte über das Versprechen, unverheiratet zu bleiben. Vielleicht haben sie und Giuseppe beschlossen, sich nach Marios Geburt auf jeden Fall weiterhin die finanzielle Sorge für Marios Verbleib zu teilen. Wie dem auch sei, Giuseppes Entschluss, eine andere zu heiraten, machte der ambivalenten Situation ein Ende, einer Situation, in der Maria die Trennung von Mario möglicherweise als vorläufig erfahren hatte.

Montesanos Entschluss bedeutete eine Bedrohung für Marias sowieso schon prekäre Position als Mutter. Diese Entscheidung kann nämlich, außer durch das Verlangen nach einer anderen Frau als Maria, auch durch den Wunsch eingegeben sein, Mario als seinen Abkömmling in einen gesetzlichen Familienverband aufzunehmen. In dem bereits erwähnten Text schreibt er jedenfalls, dass trotz seiner Vorliebe für die freie Ehe die Familie für ihn unter den heutigen Umständen die bestmögliche Form des Zusammenlebens sei, weil die Abstammung nur durch eine gesetzliche Heirat geregelt werden könne. Weil er als Marios Vater eingetragen war und Maria vor dem Gesetz nicht als Mutter existierte, konnte Giuseppe Maria als Mutter im Prinzip auslöschen, indem er seine neue Frau als Mutter Marios fungieren ließ.

Mario wuchs allerdings, soweit bekannt, nicht bei seinem Vater, sondern in einer anderen, unbekannt gebliebenen Familie auf. Und damit sind wir wieder bei der einzigen Tatsache, die in diesem finsteren Chaos unbekannter Faktoren unleugbar ist: Maria ließ ihr Kind im Stich. In ihrer Geschichte über das Neugeborene, das hilflos versucht, in seinem neuen, harten Dasein zu überleben, klagt der Säugling: »Warum hast du mich verlassen?« Auch an anderer Stelle betont Maria stets das Gefühl von Verlassenheit, welches das Baby erfährt, weil seine Eltern in erster Linie an sich denken. Die Gebärden, mit denen sie das Baby nehmen und an einen anderen Platz legen, sind zu gewalttätig für den zarten Körper. Die Tücher, mit denen sie seine Nacktheit bedecken, sind zu rau, zu hässlich und zu alt. Wenn die Eltern das Kind in die Wiege legen, denken sie nur an die Matratze, die sie mit einer Unterlage schützen, damit sie nicht schmutzig wird oder kaputt geht. »In dieser Sorge für die Matratze manifestiert sich bereits die unbewusste Vorstellung, dass das Kleine Gegenständen keinen Schaden zufügen und dass es seinen Eltern nicht zur Last fallen darf. Das Leben des Kindes wird von diesem Moment an im Zeichen dieser Vorstellung stehen«[85], so Montessori. Auch sie selbst – durch Konventionen und ihre Familie gezwungen oder nicht – riss sich mit einer gewalttätigen Gebärde von ihrem Kind los, weil das für sie persönlich besser war. Dass sie sich über die Folgen ihrer Tat Sorgen gemacht hat, lässt sich nur aus allgemeinen Bemerkungen ausmachen. So schrieb sie beispielsweise, dass sich »der Kummer und die Schuld«[86] der Mutter im Kind widerspiegeln würden. War eine Mutter während der Schwangerschaft besorgt und ängstlich oder wurde das Baby von einer Amme gefüttert, so fügte man dem Kind damit sowohl körperlichen als auch geistigen Schaden zu.

Allem Anschein nach hat sich auch Maria verlassen gefühlt. Verlassen und wütend, in erster Linie auf Montesano. Noch bis zum heutigen Tag erzählt man sich in römischen Montessori-Kreisen die Geschichte, dass sich Maria auf den Boden warf, als sie die Ankündigung von Montesanos Heirat vernahm. Dort soll sie drei Tage lang regungs- und sprachlos liegen geblieben sein, ohne zu essen oder zu trinken. Ihre Wut klingt in ihren Vorlesungen durch, die sie in den Folgejahren über das empfindliche Thema Sexualität halten sollte. Paola Boni Fellini befand sich im Publikum und hörte, wie sie gegen den Mann wetterte, der die Frau im Turnier der Liebe verwundete. »Ja genau! Er fügt ihr eine Wunde zu und verschwindet dann ungestraft!«[87], hielt eine empörte Maria ihrer Zuhörerschaft vor. Sie erregte sich über die »barbarische Toleranz«[88] der Massen gegenüber Phänomenen wie Prostitution, Verführung, außereheliche Geburten und Eltern, die ihre neugeborenen Kinder im Stich lassen.

Männer waren in ihren Augen die Hauptschuldigen, weil sie im sexuellen Leben Herrscher waren und Frauen unterdrückten, indem sie diese zu sexuellen Sklaven machten. Angesichts des Zusammenhangs zwischen Prostitution und außerehelicher Mutterschaft ist es nicht verwunderlich, dass besonders die Prostitution in Montessoris Vorlesungen herhalten musste, oder besser gesagt, diejenigen, die Prostitution tolerierten. Diese Toleranz wurde durch Argumente legitimiert, die dem Werk von Ärzten entstammten, die Marias Kollegen waren. Diesen Medizinern zufolge war Prostitution ein notwendiges Übel, weil unverheiratete Männer nun einmal ein Ventil für ihre sexuellen Impulse brauchten. Weil die Beherrschung dieser Impulse zu einem Verhalten führen würde, das für die Gesellschaft schädlich sein könnte, war es gut, dass sich eine kleine Gruppe Frauen zur Befriedigung dieser sexuellen Bedürfnisse zur Verfügung stellte. Weil Prostituierte in den Augen dieser Mediziner Frauen waren, die wegen einer exzessiven und »männlichen« Libido von Natur aus zu perversem und promiskuitivem Verhalten neigten, war diese Situation ihrer Meinung nach für niemanden problematisch.

Diese Argumentation gefiel Maria und anderen Streiterinnen gegen die Prostitution vor allem deshalb nicht, weil Prostituierte als »abnormale Frauen« abgestempelt wurden, während ihre Besucher weiterhin den Ruf normaler, tüchtiger Bürger hatten. Schlimmer noch war es, dass man in Bezug auf das Problem der Verbreitung von Geschlechtskrankheiten Prostituierten die Schuld gab, während die Hurenböcke frei ausgingen. Wenn schon die Rede von Schuld sei, so forderte Maria, dann ginge es in jedem Fall um eine geteilte Schuld. Die Weigerung von Männern, sich als Mitverantwortliche zu stellen, nicht nur in Bezug auf Geschlechtskrankheiten, sondern auch, wenn es um die Sorge für die Kinder ging, die außerehelich gezeugt wurden, machte Männer zu »Barbaren«, so Montessori.

In Marias Tiraden über das moralische Fehlverhalten von Männern fällt vor allem auf, dass sich sich wütend über die Männer auslässt, die sich weigerten, die Lasten einer geteilten »Schuld« gemeinsam mit den Frauen zu tragen. Es ist auch charakteristisch, dass sie den Begriff »Schuld« nicht so einfach im Zusammenhang mit außerehelich erlebter Sexualität benutzen will. Dies und die Tatsache, dass Fragen der Moral in diesen Jahren einen zentralen Platz in ihren Vorlesungen einnahmen, deutet auf ein Ringen mit der Frage hin, welche Bedeutung sie der Episode mit Montesano geben sollte: Wie stand es mit ihrer eigenen Verantwortung? War sie, die starke Frau, das Opfer männlicher Lust? War sie, jetzt, da sie Mutter geworden war, ohne verheiratet zu sein, für alle Zeit mit Schuld beladen, oder machten gerade ihre Erfahrungen sie erst zu einer »erwachsenen« Frau, die Kenntnis von Gut und Böse besaß? Seit dem Betreten des Seziersaals hatte sie von dem Apfel gegessen, der am Baum der Erkenntnis von Gut und Böse hängt. Mit dieser Tat hatte sie von dem paradiesischen, aber unwissenden Zustand Abschied genommen, in dem ihre Mutter sie zu halten versucht hatte. Nun war sie erfüllt von den bittersüßen Früchten des (sexuellen) Wissens, das sie erlangt hatte.

Wie sollte sie nun weitergehen? Zurück zu ihrer Mutter, die sie überredet hatte, auf ihren Sohn zu verzichten? Zurück zu der Frau, die die Verkörperung einer kindischen, naiven, engelhaften Art Weiblichkeit darstellte? Zurück auch zu der Frau, die als praktizierende Katholikin in dem Gedanken aufgewachsen war, dass ein Verhalten wie das Marias der Erbsünde entsprang, mit der jeder Mensch seit Evas Biss in den Apfel belastet war?

Auf tragische Weise autonom

Aus der Zufriedenheit, die Renilde später über die ältere, ernste, matronenhafte Maria zeigen sollte, kann man schließen, dass die unverblümte erotische Ausstrahlung der jungen Maria ihre Mutter beunruhigt hatte. Auch Renildes Versuche, Marios Existenz zu leugnen, deuten auf das Unvermögen, Marias (sexuelles) Verhalten zu akzeptieren. Indem sie beschloss, trotz der

Schrecken im Seziersaal ihr Medizinstudium fortzusetzen, hatte sich Maria zum ersten Mal halbwegs aus der symbiotischen Beziehung mit Renilde gelöst. Allem Anschein nach fand jedoch eine wirkliche Konfrontation mit ihrer Mutter und mit allem, was sie vergegenwärtigte, erst anlässlich der Geburt Marios statt. Solange das, was Renilde als Marias Mission betrachtete – Furore machen als außergewöhnliche Wissenschaftlerin –, nicht in Gefahr geriet, hatte Renilde nichts unternommen. Jetzt, da ein Skandal die Realisierung von Renildes Traum über Maria zu zerstören drohte, tat sie es. Maria wurde demnach nicht nur von ihrem Geliebten verlassen, sondern auch von ihrer Mutter.

In der Leere, die darauf folgte, scheint Maria auf die Suche nach einem moralischen Bezugssystem zu gehen, das sie in die Lage versetzte, ihre eigene Mutterschaft als etwas Schönes zu erleben, als etwas, das nicht mit Schuld und Sünde beladen war. Während dieser Suche, über die sie wie üblich der Öffentlichkeit nichts preisgibt, kam sie mit einigen unkonventionellen Frauen in Kontakt, die Erotik und Mutterschaft auf eine andere Art erlebten als ihre eigene Mutter. Diese Beispiele fand sie nicht in der von Männern beherrschten medizinischen Welt, sondern in Kreisen der künstlerischen, sozial engagierten Elite Roms. Wichtig war vor allem die Bekanntschaft mit Sibilla Aleramo, die Maria im Sommer 1899 in London traf, als beide an einem internationalen feministischen Kongress teilnahmen. Sibilla, die damals noch unter ihrem Mädchennamen Rina Faccio arbeitete, gründete im darauf folgenden Herbst die feministische Zeitschrift *L'Italia femminile*, wofür sie u.a. Marias Mithilfe erhielt. Der Kontakt vertiefte sich ab 1902, als Sibilla in die Nähe des Hauses der Familie Montessori in Rom zog. Über sie lernte Maria Aleramos Geliebten, den Dichter Giovanni Cena, kennen.

Das Appartement von Aleramo und Cena diente als Treffpunkt für Intellektuelle und Künstler aus dem In- und Ausland, z.B. die schwedische Schriftstellerin Ellen Key, den italienischen Historiker Gaetano Salvemini und den italienischen

Schriftsteller Gabriele d'Annunzio. Sibilla, eine theatralische Persönlichkeit, kannte besonders viele Künstler aus der Welt des Theaters, wie die Schauspielerinnen Giacinta Pezzana und Eleonora Duse. Weder Pezzana noch Duse hatten auch nur irgendetwas von der unschuldigen, ihre eigenen Interessen zurückstellenden Mutter, die um die Jahrhundertwende den Frauen als Ideal vorgehalten wurde. Beide Frauen erlebten mehr als eine leidenschaftliche Liebesbeziehung sowohl mit Männern als auch mit Frauen und kombinierten eine erfolgreiche Karriere am Theater mit Mutterschaft. Ohne Rücksicht auf das herrschende Idealbild, in dem kein Platz für Konflikte zwischen Müttern und Töchtern war, machten beide Frauen keinen Hehl daraus, dass das Verhältnis zu ihren Töchtern kompliziert und zeitweise gequält war. Auch in ihrer Arbeit führten Pezzana und Duse Mütter vor, die das gängige Mutterbild unterminierten: Pezzana publizierte 1893 den Roman *Maruzza*, in dem die Tragik einiger »unehelicher« Mütter im Mittelpunkt steht. Duse war die erste und nach Meinung vieler die interessanteste italienische Darstellerin von Ibsens beunruhigender Gestalt Nora aus dem Theaterstück *Nora – ein Puppenheim*.

Das Leben Pezzanas und Duses wird Maria allein schon deshalb angesprochen haben, weil sie als junges Mädchen von einer Karriere als Schauspielerin geträumt hatte. Mit Sibilla Aleramo teilte sie jedoch eine Erfahrung, die die beiden anderen Frauen nicht gekannt haben: Sibilla hatte 1902 ihren Mann verlassen und damit auch für immer von ihrem 1895 geborenen Sohn Walter Abschied nehmen müssen. Frauen, die ihren Mann verließen, konnten damals nämlich keinen einzigen Anspruch auf ihre Kinder erheben. Anfänglich hatte sie noch gehofft, sie dürfe Walter doch noch bei sich behalten. Während Sibilla herzzerreißende Briefe von ihrem Sohn erhielt, führte sie mithilfe von Rechtsanwälten einen verzweifelten Kampf um seine Zuerkennung, einen Kampf, den sie verlor. Zu der Zeit, als Maria Sibilla in Rom häufig besuchte, arbeitete diese gerade an dem autobiographischen Roman, der 1906 publiziert werden und der sie weltberühmt machen sollte: *Una donna* (Eine Frau). Dieser Roman erzählt die Geschichte einer Frau, die ihren gleichgültigen und brutalen Ehemann verlässt. Weil ihr bewusst wird, dass sie untergeht, wenn sie sich nicht für sich entscheidet, akzeptiert sie letzten Endes, dass ein Entschluss, ihren Mann zu verlassen, impliziert, dass sie auf ihr Kind verzichten muss.

In einer Tagebuchpassage aus dem Juni 1901, die Sibilla später als »Keim«, aus dem *Una donna* entstand, anführte, zeichnet sie nach einer schlaflosen Nacht auf, warum sie fühlt, dass sie ihren Mann verlassen muss.[89] Sie will, so schreibt sie, eine »fatale« Kette durchbrechen: Sie selbst hatte eine unglückliche Jugend erlebt, weil ihre Eltern eine schlechte Ehe führten. Um zu verhindern, dass ihr eigenes Kind die Wut empfinden würde, die sie selbst ihren Eltern gegenüber empfand, hatte sie sich mit vollkommener Hingabe der Erziehung ihres Kindes gewidmet. Aber auch ihre Ehe, die durch eine Vergewaltigung erzwungen worden war, war unglücklich. Die Beziehung zu ihrem Mann wurde lediglich durch Verachtung genährt anstelle von Liebe, die, so schreibt sie, notwendig ist, um ein Kind mit Gefühlen aufzuziehen, die nicht »falsch« sind. Ein Kind braucht das Beispiel einer Mutter, die nicht seinetwegen ihren Anteil an der Sonne, der Liebe, der Arbeit und dem Kampf aufgibt. Das wäre genau das, was sie täte, wenn sie bei ihrem Mann bliebe, schreibt sie.

In Sibillas Bericht fällt auf, dass es eine »unpersönliche« Stimme ist, die ihre innere Umkehr zuwege bringt. Es war, so schreibt sie, eine »harte und grausame Stimme«, die schon seit Jahren in ihr erklang. Nachdem sie Ibsens Theaterstück *Nora – ein Puppenheim* gesehen hatte, sprach die Stimme über die Gestalt Noras zu ihr. In der Darstellung durch Eleonora Duse, die Nora so spielte, dass ihr Weggehen unvermeidlich war, zeigte Nora Sibilla, dass eine Frau ihren eigenen Emanzipationsprozess nicht der Mutterschaft opfern musste. Die Stimme Noras war allerdings, so schrieb Sibilla später, »keine Stimme, die Freude versprach, sondern nur ein Gefühl der Übereinstimmung mit mir selbst. Es war eine anspruchsvolle Stimme, die Bewusstsein und Treue gegenüber dem eigenen Lebensgesetz verlangte. Dieses Gesetz beinhaltet, dass ein jeder für eine möglichst große Entfaltung seiner selbst leben soll, ohne dabei einen anderen zu beeinträchtigen, aber auch, ohne sich einem anderen zu unterwerfen.« Und gerade Unterwerfung hatte ihr Mann von ihr verlangt. Indem sie sich von ihm losriss, fühlte sich Sibilla nach eigener Aussage wie eine »neugeborene Erwachsene«, eine selbstständige Persönlichkeit. Eine Persönlichkeit mit einer eigenen Sensibilität, einer eigenen Logik, einer eigenen Wahrheit, die anders war als die ihres Mannes. Sie konnte, so schreibt sie, die Konsequenzen dieser neuen Einsicht nicht länger vermeiden und musste ihren eigenen Weg gehen, »auf tragische Weise autonom«, wie alle Frauen, die dieser grausamen, unpersönlichen Stimme Gehör schenkten.

Es ist, als klinge in dieser »Rechenschaft« auch die Stimme Maria Montessoris durch. Sie sollte ungefähr zur gleichen Zeit, als Sibillas Aufsehen erregendes Buch erschien, eine Lanze für eine emanzipierte Mutter brechen, die sexuell »wissend« war, selbstbewusst, kämpferisch und »um ihrer selbst willen geliebt«[90]. Eine Mutter, die das Gegenteil der hilflosen, kindischen Frau sein sollte, die nichts vom Leben und dem Kampf wusste, den das Leben erforderte, »klein, wie sie in ihrem Denken und Bewusstsein war«[91]. Diese Mutter besaß Weisheit, weil sie Kenntnis von Gut und Böse erlangt hatte.

Zu Unrecht war Evas Tat als Beweis dafür interpretiert worden, dass Frauen von Natur aus »schlecht« waren und das Böse in die Welt gebracht hatten. Evas Tat war eine emanzipatorische: Indem sie von dem Apfel aß, hatte sie sich von Naivität und vermeintlicher Unschuld erlöst und hatte Kenntnis erlangt, die zur Unsterblichkeit der menschlichen Art führte. Zumindest war Eva zur symbolischen Mutter der Menschheit geworden, indem sie sich gegen Gottvater auflehnte und sich in die Geheimnisse von Leben und Tod und der Sexualität einweihen ließ.

Mit dieser Interpretation, die 1906 zum ersten Mal deutlich geäußert wurde, rechnete Maria mit dem Konzept der Erbsünde und mit einem uralten Gedanken ab, der gerade im Fin de Siècle einen neuen, durch die Wissenschaft angeregten Impuls bekam: der Gedanke, dass Frauen die Verkörperung des Bösen darstellten. Damit schuf sie auch für sich selbst die Möglichkeit, den Eintritt Marios in ihr Leben als ein freudvolles Ereignis zu betrachten, das frei von Sünde war. Für diese einschneidende und rätselhafte Umkehr sind nicht nur die lebenden Beispiele »auf tragische Weise autonomer« Mütter wichtig gewesen, sondern auch eine neue Weltsicht: die Theosophie.

Die geheime Lehre

Nach Marios Geburt hatte sich Maria anfänglich der Religion ihrer Mutter zugewandt. Im Sommer 1898 zog sie sich in ein Kloster in der Nähe von Bologna zurück, der Stadt, aus der die Familie ihres Vaters stammte, um mit den Schwestern zu beten und zu meditieren. Das sollte sie auch in den darauf folgenden Sommern beibehalten. Dennoch befriedigte der Katholizismus ihre spirituellen Bedürfnisse offensichtlich nicht ausreichend, denn gleichzeitig wurde sie Theosophin. Bis jetzt ging man davon aus, dass Maria erst in den Dreißigerjahren unter den Einfluss der Theosophie geriet. Die australische Forscherin Carolie Wilson hat jedoch nachgewiesen, dass sie bereits am 23. Mai 1899 Mitglied der Theosophical Society wurde.[92] Wilsons Entdeckung wirft ein neues Licht auf Montessoris »meditative Periode« und die Entstehung ihrer Methode.

Wie in der christlichen Hagiographie kennt auch der Weg, der nach theosophischer Tradition zur »Erleuchtung« führt, eine Phase, in der der Gläubige in spe vom richtigen Weg abzukommen droht. In christlichen Heiligengeschichten müssen Mystiker fünf Stadien durchlaufen, bevor sie sich mit Gott vereinigen können. Die vierte Phase ist die schwierigste: In ihr wird der Mystiker auf die Probe gestellt und er oder sie fühlt sich von Gott verraten und im Stich gelassen. Auch in den Geschichten, in denen erzählt wird, wie theosophische »Meister« durch etliche Weihen »erleuchtet« werden, ist das vierte Stadium entscheidend. Das ist der Moment, in dem sich der »Schüler« der ihm bekannten inneren und äußeren Wirklichkeit völlig entfremdet fühlt. In diesem Nichts gibt es keinen einzigen Halt mehr und er oder sie wird alles Vertrauten beraubt. Diese schreckliche Erfahrung, die in der Theosophie mit der »schwarzen Nacht der Seele« aus der christlichen Mystik gleichgesetzt wird, läutert den »Schüler« und bereitet ihn oder sie auf die Einswerdung mit dem vor, was in der Theosophie »das Eine« genannt wird.

Dass sich Maria der Theosophie zuwandte, hing sehr wahrscheinlich mit der Art ihrer Krise zusammen. Die war jedenfalls nicht nur die Folge von Ereignissen in ihrem Privatleben, sondern erwuchs auch aus Unzufriedenheit mit dem positivistischen Paradigma, in dem sie als Wissenschaftlerin arbeiten musste. Diese Unzufriedenheit hatte sich zum ersten Mal im Seziersaal manifestiert. Damals hatte sie sich in dem Versuch, ihr Gleichgewicht wiederzufinden, dem warmen Sonnenlicht draußen zugewandt. Danach hatte sie sich allerdings wieder auf »das finstere Gesicht« der Menschheit konzentrieren müssen. Jetzt, da die finstere Seite des Daseins eine persönlichere Bedeutung für sie bekommen hatte, suchte sie bei einer Lebensanschauung Zuflucht, in der das Böse einen anderen Stellenwert als im Christentum und im Positivismus einnahm. Während sowohl in der christlichen als auch in der positivistischen Vorstellung die Last des Bösen niemals ganz abzuschütteln war, gab es in der Theosophie kein religiöses oder weltliches Konzept der Erbsünde. Es war auch nicht von einem persönlichen, autoritären Gott die Rede, der strafte und belohnte. Man glaubte an eine göttliche Dimension, von der auch die Menschen Teil ausmachten. In der Vergangenheit begangene Fehler beeinflussten zwar Richtung und Qualität eines Lebens, aber Selbstbesserung

Im Auge eines Wirbelsturms 109

war möglich, wenn man sich der wahren Art der Dinge bewusst wurde. So bot die Theosophie Maria einen Weg ins Licht, wonach sie seit dem Betreten des Seziersaals gesucht hatte. Und damit war sie nicht allein.

Als Maria Theosophin wurde, war die 1875 in New York gegründete Theosophical Society noch ein stark von Männern beherrschter Club. Entstanden als Reaktion auf die Krise im Positivismus, die sich am Ende des 19.Jahrhunderts immer stärker abzuzeichnen begann, zog die Theosophie in erster Linie vor allem Wissenschaftler an. Dass es sich dabei um Männer handelte, ist angesichts der Tatsache, dass Frauen von universitärer Ausbildung ausgeschlossen waren, nicht erstaunlich. Dennoch gab es in der Theosophie von Anfang an eine spezielle Verbindung mit Frauen und Weiblichkeit und zwar durch die bemerkenswerte Gestalt einer der Gründerinnen der Theosophical Society: Helena Petrovna Blavatsky. Diese faszinierende und exzentrische Frau bewegte sich mühelos zwischen den beiden Polen des Männlichen und des Weiblichen hin und her, und es gelang ihr gerade dadurch, innerhalb der Theosophie die besondere Autorität aufzubauen, durch die sie bekannt geworden ist.

Geboren 1831 in der Ukraine als Spross eines Aristokratengeschlechts, wurde sie als junges Mädchen mit einem Mann verheiratet, den sie bereits mit siebzehn Jahren verließ. Danach begann ein Nomadenleben, das wie Blavatskys gesamte Lebensgeschichte in Mysterien gehüllt ist. Zumindest so viel ist klar, dass sie durch Europa, Ägypten, Nord- und Südamerika reiste, wobei sie nach eigener Aussage auch einige Jahre in einem tibetanischen Kloster verbrachte, wo sie den Okkultismus studierte. Gerüstet mit vielen neuen Erkenntnissen und Erfahrungen erreichte sie 1873 New York, wo sie zwei Jahre später gemeinsam mit dem amerikanischen Rechtsanwalt Colonel Henry Steel Olcott die Theosophical Society gründete. 1879 reisten beide nach Indien, wo sie das neue internationale Hauptquartier der Vereinigung errichteten, erst in Bombay, danach in Adyar, einem Vorort von Madras. In den folgenden Jahren stieg die Mitgliederzahl der Vereinigung verblüffend an, vor allem nach der Veröffentlichung von Blavatskys größtem literarischen Erfolg, dem zweibändigen *The Secret Doctrine*. Dieses Werk, das 1888 erschien, besiegelte Blavatskys Ruf als eine der größten okkulten Lehrmeisterinnen des 19. Jahrhunderts.

Blavatsky als Vorbild

Der wichtigste Anspruch der Theosophie war, dass es im Osten eine »uralte Weisheit« gab, die ursprünglich nur einer kleinen Zahl indischer Meister bekannt war und die nun durch eine Frau, Blavatsky, in den Westen gebracht worden war. Die göttliche Wahrheit, die sich in der Weisheit manifestierte, versöhnte alle existierenden religiösen, philosophischen und wissenschaftlichen Paradigmen in einer höheren Synthese: Alles Leben kam aus dem All und verlangte danach, zu diesem Ursprung zurückzukehren und in dem Einen aufzugehen. Erkenntnis auf dem Weg, der zum höchsten Ziel führte, konnte auf zwei Arten erlangt werden: indem man sich unter Leitung erleuchteter Meister durch wissenschaftliche Experimente in das Wissen des Okkulten einweihen ließ und indem man sich durch Meditation des eigenen Innenlebens bewusst wurde. Das Ergebnis dieser Kombination aus unpersönlichem und persönlichem Wissen sollte in einer besonderen Lebensweise sichtbar werden. Liebe und Weisheit waren in dieser Lebenspraxis auf harmonische Weise miteinander verbunden und äußerten sich in einem tiefen Respekt vor allen Manifestationen des Lebens.

Joy Dixon hat gezeigt, wie in der Theosophical Society von Anfang an von einer Spannung zwischen dem rationalen, aktiven, männlichen Element und dem irrationalen, passiv-empfangenden, weiblichen Element die Rede war.[93] Die Art, wie man über allerhand Experimente und Rituale Wissen über das Okkulte erwarb, assoziierte man stark mit Männlichkeit; den mystischen, nach innen gewandten Bewusstwerdungsprozess mit

Weiblichkeit. Bis zum Anfang des 20. Jahrhunderts überwog das »männliche« Modell in der Theosophie, wobei man den Nachdruck auf Kampfeslust, individuelle Tatkraft und Selbstständigkeit legte, Eigenschaften, die zu der Haltung passten, welche von den professionellen Wissenschaftlern gefordert wurden, die zu der Zeit in der Vereinigung den Ton angaben. Auch die wenigen Frauen, die in dieser Anfangszeit beitraten, hatten zum größten Teil universitäre Ausbildungen absolviert und glichen in dieser Hinsicht ihren männlichen Kollegen. Im 20. Jahrhundert veränderte sich dies: Die Anzahl der Frauen begann nicht nur allmählich die der Männer zu übertreffen, es kam auch immer seltener vor, dass sie einen akademischen Grad besaßen. Diese Feminisierung der Theosophie verstärkte die »mystische« Tendenz und damit das Prestige der mit Frauen assoziierten Qualitäten, so die Fähigkeit, Mitleid zu haben, sich selbst zurückzunehmen, uneigennützig zu lieben und versöhnend aufzutreten.

Als Maria Montessori 1899 Mitglied der Theosophical Society wurde, war Blavatsky, obwohl 1891 gestorben, noch immer die ansprechendste Führungsgestalt. Sie leitete ihre außergewöhnliche Machtposition von ihrer einzigartigen Fähigkeit ab, sich von ihrem Geschlecht zu distanzieren und es gleichzeitig strategisch einzusetzen. Sie war sich völlig darüber im Klaren, dass ihre öffentliche Autorität auf der »unweiblichen« Weise beruhte, wie sie ihr Leben führte: »Ich werde wiederholt daran erinnert«, so schrieb sie, »dass ich als Frau und als öffentliche Person, statt meine weiblichen Pflichten zu erfüllen, mit meinem Ehemann zu schlafen, Kinder großzuziehen, ihre Nasen zu putzen, für die Küche zu sorgen und mich selbst heimlich und hinter dem Rücken meines Ehemannes mit Ehegehilfen zu trösten, einen Weg gewählt habe, der mich berühmt-berüchtigt gemacht hat.«[94] Ihre öffentliche Person überschritt ständig die Grenze zwischen dem Männlichen und dem Weiblichen: Mal präsentierte sie sich als transparentes, willenloses Medium, das die Lektionen ihrer Meister passiv weitergab, dann wieder sprach sie über einen »inneren Mann«, der in ihr wohnte und der sie zu jemandem machte, der qua Bewusstsein auf dem Niveau des erleuchteten Meisters selbst stand. Dixon behauptet dann auch, dass Blavatsky die geistige Autorität von Männern mit der spirituellen Macht kombinierte, die man von alters her den Frauen zuschrieb.

Wir wissen nicht, was Maria von Blavatsky wusste, als sie Theosophin wurde. Sonderbar ist, dass der mythische Ursprung von HPB, wie sie in theosophischen Kreisen bezeichnet wurde, in Italien angesiedelt wurde: Olcott schrieb 1894, dass die »echte«, historische Blavatsky, lange vor dem Tod von HPB 1891, in Mentana, in der Nähe von Rom, umgekommen war. Das war 1867 während der Scharmützel geschehen, die auf Garibaldis vergeblichen Versuch folgten, mit einem kleinen Heer Freiwilliger Rom einzunehmen. »Meister« sollen damals von Blavatskys entseeltem Leichnam Besitz genommen und dafür gesorgt haben, dass sie die besondere Rolle spielen konnte, für die sie vorbestimmt war.[95]

Auch wenn Blavatsky ihr Heldenabenteuer demnach als Heldin des italienischen Vaterlandes begonnen haben sollte, hatte die Theosophical Society 1899 in Italien so wenige Anhänger, dass keine gesonderte italienische Abteilung bestand. Die wurde 1902 von Kapitän Boggiani gegründet, dem Mann, der 1899 Marias Beitritt zur Europäischen Sektion der Theosophical Society unterstützte. Boggiani war vermutlich ein Kontakt aus dem Umfeld der Freimaurer, in dem sich auch Marias Vater bewegte. Sowohl in Bezug auf Personen, die Mitglied wurden, als auch in Bezug auf die symbolische und rituelle Formgebung hat die Theosophie bei den Freimaurern viele Anleihen gemacht. Die Welt der Freimaurer war jedoch für Frauen hermetisch abgeriegelt, während ihnen die Theosophen die Pforten öffneten. Frauen wie Maria, die nicht nur nach Alternativen für den Positivismus und das Christentum suchten, sondern auch auf der Suche nach Möglichkeiten waren, um als Frau auf »unweibliche« Weise Bekanntheit und Ruhm zu erwerben, konnten in theosophischen Kreisen lernen, welchen Weg sie beschreiten sollten. Blavatsky war nicht die einzige Frau, die als Vorbild fungieren konnte: Auch Annie Besant, die 1907 allgemeine Leiterin der Theosphical Society werden sollte, war wichtig, allein schon weil Besants Übertritt zur Theosophie mit einer tiefen Enttäuschung in der Liebe zusammenfiel. Maria traf sie 1899 auf dem feministischen Kongress in London, kurz nachdem sich Annie zur Theosophie bekehrt hatte. Bis dahin war sie eine rigide Positivistin gewesen, die u.a. die Meinung vertreten hatte, Prostitution sei ein »notwendiges Übel«. Sie machte außerdem sowohl theoretisch als auch praktisch Propaganda für die »freie Liebe«, u.a. indem sie freie Beziehungen mit Charles Bradlaugh und George Bernard Shaw unterhielt. Nachdem die Beziehung mit Shaw zerbrochen war und Besant desillusioniert zurückblieb, las sie *The Secret Doctrine* von Blavatsky und wurde erleuchtet. Von diesem Moment an verteidigte sie die seitdem in theosophischen Kreisen oft gehörte These, dass die Sexualität im Dienst »des Fortbestehens der menschlichen Art« stehen müsse.[96] Besant diente Maria wahrscheinlich nicht nur als Vorbild in Bezug auf ihre Vorstellungen über Mutterschaft und Sexualität. Auch die Aussicht, wie Blavatsky und Besant den Status eines Meisters zu erwerben, muss auf jemanden wie Montessori, in deren Bücher der Begriff Meister wiederholt auftaucht, eine große Anziehungskraft ausgeübt haben.

Die Stimme des Meisters

In der Theosophie wurde der Meister-Schüler-Beziehung eine besondere Bedeutung zugemessen, die allerlei existierende Hierarchien (zumindest theoretisch) umstieß. Nicht nur, dass es eine Frau war, Blavatsky, die als Meister eine Brücke zwischen Ost und West schlug, auch die Beziehung zwischen Ost und West wurde regelrecht umgekehrt: Während Indien im britischen Imperium die Position des zu zivilisierenden »primitiven« Unterworfenen innehatte, bekam es in der Theosophie in Bezug auf England und den Westen gerade die Bedeutung des Lehrmeisters. Diese Umkehrung drückte sich in okkulten Experimenten aus: In diesen waren es Hindus, die als Medien auftraten und in Trance die göttliche Weisheit weitergaben. Diese neue Konzeptualisierung der Meister-Schüler-Beziehung ist nicht frei von Ambivalenzen. Indem man den Osten und das Weibliche miteinander in Verbindung brachte und indem man diese außerdem als Kräfte darstellte, die von irrationalen, medialen Fähigkeiten regiert wurden, setzten die Theosophen eine althergebrachte Hierarchie zwischen dem Weiblichen und dem Männlichen, dem Osten und dem Westen fort. Diese Ambivalenz kann man auch daran ablesen, wie sich die Theosophen den Bewusstwerdungsprozess vorstellten. Zwar konnte aus theosophischer Sicht der Meister den Schüler niemals mittels Zwang oder anderer Überredungsstrategien zu den richtigen Einsichten bringen, aber man erwartete vom Schüler nicht, dass er ganz aus eigener Kraft das wahre Bewusstsein erwarb. Meditation und Introspektion waren unentbehrlich, um am Höheren teilnehmen zu können, aber man brauchte Führer, um den Schülern während der Entdeckungsreise durch das eigene Innere Halt zu bieten.

Diesen Halt fand Montessori während ihrer eigenen Reise durch die »unerwartete und faszinierende innere Welt« in der Person Itards und Séguins, beide inzwischen bereits seit Jahren tot. In *Il metodo* und *Antropologia pedagogica*, den beiden Büchern, in denen sich Marias »meditative« Periode niederschlägt, erhält besonders der Kollege Itards, Edouard Séguin, wiederholt das Prädikat »Meister«. Er weihte sie in die höhere Wahrheit ein, welche die Grundlage für die Erfindung ihrer Methode darstellte. Er ließ sie nämlich einsehen, dass der Meister die Kraft ist, die im Schüler das Bedürfnis weckt, Teil im Plan des Schöpfers[97] zu sein. Und umgekehrt: Weil die Schüler selbst, ohne dass sie es wissen, Teil dieses Plans sind, zeigen sie dem (scharf beobachtenden) Meister, wie man am besten nach diesem Plan, der durch das Prinzip des unbegrenzten und endlosen Wachsens gekennzeichnet ist, leben kann. Es war Séguins Stimme, die diese neue Einsicht, die später in Marias Präsentation ihrer Methode als eine »Offenbarung des Plans des Schöpfers« sichtbar werden sollte, zuwege brachte. Mit einem Mal begriff Maria, dass Séguin, indem er seine »behinderten« Schüler auf eine spezielle Weise ansprach, sie sozusagen zu einer höheren Dimension mitführte, wo die unpersönliche, göttliche Liebe regiert. Während Meister und Schüler so durch die Liebe und in ihrer Kraft vereint waren, konnte Séguin die Kinder endlich erreichen, und sie ließen sich von ihm überreden, das didaktische Material, das er und Itard entworfen hatten, zu benutzen, um sich selbst damit zu entwickeln.

Die Stimme Séguins, die in Marias Stilleübungen und in ihrer Konzeptionalisierung der Interaktion zwischen Lehrkraft, Schüler und Material mitschwingt, erreichte Maria nach eigener Aussage in den Jahren, in denen sie in der Scuola Ortofrenica mit »behinderten« Kindern experimentierte. In diesem Zeitraum (1899–1901) las sie Séguins 1846 veröffentlichtes Buch *Traitement moral, hygiène et éducation des idiots*. Auch den so wichtigen Entschluss, sich von »behinderten« Kindern abzuwenden und sich auf die Erziehung »normaler« Kinder zu spezialisieren, fasste sie aufgrund eines Buches von Séguin, nämlich des 1866 in Amerika erschienen *Idiocy and its treatment by the psychological method*. Dieses Buch war laut Maria unauffindlich gewesen, als sie in Frankreich war, um das Werk Itards und Séguins genauer zu studieren. Wieder zurück in Italien bekam sie von einem Freund das Buch aus New York zugeschickt, wohin Séguin 1848 emigriert war. Wort für Wort übersetzte sie das Buch für sich ins Italienische, damit sie, so schreibt sie, den Inhalt langsam und gründlich in sich aufnehmen konnte. Sie verglich sich selbst mit Benediktinermönchen, die, genau wie sie, eines nach dem anderen die Worte aus heiligen Texten übertrugen und anpassten. Nachdem sie so über Séguins Buch meditiert hatte, begriff sie, dass dieser bereits viele Jahre vor ihr zu ein und derselben Schlussfolgerung gelangt war, die sie selbst gerade entwickelte: Seine Erziehungsmethode für »behinderte« Kinder konnte man auch auf »normale« Kinder anwenden. Stärker noch: Bei normalen Kindern würde die Methode zu spektakulären Ergebnissen führen, wobei die Kinder Leistungen erbrachten, die sie mit konventionellen Methoden niemals erreichen konnten. Als sie dies las, wurde Maria klar, dass sie auf dem Weg weitergehen musste, den Séguin eingeschlagen hatte. Er und Itard waren »obskure« Helden gewesen, die in aller Stille an einem »Opus« arbeiteten, das erst jetzt zu einem Instrument zur Realisierung der moralischen Perfektionierung der Menschheit werden konnte.

Stimmen anderer

Mit der Erfindung ihrer pädagogischen Methode wurde also, so suggeriert Maria, ein Gedankengut sichtbar, das bis dahin sozusagen unter Tage geblieben war. Auch die Erfinderin selbst stand damit, so könnte man dem hinzufügen, vollkommen im Rampenlicht des öffentlichen Interesses. Anders als Itard und Séguin ist Maria zumindest nicht als obskurer männlicher Held in die Geschichte eingegangen, sondern als eine Frau, die auf »unweibliche« Weise Bekanntheit und Ruhm erwarb. Für diesen Erfolg legte sie in der Geschichte die Grundlage, die sie über die Entstehungsgeschichte ihrer Methode erzählt. In dieser Geschichte bleiben – selbstverständlich – einige Elemente außer Betracht. Wie so oft sind es gerade diese Elemente, die verdeutlichen können, warum und wie Maria zu ihrem eigenen, besonderen »Opus« kam.

Maria machte ihre einschneidenden Entdeckungen in einer Periode, die sie selbst als eine Zeit der Ruhe definiert. Diese Darstellung der Tatsachen mutet uns seltsam an, wenn wir alle Aktivitäten, die sie in den Jahren zwischen 1900 und 1907 entfaltete, einmal näher betrachten. So war sie an der feministischen Front auffallend aktiv. Sie wetterte nicht nur in verschiedenen Vorlesungen und Artikeln gegen die sexuelle Unterdrückung der Frauen, sondern nahm auch an Aktivitäten teil, die die 1905 auch von ihr gegründete radikale »Associazione per la donna« entfaltete, um das Wahlrecht für Frauen zu erstreiten. Sie schrieb Zeitungsartikel, hielt Vorlesungen und ergriff 1906 gemeinsam mit der italienischen Emanzipationskämpferin der ersten Stunde, Anna Maria Mozzoni, die Initiative, um in einer an das italienische Parlament gerichteten Petition das Wahlrecht für Frauen zu fordern. Auch an dem von der Journalistin Oga Lodi gegründeten und geleiteten Blatt *La Vita* arbeitete sie mit. Lodi war eine Freundin sowohl Marias als auch Sibilla Aleramos und machte *La Vita* zum Sprachrohr der Vereinigung »Soccorso e Lavoro« (Beistand und Hilfe). Diese Vereinigung hatte die Gründung von Schulen für die armen Bauern des so genannten Agro Romano zum Ziel. Neben den Namen Maria Montessoris und Sibilla Aleramos findet man in dieser Vereinigung auch den Namen Angelo Cellis, Leiter des römischen Hygieneinstituts, an dem Montesano seine Karriere als Arzt begonnen hatte.

Und somit sind wir wieder bei dem Umfeld und den Aktivitäten, denen Maria nach eigener Aussage gerade den Rücken zukehrte, als sie von der Leitung der Scuola Ortofrenica zurücktrat. Es weist jedoch alles darauf hin, dass sie mit diesem Schritt noch nicht mit ihrer wissenschaftlichen Vergangenheit brach. Noch lange Zeit, vermutlich bis etwa 1907, unternahm sie fieberhafte Anstrengungen, sich einen vorderen Platz unter den Ärzten zu sichern, die sich getreu der positivistischen Tradition mit der Entwicklung einer auf allerlei »Behinderte« gerichteten »pädagogischen Anthropologie« beschäftigten. Dabei konnte es sich, wie im Fall der Vereinigung »Soccorso e Lavoro«, um die Alphabetisierung »primitiver« Bauern handeln, aber auch und vor allem um Unterricht für und über »zurückgebliebene« Kinder. Eine Pädagogik für »normale« Kinder lag jedenfalls noch weit außerhalb von Marias Gesichtskreis. Interessant ist zum Beispiel der Brief, den sie im Oktober 1899 an das Parlamentsmitglied Costelli schrieb, damit er sie dem Maria wohlbekannten Minister Baccelli für eine Position als Dozentin in der »Pedagogia dei deficienti« (Pädagogik für Behinderte) am Regio Instituto Superiore Femminile di Magistero, einer Hochschule für Frauen, empfehlen würde.[98] Sie erklärt darin, dass gerade sie als weiblicher Arzt geeignet sei, die Mädchen über alle »abweichenden« Erscheinungen auf dem Gebiet der Sexualität zu unterrichten, um Degeneration in zukünftigen Generationen zu verhindern. Natürlich wäre es auch gut, wenn die Mädchen in der Pädagogik »normaler« Kinder unterrichtet würden, aber die Experimente auf diesem Gebiet hatten gerade erst begonnen und waren noch sehr unzuverlässig. Bevor aus diesen Experimenten eine neue Pädagogik geboren werden könnte, gingen noch bestimmt 150 Jahre ins Land, schreibt sie.

Die Stelle, die sie schließlich im März 1900 bekam (trotz eines sehr skeptischen Gutachtens der Sezione Scientifica des Instituts, die fand, Maria habe bis dahin zu wenig didaktische Qualitäten unter Beweis gestellt), war weiter definiert, als Maria in ihrem Brief vorschlug. Sie wurde beauftragt, den Unterricht in Hygiene und Anthropologie zu übernehmen, eine Anstellung, die sie offiziell bis 1918 behielt (und nicht, wie immer behauptet wird, bis 1907). Auch aus der anderen Position, die sie in diesen Jahren erwarb, wird deutlich, dass ihre Forschung in jenen Jahren eher auf dem Gebiet der Anthropologie als auf dem der Pädagogik lag: Im Dezember 1904 bekam sie nämlich die »libera docenza in Antropologia« an der Universität von Rom. Dass sie unterdessen auch dabei war, sich in der »gewöhnlichen« Pädagogik zu qualifizieren, zeigt u.a. ihre Einschreibung als Studentin bei Luigi Credaro, der an der Universität von Rom einen sehr begehrten Pädagogikkurs gab.

In ihrer meditativen Periode verhielt sich Maria demnach nicht so sehr abwartend, sondern bewegte sich aktiv suchend auf einem Gebiet, dem sie später, als sich ihre Experimente in den Kinderhäusern als erfolgreich herausstellten, den Rücken zukehren sollte. Im Rückblick auf diese Zeit der Experimente stellt es Maria so dar, als ob die Saat, aus der ihre Methode entstehen sollte, lediglich still auf die Stimme Séguins wartete, die sie plötzlich keimen ließ. Dass hierfür auch Kampf notwendig war, ist wahrscheinlich. Wir sahen schon zuvor, wie Maria den Konkurrenzkampf verschwieg, den sie mit italienischen Kollegen wie Montesano und De Sanctis um die Entwicklung einer speziellen Erziehungsmethode für »behinderte« Kinder führte. Sie schweigt jedoch auch über ausländische Konkurrenten, männliche Wissenschaftler, die wie sie mit den von Itard und Séguin entwickelten Methoden und Materialien experimentierten. Dass sie über deren Arbeit informiert war, zeigt der Brief, den sie an Costelli schrieb und in dem sie sich skeptisch über diese Experimente äußert. Trotz dieser Skepsis reiste sie nach Frankreich, um sich nach diesen Experimenten zu erkundigen. Ziel war das Institut Bicêtre, das seinerzeit von Séguin geleitet worden war und in dem inzwischen Bourneville das Zepter schwang. Weil Bourneville in einem 1901 veröffentlichten Jahresbericht erwähnt, dass »Fräulein Montessori während einiger Wochen unablässig unsere Dienste in Anspruch genommen hat«[99], muss dieser Besuch irgendwann im Jahr 1900 stattgefunden haben. Bourneville und sein Kollege und späterer Nachfolger Alfred Binet waren damals schon seit einiger Zeit zugange, Séguins Methode – mit Erfolg – auf »normale« Kinder anzuwenden, was Maria nicht erwähnt. Gleichzeitig bleibt unerwähnt, dass Maria außer Paris auch Gent besuchte. Dort waren die Brüder der Liebe unter der beseelenden Leitung Bruder Ebergistes damit beschäftigt, das von Séguin entwickelte Material zu perfektionieren.

In dieses Bemühen, die Geschichte der Entdeckung ihrer Methode so zu schreiben, dass sie das Alleinrecht auf eine von anderen vorbereitete Erfindung erwirbt, passt auch eine andere auffallende Unterlassung. In Marias Bericht ihrer Entdeckungsreise wird nämlich auch nicht erwähnt, dass, während sie in Rom an einer Ausarbeitung von Bournevilles und Binets Experimenten arbeitete, in Brüssel jemand anderes genau das Gleiche tat. Dort ließ sich Ovide Decroly von den französischen Vorbildern anregen. Auch er nahm das Material von Itard und Séguin zum Ausgangspunkt; auch er wendete es erst auf »behinderte« Kinder und danach auf »normale« Kinder an. Anders als es bei Montessoris Methode der Fall sein sollte, nahm das festgelegte Lehrmaterial in Decrolys Unterrichtssystem für »normale« Kinder keinen wichtigen Stellenwert ein. Er ließ die Kinder selbst Gegenstände sammeln oder anfertigen, die »aus dem prallen Leben stammten«[100] und anhand derer sie sich entwickeln sollten. Decrolys System ist also offener, während das Montessoris ein geschlossenes Ganzes bildet. Vielleicht ist das eine der Erklärungen für den so viel größeren Erfolg von Montessoris Methode; dieser Unterschied entsteht allerdings auch aus der Tatsache, dass es Montessori, anders als Decroly gelang, ihre Ideen rechtzeitig in einem kohärenten und mitreißend geschriebenen Buch niederzulegen – ein Buch, das als *Die Methode* bekannt werden sollte, womit es sich auch über den Titel als einzige und wirksame Antwort auf die Herausforderung Séguins präsentierte.

Inzwischen wird deutlich sein, dass die Stimme Séguins über einen Umweg zu Maria sprach, ein Umweg auch infolge von Marias »Behinderung« in Bezug auf ihre Englischkenntnisse. Das Buch, das sie zu der Erkenntnis brachte, Séguins Methode könne bei »normalen« Kindern zu Erfolgen führen, stand nur auf Englisch zu Verfügung, eine Sprache, die Maria nicht beherrschte und mit der sie ihr Leben lang in einem problematischen Verhältnis stehen sollte. Sie übersetzte das Buch dann auch nicht selbst Wort für Wort, sondern überließ das ihrer Studentin Paola Boni Fellini. Auf der Grundlage von Paolas Übersetzungen diskutierten die beiden Frauen zwei- bis dreimal pro Woche ausgiebig über pädagogische und andere wissenschaftliche Fragen, wobei, wie wir sahen, auch ab und zu persönlichere Themen Revue passierten. Maria hatte Paola versprochen, sie würde in einem zukünftigen Buch als Übersetzerin Séguins erwähnt werden, ein Versprechen, das Maria, so merkt Paola zynisch an, später natürlich vergaß.[101] Tatsächlich fehlt im Vorwort von Marias 1910 veröffentlichter *Antropologia pedagogica* jeder Hinweis auf Paolas Übersetzerarbeit, wodurch auch diese Spur der Einflüsse, denen Maria in dieser Zeit unterlag, dem Auge entzogen wird.

Es gibt alles in allem genügend Hinweise, um behaupten zu können, dass Maria ihre Entdeckungen nicht in aller Einsamkeit machte. Auch wird deutlich sein, dass der Blitz, der sie während ihrer Lektüre von Séguins Buch traf, die Entladung einer seit vielen Jahren aufgebauten Spannung war. Dennoch müssen wir, wie immer, Marias Erzählung über ihre plötzliche »Erleuchtung« ernst nehmen. Offensichtlich hat es einen Moment gegeben, in dem sie das Gefühl bekam, dass alle ziellos herumschwebenden Fragmente aus ihrem Leben als Ärztin – die Konfrontation im Seziersaal, die Beziehung mit Montesano, die Geburt Marios, der Bruch mit Marios Vater, die Einweihung in die Theosophie, die Bekanntschaft mit »auf tragische Weise autonomen« Müttern wie Aleramo und die Experimente mit »behinderten« und »normalen« Kindern – sozusagen »auf ihren Platz fielen«. Séguin schreibt schon in seinem ersten, in Französisch verfasstem Buch, dass »Erfahrung und nicht das Gedächtnis die Mutter des Denkens ist«[102]. Den Gedanken, dass das menschliche Handeln inklusive des Denkens aus Erfahrungen erwächst, die gewissermaßen in einem Individuum zusammengeballt sind – ein Gedanke, der 1896 im berühmten *Matière et mémoire* des von Montessori sehr bewunderten Henri Bergson neuen Ausdruck erhalten sollte –, findet man auch in der Theosophie. Auch darin liegt der Nachdruck auf der Erfahrung im und des Heute. Im Heute manifestierte sich die Vergangenheit, aber man sollte bei der Vergangenheit und darin begangenen Fehlern nicht stillstehen. In der vollkommenen Hingabe an die aktuelle Erfahrung, sei sie nun schmerzhaft oder freudvoll, lag das Prinzip begründet, welches das Universum regierte: das Prinzip des endlosen Wachstums und der schrittweisen Einswerdung mit »dem Einen«. Die Verkörperung dieses Prinzips par exellence war das Kind, so behauptete Blavatsky. Neben allen Erfahrungen war es auch Marias besondere Erfahrung mit einem Kind, die die Basis für eine pädagogische Methode schuf, in der die totale Hingabe an die Beschäftigung des Augenblicks das zentrale Element bildet.

Liebe und Abstand

Außer den »abnormalen« Kindern, die Maria in diesen Jahren erforschte, gab es noch ein weiteres Kind, das sie intensiv beobachtete: ihr eigenes. Mario erzählte Rita Kramer später, wie Maria ihn regelmäßig aufsuchte, ohne dass er wusste, dass sie seine Mutter war. Vielleicht tat sie dies in der Hoffnung, sich doch noch irgendwann einmal der Sorge um ihn widmen zu können. Es ist jedenfalls auffallend, dass sie in einem Versuch, zu erklären, wie stark das Band zwischen biologischer Mutter und ihrem Kind war, 1906 eine Untersuchung über das Verhalten der Mutterspinne zitierte, die der Pflegespinne gegenüber den Sieg davontrug. »Wenn man«, so schreibt sie, »die echte Spinnenmutter von dem Sack entfernt, in dem sich ihre Nachkommenschaft befindet, und eine andere Spinne dafür an ihre Stelle setzt, dann sorgt diese Pflegemutter wie eine echte Mutter für die Kleinen, indem sie sie gegen alle Versuche, ihnen von außen Schaden zuzufügen, heftig verteidigt. Kehrt jedoch die biologische Mutter zurück, ergreift die Pflegemutter erschreckt die Flucht, als würde sie fühlen, dass sie einer unüberwindlichen Kraft weichen müsse. Die echte Mutter nimmt daraufhin ganz ruhig wieder von ihren Kindern Besitz.«[103] So weit war es in diesen Jahren in Marias Fall jedoch noch nicht. Vorläufig war sie gezwungen, Mario aus einem Abstand heraus, als Außenstehende wahrzunehmen, ohne aktiv in seine Erziehung eingreifen zu können. Einmal brachte sie ihm ein schönes Spielzeug mit. Mario zerschlug es erbost: Sah sie denn nicht, dass er gerade mit einem zahmen Vogel spielte? Es gab also kein einziges konventionelles Mittel, mit dem Maria Marios Liebe gewinnen und ihren Einfluss auf ihn geltend machen konnte; dennoch wuchs er glücklich auf.

Die Erkenntnis, dass sich ein Kind auch ohne direkte und von egozentrischen Wünschen genährte Bemühungen seitens der Mutter entwickeln konnte, ist wahrscheinlich die Erkenntnis, die sie beim Lesen von Séguins Büchern plötzlich »erleuchtete«. Der niederländische Pädagoge Gunning sollte 1914 schreiben, Montessori sei in dem Sinn eine »typische Entdeckerin« gewesen, dass »eine pädagogische Einsicht, die schon vage bei anderen vorhanden war, plötzlich in ihr mit einer so lebendigen und beseelenden Klarheit auftritt, dass es als eine Entdeckung oder Offenbarung bezeichnet werden kann«[104]. Montessoris Bücher zeugen von ihrer Treue gegenüber dem theosophischen Credo, dass aus der Fusion wissenschaftlicher Erkenntnis und der Kenntnis des eigenen inneren Lebens ein höheres Bewusstsein geboren wird. Die bereits »vage vorhandenen« Gedanken, über die Gunning spricht, werden dann auch vermutlich erst durch Marias eigene schmerzliche Erfahrung als »auf tragische Weise autonome« Mutter Teil eines »höheren« und »unpersönlicheren« Bewusstseins. Entscheidend in diesem neuen Bewusstsein, das in Gestalt ihrer Methode zu Tage trat, war der Gedanke, dass aktives, handelndes Intervenieren einen Wachstumsprozess eher hemmt als stimuliert. In diesem Gedanken hat das positivistische Prinzip des unpersönlichen, zurückhaltenden Wissenschaftlers eine neue Bedeutung erhalten. Das geschah mithilfe des in der Theosophie so wichtigen und dem der Zenphilosophie entlehnten Prinzip des Nichteingreifens. Séguin war für Maria die Verkörperung dieses Prinzips, weil er ihr zeigte, dass dieses Nichteingreifen, dieses Abstandhalten, etwas ganz anderes war als kalte Lieblosigkeit. Er machte ihr jedenfalls deutlich, dass ein Meister nur Erfolg haben konnte, wenn er ein Instrument der Liebe war, der unpersönlichen, göttlichen Liebe.

Séguin zeigte ihr allerdings auch noch etwas anderes, nämlich dass er über »übermenschliche« Kräfte verfügte, Kräfte, die ihr selbst fehlten.[105] Beim Lesen seines Buchs wurde ihr klar, dass sie die »behinderten« Kinder auf eine merkwürdige Art erschöpften, als nähmen sie ihr die innere Kraft, ohne dass etwas anderes dafür an diese Stelle trat. Die Kinder weckten zwar viel Zuneigung in denen, die sich um sie kümmerten, aber sie verlangten auch sehr viel Liebe. Selbst wenn man ihnen noch so viel Liebe gab, wollten die Kinder immer mehr und das war frustrierend. Außerdem stieß Maria, genau wie Itard, an die Grenzen der beschränkten intellektuellen Fähigkeiten der Kinder. Dadurch konnte sie nicht das Instrument »endlosen« Wachstums sein, und das war vermutlich der Grund, warum sie beschloss, sich künftig mit »normalen« Kindern zu beschäftigen.

Der Moment von Marias »Erleuchtung« vergegenwärtigt also nicht nur die Entdeckung des Prinzips des endlosen, unbegrenzten Wachstums, sondern auch die Einsicht in die eigene Beschränkung. Außergewöhnlich begabte Kinder waren besonders empfindsam für externe Reize, so behauptete Maria. Diese Eigenschaft machte es schwierig, eine realistische Selbsterkenntnis zu entwickeln, weil begabte Kinder zu sehr durch die äußeren Reize absorbiert wurden. Indem sie auf Abstand zu den »abnormalen« Kindern ging, nahm sie Abstand von Kindern, deren Bedürfnisse sie zu sehr absorbierten. Wichtig ist, dass sie diesen Entschluss zu einem Zeitpunkt fasste, als sie eine lebende Alternative vor Augen hatte: Mario, der ein endloses Wachstumsvermögen zeigte, ohne dass der Befriedigung seiner Bedürfnisse und Wünsche die ihren im Weg standen.

Diese freudige Entdeckung fand zu einem Zeitpunkt statt, an dem sie, so gestand sie Paola Boni Fellini, dachte, dass sie »verloren sei«[106]. Sie ließ Paola an einem Traum teilnehmen, dem sie eine prophetische Bedeutung zuerkannte: Sie träumte, dass sie starb und danach wieder zu Bewusstsein kam, während sie im Sarg lag. Der Sarg war beinahe vollständig mit Büchern bedeckt, zahllosen Büchern, die schwer auf ihr lasteten und sie zu ersticken drohten. Dennoch hielt sie sich verzweifelt an den Büchern fest; so gelang es ihr schließlich, sich aufzurichten. Sie fühlte, dass sie wieder zum Leben erweckt wurde: Die Frau, die einen Mann liebte und von ihm geliebt wurde, war tot; sie stand für und durch die Wissenschaft wieder auf, so Montessori. Wie sehr die Geburt dieser anderen Maria mit der neuen Bedeutung zusammenhing, die sie ihrer eigenen, geheimen Mutterschaft gab, zeigt eine darauf folgende Episode aus ihrer Freundschaft mit Paola Boni Fellini. Diese teilte Maria eines Tages zögernd mit, sie gedenke zu heiraten. Maria reagierte, wie Paola erwartet hatte: enttäuscht, weil sie Angst hatte, dass eine Ehe ihre viel versprechende Schülerin in ihrer gesellschaftlichen Karriere einschränken würde. Paola ließ sich allerdings nicht von Maria überreden, unverheiratet zu bleiben, worauf Maria das Gespräch mit den Worten beendete: »Versichere dich dann wenigstens, dass er ein anständiger Mann ist, und sei eine weise, wahre Mutter. Ein Kind ist alles wert.«

Kurz danach erhielt Paola einen Brief, in dem Maria schrieb: »Ich glaube, dass Christoph Columbus, als er die Neue Welt entdeckte, eine genauso intensive Freude empfunden haben muss, wie ich erfahre, jetzt, da ich ein neues Leben in mir selbst entdecke. Unser Innenleben ist wirklich etwas sehr Besonderes und so anders, als wir normalerweise denken, so viel größer und zugleich süßer, dass es manchmal den Anschein hat, als berste das Herz vor Freude und könne der Körper die Gefühle beinahe nicht fassen. Und dann daran zu denken, dass dieses neue Leben entsteht, wenn das andere vollkommen tot ist und man glaubt, verloren zu sein, dann ist es gerade so, als würde man Teil der Ewigkeit. Dieses Leben, das so großartig ist, dass unser primitives Wesen es nicht zu fassen scheint, ist das sublime Mysterium des Kreuzes, der Wiederauferstehung und der Himmelfahrt.«[107]

Auch Maria machte demnach einen »Sturm der Zweifel« durch, in dem sie von ihrem früheren Leben Abstand nahm.

Wie in anderen Heldengeschichten vollzog sich auch ihr persönlicher und wissenschaftlicher Tod und ihre Wiederauferstehung in und dank einer Krise. Dass sie hierüber schweigt, hat außer mit ihrem Wunsch, sich auf das Positive zu konzentrieren, vermutlich auch mit ihrem neu entdeckten theosophischen »Glauben« zu tun. Getreu der theosophischen Vorschrift, die persönliche, schmerzliche Erfahrung solle nur in einer spezifischen Lebenspraxis sichtbar werden, hielt sie die Erfahrung in der öffentlichen Präsentation ihrer selbst und ihres Werkes geheim. Dennoch schimmert ihre Person unablässig durch dieses »Opus«, das ab 1907 die praktische Übertragung erhielt, die sie berühmt machen sollte.

Die Montessori-Methode erblickt das Licht der Welt

Gegen Ende des Jahres 1906 bekam Maria Montessori ein Angebot, das sie in die Lage versetzte, dem Chaos aus Ideen und Erfahrungen, das seit einigen Jahren in ihr herrschte, eine konkrete Richtung zu geben.

Eduardo Talamo, Präsident einer Gruppe von Bankiers, die im Instituto Romano di Beni Stabili vereinigt waren, bat sie, eine Art Kinderkrippe in einem neuen, vom Institut verwalteten Appartementkomplex im römischen Arbeiterviertel San Lorenzo einzurichten.

Dieser Komplex wurde vor allem von Arbeiterfamilien bewohnt, von denen Mann und Frau außer Haus arbeiteten. Dadurch konnten sie nicht selbst für ihre Kinder sorgen. Die waren dann auch, solange sie noch nicht zur Schule gingen, in der Regel allein zu Hause. Von Langeweile getrieben, heckten die Kinder allerlei Streiche aus und richteten Schäden an, die für Talamo und die Seinen einen ansehlichen Verlustposten bedeuteten. Eine Kinderkrippe würde diese unerwünschte Situation beenden können.

Talamo war allerdings nicht einfach nur Bankier, er war auch Ingenieur und Sozialreformer. Daher wandte er sich an Montessori, in der Erwartung, dass diese aus einer solchen Kinderkrippe ein Instrument machen würde, das im Dienste des Fortschritts stand.

Abb. 5: San Lorenzo

Die Montessori-Methode erblickt das Licht der Welt 129

Talamos Haltung gegenüber den sozialen Problemen seiner Zeit ist kennzeichnend für das radikal liberale Milieu, zu dem auch Montessori gehörte. Interessiert an einer Lösung der sozialen Probleme der so genannten Arbeiterklasse, waren diese Liberalen gleichzeitig meilenweit von der Welt der Arbeiter entfernt. Genau wie anderswo in Europa lebten auch italienische Arbeiter um die Jahrhundertwende oft in erbärmlichen Umständen. Gehüllt in einfache, nicht allzu saubere und oft kaputte Kleidung, gezeichnet von Müdigkeit und ungesunder Lebensweise, wirkten sie in den Augen der Elite wie Wesen von einem anderen Stern, auf dem es deutlich rauer und »unzivilisierter« zuging als in der Welt der Elite. Wir sahen schon zuvor, dass das Ende des 19. Jahrhunderts eine Periode ist, in der die Elite auf alle möglichen Arten versuchte, die Kluft zwischen »Zivilisierten« und »Unzivilisierten« zu schließen, wobei die »Zivilisierten« den selbstverständlichen Bezugspunkt bildeten.

Wissen über die unbekannte Welt der Arbeiterklasse zu erlangen erachtete man als wichtige Bedingung für den Entwurf der richtigen Politik. Dieses Bedürfnis nach Wissen wurde durch eine neue Disziplin gestillt, die Massenpsychologie, die mit einer Gestalt wie Scipio Sighele gerade in Italien einen großen Aufschwung nahm. Es wurden umfangreiche Meinungsumfragen unter Bauern und Arbeitern durchgeführt, zum Beispiel von Leopoldo Franchetti, der ein großer Bewunderer Maria Montessoris werden (und der ihr bei seinem Tod 1917 eine hübsche Summe Geld hinterlassen) sollte. Die neu gewonnenen Einsichten bildeten einen sozialen »Atlas«, der als Wegweiser für die italienische Verwaltungspolitik diente. Kennzeichnend dafür ist, dass einerseits praktische Einrichtungen geschaffen wurden, die den spezifischen Bedürfnissen der Arbeiter entgegenkamen; andererseits starteten die Behörden eine groß angelegte Erziehungskampagne, die dazu führen sollte, dass auch Arbeiter zum kultivierten Niveau der Elite aufsteigen konnten.

Für Montessori war Kultur ein Synonym für »Menschwerdung«. Ein Junge wie Victor, der im primitiven Naturstatus »eingeschlossen« blieb, konnte sich in der modernen Zivilisation nicht zurechtfinden. Jemand, der im dafür geeigneten Moment mit dem notwendigen Wissen aufgeklärt wurde, konnte das sehr wohl. So jemand war ein »vollständiger« Mensch, weil in ihm das Soziale und das Natürliche im Gleichgewicht waren. Montessori ging dabei davon aus, dass in jedem geistig gesunden Menschen, auch im offensichtlich primitivsten und unzivilisiertesten, der Keim schlummere, aus dem ein vollständiger Mensch geboren werden könne. Ihr Projekt war dann auch darauf aus – wie sie es nannte –, in »Barbaren« das Verlangen nach Menschwerdung zu wecken. Montessoris Überzeugung, dass sich *jeder* Mensch moralisch erheben kann, zeigt, dass sie das rein positivistische Paradigma der Lehrmeister und Kollegen wie Lombroso und Sighele um 1906 im Grunde verlassen hatte. Das bedeutete übrigens nicht, dass Montessoris manchmal auch mit dem Begriff »humanitär« angedeutetes Reformstreben den mehr positivistisch inspirierten Reformprogrammen diametral gegenüberstehen sollte. Die humanitäre Bewegung ist, anders als man aufgrund der Geschichtsschreibung über die Bewegung erwarten sollte, in vielerlei Hinsicht vom Positivismus durchtränkt.

Ein neues Experiment

Talamos Plan für eine Kinderkrippe ist ein sprechendes Beispiel für das humanitäre Reformstreben, in dem aufrichtige Rührung über das elende Schicksal des weniger gut versorgten Mitmenschen mit wohlverstandenem Eigeninteresse Hand in Hand ging. Er und seine Mitbankiers sahen ein, dass sie ihre eigenen Probleme lösen könnten, indem sie den Bedarf an Auffangmöglichkeiten für Kinder zwischen drei und sechs Jahren stillten. Sie beschlossen, die Einrichtung und Verwaltung von Kinderkrippen mit dem Geld zu finanzieren, das sie einsparen würden, wenn den Zerstörungen ein Ende gemacht würde. Wenn die lästigen Kinder auf eine vertretbare Weise beschäftigt würden, dann konnten sie, so ihre Argumentation, mehrere Fliegen mit einer Klappe schlagen. Die Kinder hätten nicht nur keine Zeit mehr, Probleme zu verursachen, sondern würden sich auch der heilsamen Wirkung eines speziell auf sie ausgerichteten Unterrichts unterziehen, wodurch ihr Vandalismus auch über einen anderen Weg gezügelt würde.

Dass Talamo sich für die Ausführung seines Plans an eine Frau wandte, ist verständlich, wenn wir bedenken, dass man alles, was mit der Erziehung von kleinen Kindern zu tun hatte, in erster Linie mit Frauen assoziierte.

Außerdem kam gerade Frauen in den Versuchen der Elite, die Arbeiterklasse zu »kultivieren«, eine wichtige Rolle zu. Doch Talamos Entscheidung für Montessori war auch durch andere Überlegungen zustande gekommen. Sie war schließlich nicht nur einfach eine Frau, sondern eine Frau, die mit dem Prestige der Medizinwissenschaft umgeben war. Diese hatte ihren Erziehungsexperimenten mit »behinderten« Kindern und ihren Anstrengungen, gemeinsam mit Sibilla Aleramo etwas am miserablen Ausbildungsstand der Bauern im Agro Romano zu ändern, besonderen Glanz verliehen. Außerdem hatte sie als Dozentin an der Hochschule für Frauen Aufmerksamkeit erregt, indem sie ihren Unterricht in »Hygiene« auf eine besondere Art einrichtete. Sie ließ sich dabei von dem Gedanken leiten, man könne Wissen nur dann erwerben, wenn man das, was man lernen sollte, am eigenen Leib erfuhr. Daher nahm sie die gepflegten Mädchen nicht nur zu allerlei Fabriken mit, sondern auch ins Anatomische Institut und sogar ins Schlachthaus. Ob sie ihnen genauso einen Schock versetzen wollte, wie sie selbst während ihrer ersten Anatomiestunde erfahren hatte, erwähnen die Quellen nicht. Maria verteidigte ihre ungewöhnliche Arbeitsweise mit dem Argument, dass sie den theoretischen Unterricht mit Praxisbeispielen veranschaulichen wollte.

Auch mit den Aktivitäten, die Maria in ihrer so genannten

»meditativen« Periode entfaltete, sicherte sie sich weiterhin durch einen originellen Stil die öffentliche Aufmerksamkeit. Fügt man dazu noch die Tatsache, dass sie sich in denselben Kreisen bewegte wie Talamo, ist es noch weniger verwunderlich, dass er für die Realisierung seines Plans auf sie verfiel. Sein Ansinnen kam auch Montessori gelegen: Gerade wieder auferstanden aus ihrer Krise war sie bereit für ein neues Experiment. Dieses Experiment passte genau in das Stadium, in dem sie sich befand. Später sollte sie feststellen, dass jede Fähigkeit nur in der dafür geeigneten Periode zur vollen Entwicklung kommen konnte. Für sie selbst war es, so könnte man sagen, die »sensible« Periode, um ihre Ideen über die Erziehung »normaler« Kinder in die Praxis umzusetzen. Dass es sich um Kinder zwischen drei und sechs Jahren handelte, war ein zusätzlicher Vorteil, weil Maria ihre Experimente am liebsten an Kindern durchführen wollte, die noch relativ »unverdorben« waren. Sie ging dann auch nur zu gerne auf Talamos Bitte ein. Er sollte damit der erste einer später einmal langen Reihe reicher, sozial engagierter Männer sein, die Montessori eine finanzielle Basis für ihre Pläne verschafften. Dass es in dieser Art Abkommen auf die Dauer auch schon einmal unklar werden konnte, wessen Interessen man nun am meisten diente, zeigte sich ebenfalls zum ersten Mal in der Zusammenarbeit mit Talamo.

Bauarbeiter

Montessori nahm die Arbeit energisch in Angriff. Schon am 6. Januar 1907 startete man in der Via dei Marsi mit einem ersten Kinderhaus, einem Casa dei Bambini. Im April desselben Jahres wurde ein zweites Haus eröffnet, ebenfalls in San Lorenzo. Der Name Casa (Haus) war eine großzügige Bezeichnung für etwas, das anfangs lediglich ein kahler, mit einigen Tischen und Stühlen bestückter Raum war. Lehrmittel und Spielzeug fehlten; die Wände waren farblos und schmutzig. Das Ganze ähnelte eher einer Kneipe als einem Raum, in dem Kinder etwas lernen konnten. Dennoch wählte sie die fast poetische Bezeichnung Casa dei Bambini (Haus der Kinder), eine Wahl, die zeigt, dass es in ihren Augen nicht um eine Kinderkrippe im üblichen Sinn ging. In den Kinderhäusern wurden Kinder von einem Erwachsenen nicht in Schach gehalten, sondern konnten sich in einem Bereich frei entfalten, in dem sich alles um sie drehte.

Mit ihrer anschaulichen Beschreibung der kahlen Leere der ersten Kinderhäuser verstärkt Montessori den Eindruck, dass sie ihrer Methode aus »dem Nichts« heraus Form gab. Auch die etwa fünfzig Kinder waren »leer«. »Ich sehe sie noch vor mir, diese unbeholfenen Kinder«, schrieb Montessori später. »Jedes von ihnen hielt sich am rauen blauen Stoff der Schürze des vor ihm Gehenden fest und stand in einer langen Reihe weinender Kinder mit unruhig schweifendem Blick da, als hätten sie in ihrem Leben noch nie etwas gesehen.«[108] Um ihnen einen Halt zu bieten, gab Montessori den Kleinen das didaktische Material, das Séguin entworfen hatte, in die Hand. Auch die »Lehrerin«, die sie eingestellt hatte, war in gewisser Hinsicht ein unbeschriebenes Blatt: Sie hatte bis dahin als Arbeiterin ihr Brot verdient und ihre Kenntnisse über Kindererziehung und Unterricht beschränkten sich auf das, was Montessori ihr erzählt hatte. Diese ließ die Lehrerin einige Versuche mit Gerätschaften durchführen, die in der experimentellen Psychologie benutzt wurden, um allerlei Reaktionen messen zu können. Mit diesem Zweig der Wissenschaft war Montessori während einer Reise durch Deutschland in Berührung gekommen, wo sie unter anderem die Bekanntschaft mit dem Werk Wilhelm Wundts machte, des Begründers der experimentellen Psychologie. Wundts Psychologie beeindruckte Maria sehr (ebenso wie ihren italienischen Kollegen und Konkurrenten Sante De Sanctis) und sollte in ihrem Werk bleibende Spuren hinterlassen. Indem sie die Reaktionen der Kinder von San Lorenzo auf das Material Séguins mithilfe der Wundt'schen Methoden untersuchte, wollte sie eine Synthese zwischen dem Gedankengut ihrer französischen und deutschen Vorbilder zustande bringen. Aus dem Zusammentreffen neuer Elemente und unvorhergesehener Umstände wurde allerdings, so schreibt sie in ihrem Bericht über die Ereignisse in San Lorenzo, etwas Neues und Unerwartetes geboren.

Während Montessori am Rand saß, um die experimentierenden Kinder zu beobachten, betrachtete sie sie mit einem Blick, der noch immer stark durch ihre positivistische Schulung und ihre Erfahrung mit »abnormalen« Kindern bestimmt war. Sie war davon überzeugt, wie sie später schreiben sollte, dass »Kinder so gut wie ganz unbewusst sind«. Dadurch war sie nicht in der Lage »zu begreifen, dass sie mit ihrer ganzen Seele zu unserer Welt gehören, dass sie sehr wohl gründlich bewusst und verständnisvoll sind, dass sie feurig wünschen, an unserem Leben teilzunehmen«.[109] Gerade die armen, verwahrlosten Kinder von San Lorenzo, die notgedrungen ohne die Fürsorge ihrer Mutter hatten auskommen müssen, standen den Experimenten in den Kinderhäusern offen gegenüber und zeigten Montessori auf diese Weise, dass Kinder am Leben in der großen Welt teilhaben wollen. Sie machten auf Montessori den Eindruck »Bauarbeiter« zu sein. »Sie schufen jedenfalls den erwachsenen Menschen nach dem für ihn entworfenen Plan und diese erhabene Arbeit hielt sie fortwährend beschäftigt.«[110]

Entscheidend für diese neue Einsicht in »das Geheimnis des Kindes«[111] war Montessoris Entdeckung des kindlichen Konzentrationsvermögens. Dieses schien nicht durch externe Faktoren, sondern nur durch einen starken inneren Drang bestimmt zu werden. Es war diese »Beharrlichkeit des Geistes«, der für sie den hauptsächlichen Unterschied zwischen einem schwachsinnigen und einem normalen Kind ausmachen sollte. Dieses »Beharrungsvermögen«[112] offenbarte sich ihr, als sie eines Tages ein kleines Mädchen von knapp drei Jahren beobachtete, das in höchster Konzentration einen Zylinder in eine Öffnung steckte und wieder herausnahm. Sie wiederholte diese

Die Montessori-Methode erblickt das Licht der Welt 135

Handlungen ständig, ohne sich ablenken zu lassen. Anna Maccheroni, inzwischen hingebungsvolle Schülerin Montessoris und treue Besucherin der Kinderhäuser, schreibt: »Die Frau Doktor stellte das Stühlchen mitsamt dem Kind auf einen großen Tisch. Das Mädchen nahm den Block mit den Zylindern und setzte ihre Arbeit fort. Die Frau Doktor gab der Lehrerin den Auftrag, alle Kinder singen zu lassen. Das Mädchen machte weiter ... bis der Moment kam, in dem sie innehielt. Sie war zufrieden, sie lächelte. Sie zeigte keinerlei Zeichen von Ermüdung, sondern hatte einen glücklichen, selbstbewussten Ausdruck im Gesicht. Sie war nicht von externen Faktoren beeinflusst. In sich selbst hatte sie den Impuls gespürt, die Zylinder zu benutzen; in sich selbst fand sie den Impuls aufzuhören. Ich höre die Frau Doktor noch sagen: ›Warum hörte sie auf? Was hat sie mit ihrer Aktivität erreicht?‹ Darauf fügte sie nach einer kurzen Pause hinzu: ›Wir wissen es nicht und wir brauchen es auch nicht zu wissen.‹«[113]

Leerer Raum

Die so wichtige Entdeckung, dass Kinder »Bauarbeiter« sind, die aus sich selbst Menschen machen, wenn sie in Freiheit ihrem Drang, sich zu entwickeln, eine Richtung geben können, half Montessori bei der Konstruktion ihres eigenen Plans. Dieser wurde durch den Gedanken angeregt, dass alles – Material, Umgebung und Unterrichtsmethoden – auf den »finsteren Impuls« zu wachsen zugeschnitten werden musste. Die Mutationstheorie des niederländischen Biologen Hugo de Vries lehrte sie, dass es für die »Entkeimung« jeder Kapazität eine »sensible Periode« gab. Also entwarf Montessori Lehrmaterialien, die dem Kind in jeder sensiblen Periode Halt und Anregung boten. Auch beim Kontakt zwischen Kindern und Lehrerin ließ sich Montessori durch ihre Entdeckung des »Geheimnisses des Kindes« leiten. Die Lehrerin bekam von ihr die Bezeichnung »Leiterin«, eine Bezeichnung, die auch in diesem Fall die Essenz ihrer Pädagogik ausdrückt: Das italienische Wort für »Leiterin«, »direttrice«, stammt von dem Verb »dirigere«, was sowohl »leiten« als auch »richten« und »lenken« bedeutet. Man erwartete von der Leiterin, den spontanen Impulsen und Bedürfnissen der Kinder eine Richtung zu geben, indem sie ihnen im richtigen Moment den richtigen Gegenstand in die Hände gab. Sie war zwar diejenige, die in einem höheren Plan die Fäden in der Hand hielt, durfte aber nicht selbst die Initiative ergreifen und einen Gegenstand anreichen. Sie musste warten, bis das Kind seines Wunsch erkennen ließ.

Nicht nur die bewusste Wahl für spezifische Bezeichnungen zeigt, dass für Montessori Inhalt und Form untrennbar miteinander verbunden waren. In der Form drückte sich der Inhalt ihres Gedankenguts aus. Daher waren für sie auch die architektonischen Aspekte der Kinderhäuser wichtig. Entscheidend ist darin die Idee des »leeren Zentrums«. Anders als die Positivisten, die der Ansicht waren, *alle* Geheimnisse des Menschen könnten und müssten ans Licht gebracht werden, und für die die Seele eine nicht existente Erfindung war, räumte Montessori in ihrem Projekt Platz für das Mysterium ein, das sie »die Seele« nannte. Diese Seele, auch manchmal gleichgesetzt mit »dem finsteren Impuls zu wachsen«, war die Quelle des immer strömenden Lebens. Man konnte diese Quelle nicht berühren oder sehen, sondern nur erfahren. Statt zu versuchen, das Seelenleben in seinen unergründlichen Bewegungen zu erwischen, musste man jedermanns »Zentrum« respektieren, indem man es schlichtweg »sein« ließ. Ihr ideales Kinderhaus bestand dann auch aus einem Raum, der so groß war, dass ein guter Teil davon leer bleiben konnte. Am liebsten war ihr, dass das, was sie den »psychischen Raum« nannte, zweimal so groß war wie der »körperliche«. »Wir kennen doch alle das weitende Gefühl, das uns überkommt, wenn der Boden eines Zimmers zum größten Teil leer ist, so dass es den Anschein hat, wir erhielten die angenehme Möglichkeit, uns frei bewegen zu können. Diese Wahrnehmung von Wohlbehagen ist stärker, als wenn uns die Möglichkeit zum Atmen in einem mit Möbeln vollgestopften Zimmer von ziemlich kleinem Ausmaß geboten wird.«[114] Der Gedanke, dass von einem leeren Raum, den man erfährt, ohne ihn in Besitz zu nehmen (ein Gedanke, der sich auch im Entwurf der Zen-Gärten ausdrückt), eine heilsame Wirkung ausgeht, wird auch sichtbar, wenn man die Kinderhäuser aus einem anderen Gesichtswinkel betrachtet. Die Kinderhäuser können nämlich auch selbst als so ein unbegrenztes, transparentes Zentrum betrachtet werden, das nicht bezwungen werden darf. Durch ihre Lage in einem Appartementkomplex bildeten die Kinderhäuser einen Raum, der sich auf der Schnittfläche der Privatsphäre der Familie und der öffentlichen Sphäre der Gesellschaft befand. In diesem Raum war die Trennung zwischen privat und öffentlich aufgehoben: Bis dahin war das häusliche Leben dem Licht des Fortschritt verborgen geblieben, weil dort Kinder erzogen wurden, ohne dass ein Eingriff von außen möglich war. In den Kinderhäusern entwickelten sich die Kinder mithilfe einer Philosophie, die im Dienst des Fortschritts stand und die kultivierte Individuen und moderne Bürger aus ihnen machte. Gleichzeitig wurden sie beschützt, sowohl vor dem schädlichen Einfluss der Gesellschaft, als auch vor der Familie. Jedenfalls durften außen stehende Besucher und Mütter, die ihre Kinder wegbrachten, zwar einen Blick auf die Kinderhäuser werfen, aber man erwartete von ihnen, dass sie die Szene andächtig als Offenbarung auf sich wirken ließen. Auf diese Weise wurde dem, was Montessori den »zerstörerischen«[115] Kampf zwischen Kindern und Eltern nannte, ein Ende gemacht. Indem man sie tagsüber voneinander trennte und den Kindern einen eigenen, unantastbaren Raum gab, konnte eine neue Art von Harmonie zwischen beiden Parteien entstehen. Sowohl die Kinder als auch die Eltern waren jetzt jedoch frei, in Übereinstimmung mit ihrem Wesen zu leben. Außer für die Kinder war das auch für die Mütter von höchstem Interesse, die nun endlich »um ihrer selbst willen geliebt werden konnten und nicht wegen ihrer Fähigkeit, anderen Ruhe und Glück zu verschaffen.«[116]

Technologie und Spiritualität

Die neuen Kinderkrippen hatten in Montessoris Augen nicht nur eine praktische Bedeutung. Sie präsentierte ihre Kinderhäuser 1907 als ein Instrument, mit dem die »Seele des Volkes« von »der Apathie der Laster und den Schatten der Unwissenheit« befreit werden konnte. Die neuen hellen und geräumigen Häuser, komplett mit Kinderhäusern und anderen gemeinsamen Einrichtungen wie Gemeinschaftsküchen und Waschgelegenheiten versehen, brachen eine Welt auf, die bis dahin unter der Last einer primitiven Vergangenheit begraben gewesen war: »So können wir den Menschen sowohl Gesundheit als auch Verfeinerung schenken, indem wir die finsteren Wohnungen, einst *Ekel erregende Höhlen* voller Elend der Sonne und dem Fortschritt öffnen.«[117] Dass dieses umfangreiche Projekt die konkrete Form eines Hauses erhielt, ist in Anbetracht des ursprünglichen Wunschs Montessoris, Ingenieur zu werden, interessant. Es macht einmal mehr deutlich, dass der Ingenieur eine komplexe Figur war, der mit dem Entwurf »harter« Formen zu dem beizutragen versuchte, was damals »moralische« Reformen genannt wurde. Durch ihre Teilnahme an Ingenieur Talamos Wohnexperiment für Arbeiter gehörte Montessori zu den italienischen Erbauern einer neuen Gesellschaft. Als sie viel später während eines Besuchs in den Niederlanden den Abschlussdeich besichtigte, sprach sie vor allem der ins Denkmal gemeißelte Spruch an: »Ein Volk, das lebt, baut an seiner Zukunft.« Nur wenige würden heute den Bau des Abschlussdeichs als spirituelle Tat betrachten. Dennoch ist es genau das, was Bauen für jemanden wie Montessori bedeutete. In ihren Zukunftsszenarien sind technologische Erneuerung und moralische Perfektionierung untrennbar miteinander verbunden.

Die Montessori-Methode erblickt das Licht der Welt 139

Eine solche Vermischung von Technologie und Moral war in dem Ambiente, in dem Montessori ihren Ideen Form gab, selbstverständlich. Dass innere Erhöhung auf eine Stufe mit materiellen Verbesserungen gestellt wurde, kann man zum Beispiel an den Initiativen der römischen Elite ablesen, die Rom zu einer modernen Stadt machen wollte. Angeregt durch den in politisch-administrativen Kreisen so einflussreichen Positivismus ließ man sich von dem Gedanken leiten, dass sich der Zustand des Körpers, aber auch der Häuser, in denen die Menschen leben mussten, und der Gegenstände, mit denen sie sich umgaben, unmittelbar in der Moral der Betroffenen ausdrückte. Ließen beispielsweise die Hygiene des Körpers und der Lebensumgebung zu wünschen übrig, dann war es nicht erstaunlich, dass diese schmutzigen Glieder auch zu einer dreckigen Moral führten.

In diesem Modernisierungsstreben hieß das Zauberwort »Erleuchtung«. Eine weite Verbreitung von Wissen sollte die Finsternis, in der die Menschheit verkehrte, mit Licht »durchbohren«. Die Arbeiterklasse würde nicht nur einsehen, welches die richtige Lebensweise war, sondern es würde auch Wissen in allerlei technische Erfindungen übertragen, die es ermöglichen würden, tatsächlich nach neuen Erkenntnissen zu leben. Und umgekehrt: Am eigenen Leib eine andere Art von Leben zu erfahren, würde Erkenntnisse liefern, die zu einem untrennbaren Teil der Persönlichkeit werden würden. Der Bau moderner Häuser mit praktischen Küchen und funktionellen Bädern musste den Zivilisationsstand erhöhen, ebenso wie die Einführung moderner Kommunikationsmittel wie Telegraf und Telefon und die umfängliche Nutzung von Elektrizität. Auch hier wurde die Metapher von der »Erleuchtung« als Waffe im heldenhaften Kampf gegen die finsteren Mächte einer primitiven Vergangenheit eingesetzt. Das zeigt sich zum Beispiel an der Reklame Edisons für den Gebrauch von elektrischem Licht. In seinen Plädoyers, die nicht uneigennützig waren, präsentierte er sich als »Ritter im glänzenden Harnass«, der ein für alle Mal das Schicksal des »barbarischen und verschwenderischen Gaslichts« besiegeln würde, das er als »ein Licht für das dunkle Mittelalter« bezeichnete.[118] Das elektrische Licht, das 1882 zum ersten Mal einen Teil Manhattans erleuchtete – wobei es kein Zufall sein kann, dass es sich um das Finanzzentrum rund um die Wall Street handelte –, bezeichnete man als »die Glut des Fortschritts«.

Wo sich technische Erneuerung und geistige Expansion im Lauf des 20. Jahrhunderts immer mehr gegenüberzustehen gekommen sind, da sind diese Kategorien demnach im mentalen Universum von Wissenschaftlern, bei denen Montessori Anschluss gefunden hat, organisch verbunden. Sie gingen von der holistischen Einheit aller Phänomene aus, den sichtbaren und den unsichtbaren. Interessant ist beispielsweise das Bild, das Bell gebrauchte, um der tauben und blinden Helen Keller beizubringen, welche Bedeutung seine Erfindung, das Telefon, hatte. Während er ihre Hand auf einen Telefondraht legte, um sie die Schwingungen fühlen zu lassen, machte er ihr klar, dass die unablässig singenden Telefonkabel die Geschichte des Lebens erzählen. Sie verbinden Menschen in der ganzen Welt miteinander, indem sie ihnen Neuigkeiten über »Leben und Tod, Krieg und Finanzen, Fehlschlag und Erfolg«[119] bringen.

Kennzeichnend ist auch die Haltung Edisons, der, in der Nachfolge seines großen Lehrmeisters Emerson, behauptete, dass »Erfinden eine spirituelle Tat«[120] sei. Für ihn war es selbstverständlich, dass seine wissenschaftlichen Erkundungen sowohl in der quantifizierbaren als auch in der nicht quantifizierbaren Welt Bedeutung hatten. Es ist dann auch nicht verwunderlich, dass Edisons Erfindung des Phonographen 1877 unter anderem die Aufmerksamkeit Blavatskys auf sich zog. Sie zeigte sich – wie könnte es auch anders sein – besonders von der Leistung des Phonographen berührt, die »Stimmen der Großen der Welt« festzuhalten. Bis dahin waren die Stimmen dazu verurteilt gewesen, mit dem körperlichen Dahinscheiden ihres Besitzers in einer Welt zu verschwinden, die für normale menschliche Sinnesorgane nicht zugänglich war. Jetzt war es dank Edisons Erfindung möglich, »göttliche Weisheit« in »der Ewigkeit des Klangs«[121] zu entdecken. Edison wurde, möglicherweise angeregt durch Blavatskys Bewunderung, Mitglied der Theosophical Society, ebenso andere bekannte amerikanische Wissenschaftler wie der Philosoph und Psychologe William James, Autor des berühmten, 1902 veröffentlichten Buchs *The Varieties of Religious Experience*. Letzteren zitierte Montessori in ihrem Buch *Il metodo* als »den großen positiven Wissenschaftler, der die psychische Bedeutung eines religiösen Bewusstseins aufzeigte«.[122]

All diese Wissenschaftler, deren Bekanntschaft Montessori in den meisten Fällen persönlich machen sollte, waren einander im Geist verwandt, auch wenn sie sich gelegentlich heftig gegenseitig Konkurrenz machten. Alle hielten die Aktivität des Experimentierens und Erfindens für einen kreativen Prozess, der göttlich inspiriert war. Sie schufen Instrumente, aber sie waren auch selbst Instrument, Herolde, die ihre Fanfaren als Zeichen zum Angriff erschallen ließen. Ihr Kampf stand, anders als der militärischer Feldherren wie Marias Vater, im Dienst des friedlichen Prozesses des Fortschritts. Sie waren dann auch, so fand Montessori, »schöpferische Helden«.

Der Plan des Schöpfers

Die Kinderhäuser sind Montessoris Kreation, eine Kreation, in der sich ihrer Meinung nach der Plan des Schöpfers offenbarte. Die Kinder in den Häusern demonstrierten jedenfalls leibhaftig das göttliche Prinzip des endlosen Wachstums. Montessori schuf die konkrete Form, in der sich dieses Prinzip ausdrücken konnte. Das Ergebnis tritt auf wie ein Uhrwerk, dessen erfindungsreiches, ineinander greifendes Räderwerk im Dienst eines einzigen Ziels steht: physisches, mentales und spirituelles Wachstum. Die Form und Abmessungen des Raums, in dem sich die Kinder befinden, des Mobiliars, der Gebrauchsgegenstände und des didaktischen Materials, die räumliche Position, die die »Leiterin« in Bezug auf die Kinder einnimmt, sind alles bedeutsame Elemente eines vollkommenen Ganzen.

Mit diesem »Design« platzierte sich Montessori – bewusst oder unbewusst – in eine künstlerische Tradition, die typisch italienisch ist und die mit der Kunst des Malers Giotto beginnt. In dieser Tradition ist (göttlich inspirierte) Kunst mit (weltlichem) Wissenserwerb verbunden. Der Künstler konzentriert sich nicht auf die Darstellung einer abstrakten Idee, sondern auf die Darstellung historischer Zeiten und Schauplätze. So bietet das Kunstwerk dem Betrachter die Möglichkeit, die Welt kennen zu lernen. Der Akzent liegt auf der Visualisierung des Beziehungsgeflechts, in dem jedes Ding, sei es nun ein Gegenstand oder eine menschliche Gestalt, seine Bedeutung im Verhältnis zu den anderen Dingen erhält. In den Kinderhäusern gab Montessori diesem Netzwerk dergestalt Form, dass man es nicht nur betrachten, sondern vor allem auch berühren konnte. Die Berührung war in Montessoris Augen das wichtigste Mittel, mit dem sich ein kleines Kind »wie ein Entdeckungsreisender« einen Weg in eine ihm unbekannte Welt bahnt. Schauen beinhaltet immer Abstand; indem es sie anfasst, vereinigt sich das Kind mit der Welt. Der Tastsinn erhielt in Montessoris System folglich auch einen Ehrenplatz, denn der war »beim modernen Kulturmenschen von Auge und Ohr zu Unrecht überwuchert«.

Nicht nur Montessoris Rehabilitation des taktilen Vermögens des Menschen deutet darauf hin, dass sie versuchte, in ihrer Erziehungsmethode die Vorteile einer Existenz in der primitiven Wildnis mit denen des Lebens in der modernen Zivilisation zu verbinden. Die Lektion, die sie das tragische Schicksal Victors lehrte, war, dass jemand nur für das moderne Leben gewonnen werden konnte, wenn er an der Freude seiner Sinneswahrnehmungen festhalten konnte. Neben Essen und Trinken waren in ihren Augen Berührungen dann auch sehr wichtig. Durch liebevolle Berührungen erfuhr das Kind am eigenen

Die Montessori-Methode erblickt das Licht der Welt 143

Leib, was es bedeutete, geliebt zu werden. Das machte es selbstbewusst und schön: Zum Beweis dessen führte Montessori das Beispiel einer Bärenmutter an, die ihr hässliches Junges so lange leckte, bis es schön, stark und gesund wurde. Umarmungen von Erwachsenen konnten allerdings für Kinder auch erstickend sein. Selbst die Welt und die darin lebenden Phänomene berühren war daher von größerer Bedeutung für das Wachstum eines Kindes. So konnte das Kind das Wunder des Lebens unmittelbar erfahren. Es war in dem Sinne auch eine Schande, so schrieb sie, dass es für unanständig gehalten wurde, Kinder am Mysterium der menschlichen Fortpflanzung teilhaben zu lassen. Wenn eine Mutter schwanger wurde, sollte sie ihren Zustand nicht unter verhüllender Kleidung verbergen, sondern müsste ihren Kindern ihren geschwollenen Bauch offen zeigen, damit ihre Neugier geweckt würde. Indem sie den Körper ihrer Mutter berührten, würden sie auf natürliche Weise erfahren, was es bedeutete, neues Leben in sich zu tragen. Wenn Kinder auf solche Weise Kenntnis von der menschlichen Sexualität erhielten statt durch schmutziges Gerede auf der Straße, dann würde Sexualität im menschlichen Erleben endlich den hoch stehenden Platz einnehmen, den sie verdiente.

In Montessoris Kinderhäusern treffen sich Natur und Zivilisation in einem Entwurf, der so eingerichtet war, dass Kinder dort über die direkte Erfahrung die Freuden des Lebens in der modernen Gesellschaft kennen lernten. Montessori brachte die große Welt in die Reichweite kleiner Kinder. Ganz im Gegensatz zu der Art »natürlicher« Umgebung, in der jemand wie der Philosoph Jean-Jacques Rousseau seinen *Émile* ansiedelte, schuf sie einen künstlichen Raum, der auf beispielhafte Weise die Ordnung der Dinge repräsentierte. In der Ordnung, die sie geschaffen hatte, brauchte sich das Kind nicht länger die erstickende Umarmung von Erwachsenen gefallen lassen, sondern wurde durch die leichte Umarmung unpersönlicher Kräfte transformiert: der Raum mit allen auf Maß geschnittenen, frei verschiebbaren kleinen Möbeln und Gebrauchsgegenständen, das didaktische Material und die zurückgezogene Leiterin. Dieses »Design« war die Materialisierung der inneren Ordnung, die das Kind nach Montessori brauchte, um sich entfalten zu können. Ohne Ordnung würde der »finstere Impuls zu wachsen« ungerichtet weiterwuchern und das Kind in seiner Entwicklung entgleisen lassen. Indem es Montessoris Ordnung der Menschen und Dinge direkt erfuhr, konnte das Kind diese Ordnung buchstäblich und im übertragenen Sinn in sich aufnehmen. So verwandelte es das finstere, formlose Chaos in sich zu einer inneren Schatzkammer, in der »jedes Ding seinen eigenen Platz« hatte. Währenddessen lernte das Kind auch selbst seinen Platz kennen: In den Kinderhäusern entwickelten sich die Kinder selbst, aber sie lernten auch gleichzeitig, was es bedeutete, Teil einer Gemeinschaft zu sein. Die Lehrmaterialien dienten vor allem der individuellen Entwicklung, während Rituale wie das gemeinschaftliche Verrichten häuslicher Arbeiten, die Einnahme der gemeinsamen Mahlzeit und die Stilleübungen das Kind lehrten, was es bedeutete, zusammenzuarbeiten.

Das Material, dem Montessori beim Experimentieren Gestalt gab, sollte den Wachstumsimpuls stimulieren. Spielzeug konnte in ihren Augen keine Gnade finden, da es die Kapazität der Kinder, sich selbst zu entwickeln, eher begrenzen als vergrößern würde. Weil Spielzeug Kinder zu wenig herausforderte, wollten sie es nur besitzen, um es danach oft wieder sofort zu zerstören. So weckte Spielzeug die Gier nach Besitz statt Verlangen nach »aufbauender Arbeit«. Sie ging heftig gegen »die Gesellschaft« vor, die Kinder mit Spielzeug in die Irre geführt hatte, ohne dabei zu erwähnen, dass sie selbst ihrem Sohn bei einem ihrer Besuche ebenfalls ein solches Spielzeug angeboten hatte. Mario hatte es verweigert und zerschlagen. Dieser Vorfall hatte sich offensichtlich in Marias Gedächtnis eingeprägt. In den Kinderhäusern konstatierte sie zu ihrem Erstaunen, dass Kinder, denen man zwischen dem didaktischem Material und einem Spielzeug die Wahl ließ, die Lehrmaterialien bevorzugten. Diese Wahl bewies ihr, dass Kinder nicht das »sinnlose

Spiel« wünschten, sondern dass sie beim Spielen lernen wollten. Der deutsche Pädagoge Friedrich Wilhelm August Fröbel hatte zwar etliche Gegenstände entworfen, aber die stimulierten nach Montessoris Auffassung den selbsterzieherischen Impuls zu wenig, weil die Gegenstände nur dazu gemacht waren, sich mit ihnen zu vergnügen. Der Schweizer Pädagoge Johann Heinrich Pestalozzi hat verstanden, dass man Kinder freilassen musste, damit sie sich entfalten konnten, aber er hatte ihnen nicht die Mittel gegeben, sich wirklich selbst zu erziehen. Mit ihrem Material stillte sie somit, sagt Montessori selbst, ein Bedürfnis, das vor ihr noch niemand wirklich erkannt hatte.

Wie schon mehrfach geschehen, erwähnt sie dabei nicht, dass ihre Meinung über den negativen Effekt von Spielzeug vom positivistischen Denken über aufwachsende Kinder beeinflusst gewesen sein muss. Lombroso zum Beispiel war vehement gegen Spielzeug, weil es die Entwicklung von Kindern in falsche Bahnen lenken würde. Er verbot seinen Kindern kategorisch, mit Spielzeug zu spielen, ein Verbot, unter dem besonders seine Tochter Paola litt. Als Erwachsene schrieb sie einige Bücher über die psychische Entwicklung von Kindern, worin sie auf der Grundlage einer Reihe interessanter Beobachtungen feststellt, dass Spielen und Spielzeug für die Entwicklung von Kindern wesentlich sind.[123] Kinder können aus ihrer Sicht die Realität nur mithilfe von Spiel und Fantasie erfassen. Indem man die Fantasie auf die richtige Weise stimuliert, versetzt man die Kinder in die Lage, ganz natürlich die Schwelle zum Erwachsenenleben zu überschreiten. Diese Bücher, die vor und während Montessoris meditativen Jahren veröffentlicht wurden, erwähnt Montessori nicht. Das ist umso befremdlicher, als sich Paola Lombroso genau wie Montessori aus dem Gebiet der Medizin heraus mit pädagogischen Fragen beschäftigte. Darin unterschieden sich die beiden Frauen von den meisten anderen weiblichen Pädagogen in Europa und den Vereinigten Staaten. Diese stammten in der Regel aus der Unterrichtspraxis und hatten meist keine universitäre Ausbildung durchlaufen. Auch hier gilt also wieder, dass Montessori in der Darstellung ihres Entwurfs gerade über diejenigen, die ihr am nächsten standen, kategorisch schweigt.

Dass ihr Schweigen in diesem Fall die Frage des kindlichen Fantasielebens betraf, ist angesichts der Diskrepanz zwischen Montessoris Abkehr von fantastischen Geschichten und dem bildhaften Stil, in dem sie ihre Ideen verfasste, interessant. Es kann demnach auch nichts schaden, noch einmal zu betonen, welch große Meisterin der Fantasie Montessori war. Nicht nur ihre Methode selbst kann als konkrete Fantasie des kindlichen Wachstums gesehen werden, sondern sie setzte die Fantasie auch ganz bewusst als Mittel ein, um die direkte Erfahrung der Wirklichkeit zu stimulieren. So zeigte sie sich seit Bestehen der Kinderhäuser an der Nutzung visueller Hilfsmittel wie dem Film interessiert. Schon bald ließ sie die experimentierenden Kinder in den Kinderhäusern auf Film festhalten, einem Film, der jedem gezeigt wurde, der an ihrer Methode interessiert war. Bilder waren für sie die sichtbare Demonstration unsichtbarer, aber realer Prozesse und darum von höchster Bedeutung. Sie war der Ansicht, Kinder könnten so etwas Abstraktes wie Geschichte nur lernen, indem sie Fotos oder Bilder betrachteten, die die Vergangenheit darstellten. Wenn sie die Bilder in sich aufgenommen hatten, würden sie diese anschließend selbst darstellen müssen, indem sie mittels Theater Szenen aus der Vergangenheit spielten. Nur so könnten Kinder die Vergangenheit direkt erfahren und nur so könnten sie darüber Wissen erwerben, das im Gedächtnis haften bliebe, weil es regelrecht in Körper und Geist verankert wäre.

Montessori wehrte sich also nicht gegen fantasiereiche Formen des Lernens, war aber der Ansicht, dass Fantasie und Bilder immer im Verhältnis zur sinnlich wahrnehmbaren Wirklichkeit stehen mussten. »Nihil est in intellectu quod non fuerit in sensibus«[124], schrieb der französische Philosoph Étienne Bonnot de Condillac schon zu Beginn des 19. Jahrhunderts: »Nichts ist im Bewusstsein, was nicht vorab von den Sinnen rezipiert

Die Montessori-Methode erblickt das Licht der Welt 147

wurde.« Um zu Wissen zu gelangen, mussten also die Sinne gereizt werden, und dazu gehörte auch das visuelle Vermögen. Und so wie Victor sein Erleben der Natur genoss, so würden auch »Kulturkinder« am leichtesten lernen, indem sie die Kultur genossen, in der sie lebten. Je ansprechender und schöner die Bilder waren, desto mehr würden die Kinder stimuliert. Das beste Ergebnis sei nach Montessori zu erreichen, wenn man sowohl den Tastsinn als auch die visuellen Fähigkeiten der Kinder anspräche. Das war dann auch das Leitprinzip des von ihr entworfenen Materials, das durch eine ästhetisch ausgetüftelte Form auffällt. Das Material zielte darauf ab, die Sinnesorgane und die motorischen Fähigkeiten zu trainieren und über dieses Training die Kinder gewissermaßen unbemerkt zu intellektuellen Fähigkeiten wie Lesen, Schreiben und Rechnen zu bringen.

Objekte und Rituale

Zuerst entwarf Montessori eine Serie von Gegenständen für Kinder zwischen zwei und sechs Jahren. Bei diesem so genannten Entwicklungsmaterial dient jeder Gegenstand der Verfeinerung eines spezifischen Sinnesorganes. Farbe und Form betonen das Wesentliche des Objekt. Mithilfe einiger Gegenstände wie dem Zylinderblock (ein Holzblock mit Aussparungen, in die Holzzylinder mit zunehmendem Durchmesser und Höhe genau passen), dem »rosafarbenen Turm« (rosafarben bemalte Holzkuben von zunehmender Größe) und der »braunen Treppe« (braun bemalte, rechteckige Holzblöcke, deren kurzen Seiten von Vierecken gebildet werden, die dieselbe Größe haben wie die Seitenflächen der Kuben aus den rosafarbenem Turm), können Kinder lernen, die Unterschiede in den Abmessungen zwischen Objekten derselben geometrischen Form wahrzunehmen. Glatte und (ganz oder teilweise) mit Schmirgelpapier beklebte Brettchen üben und entwickeln den Tastsinn. Hölzerne »Klötzchen« (in Form der Schachteln, die für Stick- und Stopfgarn gebraucht werden), um die Seidenfäden in 63 verschiedenen Farben gewickelt sind, trainieren die Fähigkeit, auch den Unterschied zwischen feinsten Farbschattierungen zu sehen. Ein Schubladenschränkchen, in dem jede Schublade einen Satz von sechs flachen, geometrischen Formen, den so genannten »Zeichenfiguren«, enthält, regt das Kind an, die unterschiedlichen Formen zu erkennen, indem es sie anfasst und ihre Kontur erfühlt. Dieses Material wird außerdem zum Zeichnen benutzt: Man kann die Figuren umranden und die Abbildung, die so auf dem Papier entsteht, ausmalen; die Genauigkeit, die benötigt wird, um das sorgfältig zu tun, führt dazu, dass diese Übung zugleich die Motorik antizipiert, die sich das Kind beibringen muss, um schreiben zu können. Indem sie verschiedene Abbildungen der Zeichenfiguren machen – neben ganz gleichmäßig angemalten beispielsweise auch Abbildungen, auf denen nur der Umriss zu sehen ist –, geht das Kind allmählich vom Konkreten zum Abstrakten über: Durch die »Arbeit« mit der runden Zeichenfigur eignet es sich zum Beispiel das Konzept »Zirkel« an. Auf diese Weise erhöht sich die Fähigkeit, verschiedene Formen voneinander zu unterscheiden. Auch andere Gegenstände, die in erster Linie dazu dienen, das Wahrnehmungsvermögen zu entwickeln, spielen gleichzeitig in der Entwicklung des Abstraktionsvermögens eine Rolle. So trägt das »Arbeiten« mit dreidimensionalen Gegenständen wie der braunen Treppe und dem rosafarbenen Turm zur Entwicklung des räumlichen Vermögens bei.

Nicht nur der Tastsinn und das visuelle Vermögen des Kindes werden angesprochen. Die Geräuschdosen (Kartonköcher mit unterschiedlichem Inhalt) und die Glocken, die zusammen eine Oktave umspannen (inklusive der Halbtöne), stimulieren das Gehör als Wahrnehmungsinstrument. Daneben gibt es Fläschchen mit Stoffen, die verschiedene Gerüche verbreiten; das Kind kann mit verbundenen Augen versuchen, zum Beispiel die Gerüche von Zwiebeln, sauren Drops und Bohnerwachs voneinander zu unterscheiden.

Die Montessori-Methode erblickt das Licht der Welt 149

Abb. 6: Drei Formen von Sinnesübungen: v.l.n.r.: Riechen, Hören, Gewicht abschätzen (Mailand)

Das Montessori-Material beschränkt sich nicht auf die schlichte Perfektionierung der Sinnesorgane und der motorischen Fähigkeiten. Ein nicht unerheblicher Teil der Gegenstände versetzt das Kind in die Lage, »Wissen zu erobern«, wie es Montessori ausdrückte. Im Entwicklungsmaterial wird also die künstliche Grenze zwischen der Kindergartenerziehung und dem Unterricht an Kindern über sechs Jahren niedergerissen. Montessori war nämlich der Ansicht, die schrittweise Entwicklung des menschlichen Geistes solle nicht durch plötzliche Übergänge gestört werden. Dieser Teil des Materials, der später ausgedehnt wurde, um die Bedürfnisse von Kindern zwischen sechs und neun Jahren zu befriedigen, bereitet das Kind fast unmerklich auf allerlei Formen intellektuellen Wissens vor. Indem es beispielsweise die verschiedenen geometrischen Formen berührt und die Konturen der aus Schmirgelpapier geschnittenen Buchstaben fühlt, wird es auf das Lesen- und Schreibenlernen vorbereitet. Andere Gegenstände wie die Perlenstäbchen (aus Kupferdraht angefertigte Stäbchen mit unterschiedlicher Anzahl Perlen), die rot-blau karierten Rechenstöckchen und eine Schachtel mit Karten, auf denen sich die Ziffern von null bis neun befinden, schaffen die Grundlage für das Rechnen und mathematische Operationen. Mithilfe anderen Materials wie des »goldenen Materials« können Kinder lernen, komplizierte Rechenhandlungen auszuführen. So erhalten Kinder die Möglichkeit, um – in den Worten Montessoris – das »triumphierende Viergespann der Kultur« aufzunehmen: Zeichnen, Lesen, Schreiben und Rechnen.

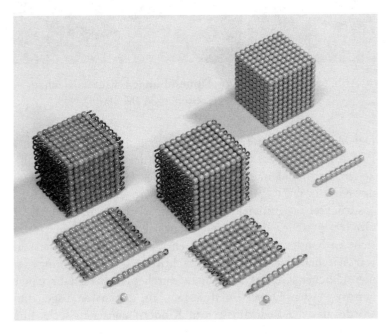

Abb. 7: Montessori-Material

Diese Serie von Lehrmaterialien, die Montessori entwarf und die als Montessori-Material um die Welt gegangen ist, ist das

Die Montessori-Methode erblickt das Licht der Welt 151

bekannteste Element ihrer Methode. Dennoch kann es nicht von den anderen Facetten ihres komplexen »Designs« losgelöst werden: die Aktivitäten, die darauf ausgerichtet waren, das Kind erfahren zu lassen, dass es ein einzigartiges und unabhängiges Individuum ist, das gleichzeitig Teil eines größeren Ganzen bildet. Auch hier, wie in ihrem gesamten Entwurf, sind Form und Inhalt, Technik und Spiritualität, Materie und Geist untrennbar miteinander verbunden. Indem es konkrete Handlungen durchführt, wie einen Tisch decken, eine Mahlzeit auftragen, Essen, Abräumen, Abwaschen, Aufräumen, Bügeln, erfährt das Kind die Mechanismen des gemeinschaftlichen Lebens in einer modernen Gesellschaft am eigenen Leib, ohne dass Erwachsene als Vorbild dienen. Die Bedingung, um sich als Teil einer Gesellschaft fühlen zu können, ohne als Individuum unterzugehen, ist die Fähigkeit, selbstständig zu sein. Neben der konzentrierten Beschäftigung mit den Lehrmaterialien lernen die Kinder daher auch, sich ohne Hilfe anderer anzuziehen, Schuhe zu putzen, Schnürsenkel zu binden und Hände zu waschen.

Die immer fortschreitende Integration des kleinen »Ich!« in etwas, das größer und umfassender war, erhielt seinen vollständigsten und »höchsten« Ausdruck in dem, was zu Recht Rituale genannt werden kann: in den Stilleübungen und der gemeinschaftlichen Mahlzeit. In den Stilleübungen lernen Kinder, wie wir sahen, was es bedeutet, der Stimme des Höheren zu gehorchen und gleichzeitig die eigene Größe zu erfahren. Während die Stilleübung die Kinder in die Mysterien einweihte, die in der Theosophie das Eine genannt werden, verband sie die Mahlzeit mit der irdischen Dimension. Indem sie miteinander an einem großen Tisch die Mahlzeit einnahmen, lernten die (oft unterernährten) Kinder, dass sie nur leben konnten, weil sie aßen, und dass Leben bedeutete, dass Materie ständig in Geist umgesetzt wurde. »Das Kind *wird*«, schrieb Montessori, »weil seine Materie verfliegt, und die Mahlzeit verkörpert diesen ungreifbaren Veränderungsprozess.«[125] Während des Essens wird das

Abb. 8: Mädchen mit Buchstaben aus Schmirgelpapier und losen Buchstaben

Kind auch mit der Menschheit verbunden, weil es verstehen lernt, dass es Menschen sind, die die Erde bearbeiten und für Nahrung sorgen. Indem es isst, geht das Kind eine Verpflichtung gegenüber der Menschheit ein, so Montessori. Essen ist nehmen, und weil es nimmt, verpflichtet sich das Kind, auf die eine oder andere Weise etwas zurückzugeben. Die Mahlzeit steht also auch als Symbol für die Opfer, die ein kultivierter Mensch bringen muss, um Teil der modernen Gesellschaft sein zu können. Weil Essen für Montessori auch ein Synonym für

Genießen war, stellte die Mahlzeit für sie wirklich wie nichts anderes einen Beweis dafür dar, dass »kultiviert werden« nicht mit leiden einhergehen musste. Leben war, genau wie Essen, Freude. Natürlich beinhaltete die Verpflichtung, etwas der Menschheit zurückzugeben, dass sich jemand anstrengen musste. Wenn diese Anstrengungen im Dienst des individuellen und kollektiven Wachstums standen, verschafften sie jedoch auch Freude.

Ein aufsteigender Stern

Montessoris Entwurf, wie hier vorstehend beschrieben, nahm in den Jahren 1907–1910 allmählich Form an, in den Jahren, die zwischen der Eröffnung der ersten Kinderhäuser und der Publikation ihres *Il metodo* und der *Antropologia pedagogica* liegen. Während sie ihre ersten Experimente noch in aller Ruhe und Abgeschiedenheit verrichtete, erregte sie mit ihren Ergebnissen schon bald so viel Aufmerksamkeit, dass immer mehr Vertreter der römischen Elite ihren Weg in die Häuser fanden. Dort konnten sie das »Wunder« der »wilden« Kleinkinder, die zu disziplinierten, sich anmutig bewegenden Kindern verzaubert wurden, mit eigenen Augen betrachten. Montessori empfing die Besucher und Besucherinnen und gab ihnen Erklärungen. Vor allem die Entdeckung, dass auch sehr kleine Kinder sich selbst Lesen und Schreiben beibringen konnten, machte viel Eindruck. Diese Entdeckung fand im Dezember 1907 statt: Auf einmal setzte ein Kind, das mit Buchstaben aus Schmirgelpapier spielte, ein Wort zusammen. Das war der Beginn einer »Schreibexplosion«: Auch andere Kinder wollten Worte zusammensetzen und schon bald hallte der Raum von den Freudenschreien der Kinder wider, die ausriefen: »Guck mal, ich schreibe! Ich schreibe!« Auf das Schreiben folgte das Lesen, womit die Reihenfolge, in der Kinder an konventionellen Schulen Lesen und Schreiben lernten, umgekehrt wurde. Für Montessori war das Wichtigste, dass die Kinder zeigten, dass sie Schreiben und Lesen nicht lernten, indem sie den Inhalt von Lehrbüchern aufnahmen, sondern indem sie Gegenstände berührten. So nahmen sie nicht nur die Form der Buchstaben in sich auf, sondern trainierten auch ihre motorischen Fähigkeiten, die als Erstes auf das Schreiben losgelassen wurden.

Diese spektakulären Entdeckungen, die Montessori mit angemessenem Stolz in den Vorlesungen und den Stunden, die sie an der Hochschule für Frauen an der Universität von Rom gab, vorbrachte, ließen ihren Stern schnell emporsteigen. So schnell, dass 1908 auch außerhalb Roms ein Kinderhaus eröffnet wurde, nämlich in Mailand. Auch dort geschah dies unter Schirmherrschaft der humanitären Bewegung, die in Mailand in der Società Umanitaria organisiert war. Diese 1893 gegründete Vereinigung hatte bereits einige Modellwohnungen mit Kinderkrippen für Arbeiter bauen lassen und lud Montessori ein, einen Vortrag über das Experiment in San Lorenzo zu halten.

Der Vorstand der Vereinigung war von Marias Auftreten beeindruckt, ebenso wie ein »unbekannter und ernsthafter Journalist, dessen Name in der Welt berühmt und unselig werden sollte: Benito Mussolini«[126], wie sich Montessori später erinnern würde. In diesem Augenblick natürlich nichts ahnend, dass sie in einem anderen *setting* eng mit Mussolini zu tun bekommen würde, reiste Maria nach Rom zurück. Dort erfuhr sie im Oktober 1908, dass die Mailänder Società ein eigenes Kinderhaus einzurichten beabsichtigte. Weil sie selbst in Rom bleiben wollte, schickte Montessori ihre Schülerin Anna Maccheroni nach Mailand, um dort als Leiterin zu fungieren. Das war der Beginn dessen, was ein wesentlicher – und problematischer – Teil von Montessoris Strategie zur Verbreitung ihrer Methode werden sollte: Ausschließlich Leiterinnen, die sie selbst trainiert hatte, wurden autorisiert, um als Lehrkräfte in Montessori-Zentren und Montessori-Schulen aufzutreten.

Anna Maccheroni, die zwischen Mailand und Rom hin- und herpendelte, sollte Maria ihr Leben lang treu bleiben. Das galt

Die Montessori-Methode erblickt das Licht der Welt 155

längst nicht für jede, die für Montessori und ihr Streben gewonnen werden konnte. Der Weg, den Montessori in ihrem Leben zurücklegte, ist mit Konflikten gepflastert, die meist auf einen radikalen Bruch hinausliefen. Das war schon zu der Zeit so, als sie als frisch diplomierte Ärztin versuchte, sich einen Platz in der von Männern beherrschten medizinischen Welt zu erobern. Jetzt, da sie dabei war, ihre eigene Welt zu schaffen, eine Welt, die von mehr Frauen als Männern bevölkert wurde, setzte sich dieses Muster fort. In der Regel entstanden die Konflikte, wenn Montessori in ihrer Position als Alleinherrscherin angegriffen zu werden drohte. Das war auch der Konflikt, der zusammen mit den persönlichen Problemen ihrem Beschluss zugrunde lag, von der Leitung der Scuola Ortofrénica zurückzutreten. Seit dem Bruch mit Montessano arbeitete Maria auf informeller Basis zwar noch mit anderen zusammen, wie mit Sibilla Aleramo und anderen italienischen Feministinnen. Diese Zusammenarbeit endete jedoch nach dem Kongress für Gleichberechtigung, der im Frühjahr 1908 in Rom stattfand. Dort hielt Maria noch ein leidenschaftliches Plädoyer für eine neue Moral, das Sibilla Aleramo »brillant«[127] nannte. Danach schien Maria ganz von der feministischen Bühne zu verschwinden und trat nur noch in eigener Sache auf, wobei nur ihr theatralischer Stil noch an frühere Freundinnen wie Eleonora Duse erinnerte.

Ihre Neigung, alle öffentliche Aufmerksamkeit nur für sich selbst zu fordern, bestand allerdings schon früher. Paola Boni Fellini, die sie ab etwa 1900 regelmäßig erlebte, beschreibt, wie sich Maria ihrem Publikum präsentierte.[128] Wie eine Fürstin machte sie ihr Entree und schritt langsam zum Rednerpult, um dort den Applaus entgegenzunehmen. Und während andere intellektuelle Frauen, feministisch oder nicht, sich meist unauffällig kleideten, hüllte Maria ihre imponierende Gestalt in Gewänder, die durch komplizierte Drapierungen und wehende Schleier auffielen. Die Presse hörte nicht auf zu betonen, wie sehr sich Marias Auftreten und Erscheinung in günstigem Sinne von dem anderer, »männlicher« Feministinnen unterschied.

Fügt man das zu Marias Gewohnheit, so zu tun, als käme sie ganz aus eigener Kraft zu ihren Erkenntnissen, wird dies vielleicht dazu geführt haben, dass Marias doch nicht unbedeutende Rolle in der italienischen Frauenbewegung von ihren Mitstreiterinnen nicht sehr ausgiebig dokumentiert wird. Das würde auch erklären, weshalb Marias Rolle in der Geschichtsschreibung über die Bewegung praktisch nicht vorhanden ist.

Das Bild, das Boni Fellini von der der triumphierenden Königin skizziert, die niemanden neben sich duldet, ist eine frappierende Umkehrung des Bilds von Maria, die als Studentin notgedrungen allein durch die Gänge der Aula nach vorn geht, während ihre männlichen Mitstudenten sie beobachten. Jetzt, da sie sich mit ihren Erfolgen in den Kinderhäusern als diejenige präsentieren konnte, die etwas bemerkt hatte, was anderen nicht aufgefallen war, richteten sich immer mehr Augen auf sie. Augen von Männern, aber vor allem von Frauen. Frauen wie Anna Maccheroni, die Montessori zuhörten, während sie ein flammendes Plädoyer hielt, und die das so berührte, dass sie augenblicklich ihre Familien im Stich ließen, um ihr Leben mit Maria Montessori zu teilen. Die Geschichten, die diese Frauen anschließend über ihre Begegnung mit Montessori erzählten, sind Geschichten über radikale Wenden. »Es war, als hätte ich endlich das saubere Wasser gefunden, wonach ich so lange gedürstet hatte«, schrieb Maccheroni. Erinnerungen wie die ihren ähneln der Geschichte, die Maria selbst über ihre Begegnung mit der römischen Bettlerin und ihrem Kind erzählte. Nun war sie selbst ein Katalysator für Veränderungen in anderen, ein Angriffspunkt für ihre Fantasie, eine Frau, die durch ihr eigenes Leben zeigte, welch große Mission Frauen erfüllen konnten. Aber während die Bettlerin in Montessoris Leben auf Abstand blieb – auch wenn es nur in dem Sinn war, dass Montessori nicht zu dem *outcast* wurde, der sie als unverheiratete Mutter hätte werden können – da wurde Montessori im Leben ihrer weiblichen Anhängerschaft ein Liebesobjekt. Ein Objekt, das die bedingungslose Liebe ihrer Gefolgschaft brauchte, das aber selbst doch nie zu bekommen war, auch wenn einige Frauen Montessoris Leben in ihrem römischen Appartement teilten.

Mit dem Hinweis auf Jesus nannte man Montessori eine »Seelengewinnerin«.[129] Und genau wie er band sie viele Menschen an sich, Frauen und Männer, ohne dass sie sich ihnen hingab. Es ist, als würde ihr Abschied von den »abnormalen« Kindern, die zu viel von ihren Kräften gefordert hatten, einen Moment markieren, in dessen Folge sie eine neue Art von Abstand zwischen sich selbst und der Welt einzubauen begann. »Ein Arzt kann einen Kranken nicht heilen, indem er ihm seine eigene Gesundheit gibt«[130], bemerkte sie einmal gegenüber Anna Maccheroni. Liebe wandelt nur dann um, wenn es Abstand gibt, so lehrt ihre Methode. »Die Frau, die von einem Mann geliebt wurde und die ihn liebte, war gestorben«, hatte Montessori nach dem Bruch mit Montesano zu Paola Fellini gesagt, womit sie andeutete, dass sie sich nie mehr an einen Mann binden würde.

Ihr Wechsel zur Pädagogik schuf auch in beruflicher Hinsicht Abstand zu Männern. Weil es Männer waren, die die öffentliche Macht und die Mittel besaßen, die zur Realisierung ihrer Projekte notwendig waren, blieb Montessori dennoch immer von ihnen abhängig. Aber weil sie selbst, anders als zu der Zeit, als sie versuchte, in der medizinischen Welt eine Machtposition aufzubauen, allmählich immer mehr Ansehen und Macht erwarb, hatte sie mehr Chancen als damals, aus Konflikten als Gewinnerin hervorzugehen. Das erwies sich zum ersten Mal bei dem Konflikt, in den sie mit Talamo geriet. Der war anfänglich über den Erfolg der Kinderhäuser erfreut, wurde aber wegen der Aufmerksamkeit, die Montessori zuteil wurde, immer gereizter. Diese Aufmerksamkeit ging seiner Ansicht nach zulasten des Interesses für sein eigenes Projekt, das Experiment mit den neuen Arbeiterwohnungen. 1909 rief er Montessori denn auch zur Ordnung. Das hätte er besser nicht getan. Nach einem leider nicht dokumentierten Wortwechsel zog sie sich aus den beiden Häusern in San Lorenzo zurück und wich auf eine neue Unterkunft in der Via Giusti aus. Dort bekam sie Gelegenheit, ein Kinderhaus in einem schönen Franziskanerinnen-Kloster einzurichten, wo sich ungefähr fünfzig Kinder befanden, die infolge des großen Erdbebens in Messina ihre Eltern verloren hatten. Von dieser neuen Basis aus, wo Maccheroni als Leiterin das Zepter schwenkte, sollte sich Montessori in die Welt begeben.

Eine erste Bedingung für einen erfolgreichen Start war, dass sie ihre Ideen zu Buche brachte. Lange Zeit hatte sie – gewollt oder ungewollt – auch als Autorin im Schatten ihrer männlichen Kollegen gewirkt. Aus dieser Zeit stammt lediglich ein Artikel, der ausschließlich unter ihrem Namen veröffentlicht ist.[131] Dieser Artikel handelt von Asthma und war kein »echtes Werk«, wie die Kommission feststellte, die 1900 ihre Bewerbung um die Stelle als Dozentin an der Hochschule für Frauen beurteilen sollte. Die Kommission war der Ansicht, Maria besäße eigentlich keine anderen Qualifikationen, als ein »glänzendes akademisches Diplom in der Medizin«. Der Kultusminister sollte beschließen, ob ihm das reichte, um Maria, die außerdem die einzige Bewerberin war, einstellen zu können. Da Baccelli, der zuständige Minister, ein guter Bekannter der Familie Montessori war, hielt er Maria für ausreichend qualifiziert. Es ist allerdings nicht ausgeschlossen, dass der Bericht der Kommission Maria unsanft deutlich machte, dass sie autonom auftreten musste, auch wenn es ums Publizieren ging.

Nachdem sie ihre Anstellung bekommen hatte, begann sie jedenfalls sofort an einem Buch zu arbeiten, das ihre Vorlesungen über Hygiene und Anthropologie vereinen sollte. Dieses Buch, von dem eine erste Kurzversion 1906 erschien und das 1910 in seiner bekanntesten Form veröffentlicht wurde, enthält viele der Gedanken, die man auch in *Il metodo* finden kann. Es ist allerdings in einem viel weniger zugänglichen Stil verfasst und richtet sich an ein Fachpublikum. Das galt jedoch nicht für ihr 1909 veröffentlichtes *Il metodo*. Mit diesem Werk begab sich Maria in die Fußstapfen ihres berühmten Großonkels Antonio

Stoppani: In flüssigem, bildhaftem Stil beschreibt sie, wie ihre Methode entstand und welche Ergebnisse damit zu verbuchen waren und noch erzielt werden konnten. Es lässt sich als wissenschaftliche Autobiographie lesen (ein in dieser Zeit berühmtes Genre), als Geschichte, als utopische Vision und als Bericht einer Entdeckungsreise.

Montessori schrieb *Il metodo* in nur zwanzig Tagen, wie Anna Maccheroni behauptet.[132] Ob das stimmt oder nicht (es scheint in Anbetracht des nicht geringen Umfangs des Buchs unwahrscheinlich), Tatsache ist, dass sich Maria ungestört dem Schreiben widmen konnte. Baron und Baroness Leopoldo und Alice Franchetti hatten ihr nämlich angeboten, sich in ihre geräumige Villa Wolonsky in der Nähe von Rom zurückzuziehen. Maccheroni zufolge hatte Montessori anfangs gar nicht beabsichtigt, ein Buch zu schreiben.[133] Nachdem Leopoldo Franchetti, Senator und berühmter Kenner der süditalienischen Bauernkultur, sich jedoch einmal auf Anraten seiner Frau die wunderbaren Geschehnisse in einem der Kinderhäuser angesehen hatte, fragte er sie, ob sie ihre Ideen schon in einem Buch festgehalten hätte. »Einem Buch? Nein!«, soll Maria erstaunt zur Antwort gegeben haben, worauf Franchetti losschimpfte: »Aber das bedeutet, dass dies alles verloren geht, wenn Sie sterben!« Diesem Argument stand Maria offen. Sie gehorchte und schrieb das Buch, das sie den Franchettis widmete. Als es fertig war, fuhren Franchetti und Maria mit dem Automobil nach Rom, um das Manuskript zum Verlag Loescher zu bringen. Auf halbem Wege gab der Baron seinem Chauffeur jedoch den Auftrag, nach Hause zurückzukehren. Am nächsten Tag nahm er den Zug nach Città de Castello, wo er einer Druckerei ein mit einem weißen Band umwickeltes Paket mit dem Auftrag übergab, es zu drucken, ohne auch nur ein einziges Komma darin zu verändern. Und so erschien *Il metodo* ohne »Verunreinigungen«, so Anna Maccheroni.

Maccheronis Geschichte, die vor allem hinsichtlich Marias Naivität die notwendige Glättung erfahren hat, ist eine Legitimierung der Autorität von Marias Methode. Maccheroni betont jedenfalls, es sei nicht Maria selbst gewesen, die den Ewigkeitswert ihres Werks erkannt hatte, sondern ein respektierter, männlicher Wissenschaftler. Er war es außerdem, der begriff, dass Marias Gedanken – die ihrer eigenen Meinung nach nur das wiedergaben, was ihr von höherer Hand offenbart worden war – in ihrer reinsten Form überliefert werden mussten. Ein Herausgeber hätte das Manuskript zumindest beurteilt und angepasst, so Maccheroni. Marias Methode erhält auf dem Weg über diese Geschichte den Status eines unantastbaren, unsterblichen Werks, das über alle menschlichen Urteile erhaben ist. Da längst nicht jeder diese Sicht der Dinge teilte, lag hier eine bedeutsame Quelle für spätere Konflikte.

Höhere Kreise

Maccheronis Geschichte zeigt auch, wie wichtig die Unterstützung durch Personen aus höheren Kreisen war. Alice Franchetti, die in Amerika geboren war, gehörte in diesen Jahren zu Montessoris wichtigsten Gönnerinnen. Wie Sibilla Aleramo versuchte sie, Unterrichtseinrichtungen für die Bauern in der Gegend um Rom zu schaffen. Sie war es, die das Interesse ihres Mannes für Marias Arbeit weckte, und sie führte Marias Gedankengut in die englischsprachige Welt ein, indem sie auf Englisch einen Artikel über sie veröffentlichte. Alice Franchetti war nicht die einzige vornehme Dame, die Montessori zu einem Umfeld Zugang verschaffte, in dem Geld, Adelstitel und Interesse am Fortschritt der Menschheit eine glückliche Verbindung eingingen. Während Maria anfänglich vor allem über die Protektion einflussreicher (und selbstverständlich männlicher) Parlamentsmitglieder ihre Ziele erreichte – so befürwortete etwa Costelli mit Erfolg bei Bacelli eine Anstellung für Maria an der Hochschule für Frauen –, waren es nach der Gründung der Kinderhäuser auch Frauen aus der *high society*, die ihr halfen.

Die Montessori-Methode erblickt das Licht der Welt 161

Was diese Hilfe genau beinhaltete, ist nicht klar; da es jedoch üblich war, dass reiche Philanthropen Projekte wie die Marias finanziell unterstützten, wird diese Hilfe sicher auch aus klingender Münze bestanden haben. Frauen wie Donna Maria, Marquise Guerreri-Gonzaga und Prinzessin Giustiniani Bandini sind jedoch wahrscheinlich auch in anderer Hinsicht für Montessori wichtig gewesen, nämlich für den öffentlichen Stil, den sie entwickelte. Interessant im Licht ihrer sich entfaltenden Pose als Königin ist vor allem ihre Bekanntschaft mit dem echten Königshaus. Als Studentin hatte sie der Königinmutter Margherita Blumen bei einem Empfang überreichen dürfen; jetzt besuchte die Königin sie und zeigte ein Interesse für Montessoris Projekte, das bleibend sein sollte. Während des feministischen Kongresses von 1908 begegnete Maria auch Prinzessin Laetizia, der Frau, die Objekt der erotischen Fantasien eines der Verrückten gewesen war, die Montessori einst für ihre Abschlussarbeit untersucht hatte. Über diese Damen aus den höchsten Kreisen, kam Maria mit einem luxuriösen Lebensstil in Berührung, in dem jahrhundertealter Anstand mit einer Leidenschaft für die moderne Technik einherging. So erhielt sie durch die Freundschaft mit Donna Maria die Gelegenheit, regelmäßig in einem Auto zu fahren, weil diese ihren Schützling mit dem Auto zu Lesungen, Kongressen und anderen Zusammenkünften brachte.[134] Das kam so oft vor, dass Donna Marias Ehemann bemerkte, dass ihr Auto, wenn sie es frei ließen, von allein den Weg zum Haus der Montessoris fahren würde.

Dieses Interesse vonseiten der Elite war nicht nur schmeichelhaft für Maria, sondern auch von großer Bedeutung für die Akzeptanz ihrer Methode als universal einsetzbar für *alle* Kinder, ungeachtet ihres sozialen, nationalen oder rassischen Hintergrunds. Auch wenn die ersten Kinderhäuser für die »wilden« Kinder der Arbeiterklasse bestimmt waren, hat Maria vermutlich von Anfang an daran gedacht, dass ihre Methode im Prinzip für die Erziehung jedes Kindes geeignet war. So ist es auffallend, dass sie keinen Unterschied zwischen Jungen und

Mädchen macht, was sie auch in Zukunft niemals machen sollte. Hierin unterschied sie sich von den meisten anderen weiblichen Pädagogen in Europa und Amerika, die in der Regel sehr wohl Unterschiede im Geschlecht machten und sich oft auf Erziehung und Unterricht von Mädchen spezialisierten. Blavatsky hatte in ihren Darstellungen über Erziehung und Unterricht – von ihr als wichtige »weltliche« Aktivität gekennzeichnet – schon auf das Prinzip der Geschlechtergleichheit gepocht. Es ist auch gut möglich, dass sich Montessori in dieser Hinsicht durch die Theosophie hat inspirieren lassen. Aber nicht nur in dieser Hinsicht. Ihre Methode atmet in allen Aspekten die Sphäre und die Gedankenwelt der Theosophie. Das wird dadurch veranschaulicht, dass sie ihre Methode als eine »Offenbarung des Plans des Schöpfers« präsentierte, oder, wenn sie es in wissenschaftlichere Begriffen fasste: als einen Plan, der mit den universellen Gesetzen der Menschheit in Übereinstimmung war. Die Gesetze würden trotz der kulturellen Unterschiede für jeden aufgehen; also hielt sie ihre Methode für universell anwendbar.

Nachdem sie mit Talamo gebrochen hatte, wurde ihr die Chance geboten, die Universalität ihrer Methode experimentell festzustellen. Im Kinderhaus in der Via Giusti bekam sie es nicht nur mit einer Gruppe von Kindern zu tun, die in sozialer Hinsicht vielschichtiger war als die von San Lorenzo, sondern sie experimentierte auch mit Kindern der römischen Elite. Die Eltern dieser Kinder waren durch ihr Buch, ihr erfolgreiches Auftreten in der Öffentlichkeit und nicht zuletzt dadurch, dass Maria von einflussreichen Damen und Herren empfohlen wurde, an Marias Methode interessiert. Angespornt u.a. von Ernesto Nathan, Bürgermeister von Rom und Mittelpunkt eines einflussreichen sozialen Netzwerks, das sich mittels der Freimaurer über alle wichtigen Sektoren des römischen Lebens erstreckte, schickten einige Bekannte Nathans ihre Kinder in eine Klasse, die Montessori ab 1910 in ihrem Haus organisierte.

Diese Praxis – das Unterrichten einer Gruppe Kinder im

Die Montessori-Methode erblickt das Licht der Welt 163

Haus einer Montessori-Leiterin – sollte eine bewährte Methode bei der Verbreitung des Montessori-Unterrichts werden. Begonnen aus dem Gedanken heraus, dass Schulung am besten in einer Umgebung stattfinden sollte, in der sich die öffentliche und private Sphäre trafen, führte der Erfolg dieser kleinen Klassen oft dazu, dass echte Schulen eingerichtet wurden, in denen eine oder mehrere Klassen nach Montessori-Prinzipien unterrichtet wurden. In Rom fungierte Montessoris Klasse als ein solcher Katalysator. Montessori zeigte mit diesem Experiment nicht nur, dass sich auch Elitekinder mithilfe ihrer Methode entwickeln konnten, sondern erweiterte auch die Kategorie des Lebensalters, das für ihre Methode in Frage kam. Indem sie in ihrem neuen, geräumigen Appartement am Corso Vittorio Emanuele mit Kindern zwischen sechs und neun Jahren experimentierte, kam sie zu einer weiteren Perfektionierung und Ausbreitung der Lehrmaterialienserie. Innerhalb weniger Jahre sollte sie die Reichweite ihrer Methode in solchem Maße erweitern, dass sie sich für den Unterricht an Kindern zwischen drei und zwölf Jahren eignete. Das vereinfachte die Einführung ihrer Methode in Grundschulen. Ab 1911 fand diese in Italien auch tatsächlich statt. Ein wichtiges Instrument, um Erfolge dieser Art zu verbuchen, war der Aufbau einer Montessori-Vereinigung in Rom (die Società degli Amici del Metodo), die Unterabteilungen in Mailand und Neapel bekam. Diese Vereinigung bestand aus einflussreichen und reichen Befürwortern Montessoris und ihrer Methode (Königin Margherita war eine der Patroninnen) und fungierte als unpersönliche Brechstange. Kombiniert mit der Kraft, die Montessori mit ihrem persönlichen Auftreten entfaltete – eine Kraft, die mit der eines Schlachtschiffs umschrieben wird – begann die Montessori-Methode ihren Eroberungsfeldzug.

Zum Licht

Dieser Feldzug begann offiziell am 10. November 1910. Im Kinderhaus an der Via Giusti fand ein Festakt in geschlossener Gesellschaft statt, bei dem Maria Montessori erklärte, sie werde die Ausübung ihres Berufes einstellen. Auch ihre Stelle an der Universität von Rom werde sie aufgeben, um sich ganz ihrer Mission, ihrer »Opera« widmen zu können. Gemeinsam mit ihren vertrautesten Schülerinnen, Anna Maccheroni, Elisabetta Ballerini und Anna Fedeli, versprach sie, »Kinder, wo auch immer in der Welt« zu beschützen, um so weit wie möglich die Hürden zu beseitigen, die »das Jahrhundert« (die Bildung, die Gebräuche, die Gewohnheiten und die Vorurteile) aufwirft, um den Menschen daran zu hindern, sich nach Gesetzen zu entwickeln, die nicht von Menschen aufgestellt sind und die auch nicht durch Menschen ungeschehen gemacht werden können«[135].

Mit diesem fast niemandem bekannt gegebenen *rite de passage* schloss Montessori mit ihrer Vergangenheit ab und nahm in einer halb öffentlichen Atmosphäre von dem trübsinnigen, auf das Pathologische und Abweichende fixierten positivistischen Universum Abschied, mit dem sie im Seziersaal zum ersten Mal in Berührung gekommen war. Sie ließe sich nicht länger vom Pessimismus regieren, so schrieb sie später, sondern von der Sicherheit, dass moralische Perfektionierung möglich sei. Die beiden Bücher, die auf der Schwelle dieses Abschieds erschienen, symbolisieren Marias Wechsel zu einem neuen Zeitalter: In der *Antropologia pedagogica* ballt sich das Wissen über »das diabolische Gesicht der Menschheit« zusammen, das sie als Positivistin aufgetan hatte. In *Il metodo* kündigt sich die Morgendämmerung eines neuen, glänzenden Abschnitts in der Geschichte der Menschheit an.

In jedem dieser Bücher ist ein Foto von Maria Montessori enthalten, das neben der Titelseite abgedruckt ist. Was zeigen uns diese Fotos?

Die Montessori-Methode erblickt das Licht der Welt 165

Abb. 9: Die »präraffaelitische« Maria Montessori

166 *Maria Montessori*

Abb. 10: Maria Montessori mit einem Kind,
das mit einer Zeichenfigur beschäftigt ist

Für ihre *Antropologia pedagogica* ließ sie sich als Frau fotografieren, die an die präraffaelitischen Frauen von Malern wie Dante Gabriel Rosetti, John Everett Millais und William Holman Hunt erinnern, Maler, deren Werk um 1910 in Rom im Zentrum des Interesses stand. Aus dem Dunkeln taucht das Gesicht Marias auf; der Lichteinfall lässt ihre Backenknochen hoch erscheinen, ihre Haare sind offen, ihr Lächeln rätselhaft mit ei-

Die Montessori-Methode erblickt das Licht der Welt 167

Abb. 11: Die *Madonna della Sedia* von Raffael

nem Anflug von Ekstase. Verschwunden sind Eleganz und Koketterie der »charmanten Ärztin« vom Ende des vorigen Jahrhunderts. Hier steht alles im Dienst des Wesentlichen, des Ausdrucks auf dem bleich aufleuchtenden Gesicht. Es ist ein seltsamer Ausdruck, der durch den leicht frenetischen Charakter etwas Beunruhigendes hat. Es ist ein ungewöhnliches Foto, das von allen anderen Fotos der Montessori abweicht, weil der Eindruck, den sie dort hinterlässt, der von kaum gezähmter Wildheit ist.

Wie anders ist das Foto, das neben dem Titelblatt der (englischen) Ausgabe von *Il metodo* abgedruckt ist. Darauf ist eine in Schwarz gekleidete Montessori zu sehen, deren Kopf mit einer Art Turban umwickelt ist. Maria sitzt mit einem Kind am Tisch, das konzentriert mit einer der Zeichenfiguren beschäftigt ist. Das Mädchen geht ganz in seiner Aktivität auf. Montessori beobachtet das Mädchen, während sie eine andere Zeichenfigur bereithält. Die beiden Personen auf dem Foto bilden eine Einheit, obwohl sie doch unabhängig voneinander handeln. Marias Pose verrät eine intensive Einbezogenheit, die sich nachdrücklich nicht in Aktivität umsetzt. Die Szene erinnert an ein Bild von Raffael, *La Madonna della Sedia*, von dem in jedem der Kinderhäuser eine Kopie hing. Auf diesem Gemälde sieht man eine Madonna mit Turban. Sie hält ihren Sohn auf dem Schoß, lässt aber durch ihre Haltung erkennen, dass das Kind nicht ihr gehört, sondern der Menschheit. Im Hintergrund sieht ein junger Johannes zu. Dieses Gemälde, so schreibt Maria, symbolisiert den »erhabenen Charakter der Mutterschaft, den Fortschritt der Frau und den Schutz der Nachwelt«. Sie entschied sich dafür, gerade dieses Gemälde in den Häusern aufhängen zu lassen, weil es eine so lebendige und reale Darstellung der Mutterschaft war und weil neben der heiligen Maria die menschliche Figur von Johannes steht. »Seine kräftige Knabengestalt macht uns klar, dass man die frische Schönheit eines Kindes besitzen muss, um die Opfer bringen zu können, die von einem Wegbereiter wie ihm gefragt werden«, so Montessori.[136]

Der präraffaelitischen, dramatisch aufgeladenen Sinnlichkeit des ersten Fotos steht also Raffaels erhabene Darstellung von Mutter und Kind gegenüber, in der man ohne allzu viel Mühe die Szene mit der römischen Bettlerin und ihrem Kind erkennt. Wollte Maria mit ihrer feierlichen Verabschiedung von ihrer Vergangenheit als Ärztin zeigen, dass ihre wilde Zeit vorüber war und damit auch die sexuelle Sklaverei, in der Männer Frauen ihrer Meinung nach gefangen hielten? Indem sie sich in ihrer Arbeit in eine Reihe mit ihren Meistern Itard und Séguin stellte, präsentierte sie sich in jedem Fall als Meisterin, als eine Frau auf einsamer Höhe, die nicht länger im Schatten der Männer arbeitete. Die einzige Frau, die in der Theosophie das Prädikat »Meister« erhielt, ist die heilige Magd Maria. Es kann dann auch fast nicht anders sein, als dass ihre auf Raffaels Gemälde dargestellte Namensvetterin eine der Frauen gewesen ist, die Montessori (geboren im Zeichen der Jungfrau) bei ihrer Transformation zur Meisterin zum Vorbild gedient haben.

Anders als für Männer gab es für Frauen, die ein heldenhaftes, grenzüberschreitendes Leben führen wollten, nicht viele weibliche Helden, die ihnen als Vorbild zur Verfügung standen. Von den dünn gesäten Modellen war die heilige Maria vielleicht noch das wichtigste. Dieser komplexen Frauenfigur, beispielhaft wie keine andere, wurden im Laufe der Zeit unterschiedliche Bedeutungen zuerkannt. Passivität und sexuelle Unschuld haben ab der zweiten Hälfte des 19.Jahrhunderts mehr Gewicht als Tatkraft, Kampfeslust und Unabhängigkeit erlangt. So ist eine Abbildung von Maria in Waffenrüstung, die im Mittelalter noch vorkam, im 19. Jahrhundert undenkbar geworden. Dennoch ist es auch Marias Martialität, die Montessori interessiert zu haben scheint. Es ist zumindest auffallend, dass sie in den Jahren, die der Erfindung ihrer Methode vorausgingen, eine kampfeslustige Jungfernschaft verteidigte, die eine andere Art Reinheit verkörperte als sexuelle »Reinheit«. Diese Reinheit wurde in der Regel als Selbstzweck gesehen, etwas, das Montessori in scharfen Worten verurteilte. Ihr ging es um eine Reinheit, die bedeutete, dass man in Bezug auf andere unabhängig war und dadurch für eine Mission zur Verfügung stand, die der ganzen Gesellschaft zugute kam.

Wenn wir mit dieser Art von Äußerungen Montessoris im Hinterkopf noch einmal ihrer Beschreibung des Gemäldes von Raffael lauschen, dann passt das Thema der parallelen Leben. In den Fußspuren des Wegbereiters Johannes präsentiert sich Montessori als Wegbereiterin, eine Prophetin, die zwischen der göttlichen und der menschlichen Dimension vermittelt. Und genau wie das Leben des Johannes in der christlichen Tradition die menschliche Version des Lebens Christi ist, so erinnert auch das Leben Maria Montessoris an die menschliche Parallele zum Leben der heiligen Maria. Die zwei Marien sind beides Mütterjungfrauen, die auf wundersame Weise schwanger werden, ohne dass dabei ein Mann, der in beiden Fällen Giuseppe heißt, dazu gebraucht zu werden scheint. Beide Frauen verdanken ihre Außergewöhnlichkeit dann auch nicht einem Mann, sondern einem Kind. Dennoch haben sie auch eine eigene Bedeutung, die in ihrer speziellen Fähigkeit liegt, selbstständig zu sein und Abstand zu ihrem Sohn zu halten, weil ihnen bewusst ist, dass seiner Größe Gewalt angetan wird, wenn sie ihn in Besitz zu nehmen versuchen. Getrieben von ihrer Tatkraft, die in ihrer »frischen Schönheit wie der eines Kindes« zum Ausdruck kommt, schaffen sie die Voraussetzungen für das Wachstum anderer.

Der »Great Clockmaker«

Indem sie Raffaels Gemälde zum Zentrum ihrer Kinderhäuser machte, gab Maria Montessori auch ihrer eigenen Mutterschaft einen positiven Stellenwert. Ein Zentrum muss jedoch ihrer Ansicht nach immer offen bleiben und gibt sich niemals ganz preis. Das gilt auch für sie selbst, dem Zentrum der an ihren Namen gebundenen Methode. Sie *ist* die Methode, aber die Bedeutung der Methode kann doch nicht auf die Person und die Geschichte Maria Montessoris reduziert werden. In dieser Methode sind ihre eigenen Erfahrungen transformiert und in etwas aufgenommen, das größer ist als sie selbst, etwas, das das Schicksal eines jeden bestimmt. Das ist nun kennzeichnend für viele der großen Theorien über den Menschen, die um die Jahrhundertwende herum entstehen. Anders als oft im Hinblick auf die neuen Humanwissenschaften, die Anthropologie oder die Psychologie, behauptet wird, ist der Gegenstand dieser Wissenschaften nicht schlichtweg der andere. Dieser andere umfasste auch das »Selbst« des Wissenschaftlers. So unterschiedlich sie auch sind, ist es doch auffallend, dass die Theorien von Wissenschaftlern wie Lombroso, Freud und Jung alle in bedeutendem Umfang auf Selbstanalysen beruhen. Wie Montessori betrachteten sie ihr eigenes Leben als beispielhaft für das menschliche Leben im Allgemeinen. Geübt im positivistischen Gedanken, dass sie neben sich treten und so das menschliche Leben, einschließlich des eigenen, objektiv wahrnehmen konnten, machten sie ihre eigenen Erfahrungen zum Ausgangspunkt für Szenarien, die sie für jedermann als gültig erachteten. Sie selbst haben also einen mehr oder weniger sichtbaren Platz in ihrer eigenen Theorie; welcher Platz das ist, hängt davon ab, was sie als führende Prinzipien im menschlichen Leben betrachteten.

Marias Platz in ihrer Methode ist der des »Great Clockmaker«. Sie vergleicht Kinder mit einer Uhr; während Lehrkräfte in den alten Unterrichtsmethoden die Zeiger der Uhr bewegten, zeigt ihre Methode den gesamten Mechanismus auf und setzt damit die Maschinerie in Bewegung, eine Bewegung, die nicht länger in Relation zu demjenigen steht, der den Mechanismus aufzieht. Sie setzt allerdings die Dinge nicht nur in Bewegung, sondern tritt auch als Heilerin auf: Über ihre Methode versucht Montessori, den Schmerz der Verlassenheit zu lindern, der mit dem Verstoß aus dem paradiesischen Zustand von vor der Geburt einhergeht. Ihr Entwurf stattet das Kind mit den Mitteln aus, mit denen es zur Unabhängigkeit wachsen kann, ohne dass seiner Seele Gewalt angetan wird. Die Kraft und die Schwäche dieses Entwurfs liegen darin, dass er ein vollkommenes Ganzes bildet, das gleichzeitig geschlossen und offen ist. Es ist offen, weil die Bedingungen für unbegrenztes Wachstum darin begründet liegen. Es ist geschlossen, weil sich die Kinder nur in *dieser* Umgebung entwickeln können und zwar mithilfe einer festgelegten Reihe von Gegenständen, die ein spezifisches, festes Ziel haben.

Montessori war diejenige, die bestimmt hatte, wie die Umgebung und das Material aussehen sollten und wie sich die Leiterin, die nur von ihr trainiert worden war, zu verhalten hatte. Und auch, wenn sie der Ansicht war, sie sei auf der Grundlage dessen, was ihr die spontanen Äußerungen der Kinder offenbarten, zu diesen Entschlüssen gelangt, fällt dennoch auf, dass die Ordnung der Kinderhäuser bestimmte spontane Äußerungen von Kindern ausschloss: nämlich alle Formen des freien Ausdrucks, ob das nun friedliche Formen des Selbstausdrucks oder aggressive Formen waren. Freies Zeichnen und Basteln, Musik machen nach nicht von vorneherein bestimmten Mustern, fantastische Geschichten erzählen oder aufschreiben, Theaterstücke aufführen, die nicht von der Realität handelten, rennen, »unnötig« Lärm machen, brüske Bewegungen, die Lehrmaterialien als Spielzeug benutzen, das waren allesamt Äußerungen, die auf eine disharmonische Entwicklung hinweisen sollten. Beispielhaft ist, was Montessori über die musikalische Bildung schreibt: Diese sollte Kindern Abneigung vor »wilden und hässlichen Geräuschen« einflößen. So sollte die neue Generation ruhig werden und sich von den »Missklängen, die zurzeit das Ohr in einem der abscheulichen Viertel treffen, wo die Armen dicht aufeinander leben, von uns ihrem Schicksal überlassen, so dass sie sich ungehindert den niedrigeren, tierischen Instinkten hingeben«[137]. Der spontane Impuls zu wachsen, inklusive des sexuellen, stand nach Montessori immer im Dienst eines höheren Ziels: des Erwerbs intellektueller und sozialer Fähigkeiten und der Perfektionierung der menschlichen Art.

Montessori hat selbst immer gesagt, dass Kinder, die auf die richtige Weise stimuliert werden, kein Bedürfnis danach haben, Fantasien auszuleben. Auch aggressives Verhalten sollte von allein verschwinden. Wenn Kinder aufständig blieben oder weiterhin in die Fantasie »flüchten« sollten, dann geschah das, weil gute Stimulanzen fehlten. Fantasieren und Streiten waren Zeichen von »Armut«. In ihren Kinderhäusern isolierte man Kinder, die sich aggressiv verhielten, von der Gruppe. Andere Kinder setzten sie auf einen Stuhl und ließen sie allein, als seien sie krank. Schon bald, so erzählt Montessori, erholte sich das nicht handhabbare Kind. Etwas Ähnliches geschah, wenn ein Kind einen Gegenstand für einen anderen Zweck benutzte, als er laut Montessori bestimmt war. Das Kind wurde dann von seinen Gruppengenossen korrigiert.

In Montessoris System hat sich also der Druck vom Erwachsenen auf die *peergroup* verlagert. In ihren Augen war allerdings von einen Selbstregulierungsmechanismus die Rede, der sich spontan manifestierte. Externe Beobachter erzählen eine andere Geschichte. Sie notierten u.a., dass Kinder manchmal doch sehr aggressiv blieben, woraufhin sie für immer aus den Häusern entfernt wurden. Außerdem fiel ihnen auf, und das ist das Wichtigste, dass Montessori den Einfluss unterschätzte, der trotz ihrer Zurückhaltung von ihr selbst ausging. Der »natürliche« Selbstregulierungsmechanismus der Gruppe war dann zweifellos auch der Effekt von Montessoris persönlichen, wenn auch nicht ausgesprochenen Wünschen und Erwartungen. Schon mit dem ersten Satz, den Maria an die Tafel schrieb, als sie den Kindern beibringen wollte, dass Worte die Vehikel von Gedanken und Gefühlen sind, machte sie deutlich, dass sie etwas von ihnen erwartete. »Liebt ihr mich?«, schrieb sie, worauf die Kinder rundheraus »Ja!« riefen.[138] Dass sie auf ein persönliches Band mit den Kindern spekulierte, die sie beobachtete, hat sie immer heftig verneint. So schrieb sie einmal empört, immer dächten alle, sie empfände eine romantische, berauschte Liebe für die Kinder.[139] Nichts stimmte weniger als das, behauptete sie. Sie war nur eine wissenschaftliche Forscherin, die Kinder beobachtete, weil sie ihr eine Wahrheit zeigten, die nur sie noch in reiner Form verkörperten. Solche Äußerungen implizieren, dass es für den Erwachsenen ihrer Zeit in gewissem Sinn zu spät war. Wie Victor hatten sie ihre Fähigkeiten nicht in der dafür »sensiblen« Periode entwickeln können. Der solcherart angesammelte Schaden konnte nie mehr ganz wieder eingeholt werden, schreibt Montessori. Victors Drama, der seine Wildheit nicht auf eine natürliche und relativ schmerzfreie Weise hatte ablegen können, war somit – so könnte man sagen – auch Marias Drama. »Der Geist ist nicht in der Lage, ein Gleichgewicht zu erreichen, weil er sich viel zu sehr an ein Leben ohne Spiritualität gewöhnt hat«, schreibt sie in *Il metodo,* als sie über die »tröstende Kraft des Kummers« spricht, wodurch Menschen auch noch spät in ihrem Leben spirituell erwachen. Weil sie erst spät erwachen, werden sie oft Opfer eines »dramatischen Kampfes zwischen dem Herzen, das stets nach einem sicheren und ruhigen Hafen sucht, und dem Geist, der das Herz immer wieder in das Meer miteinander in Konflikt stehender Ideen und Gefühle mitreißt, wo Friede unbekannt ist«[140].

Wie üblich wissen wir nicht, ob sie in dieser Passage (auch) über sich spricht. Es gibt allerdings einige Anzeichen, die darauf hinweisen, dass auch sie selbst keinen so definitiven Punkt hinter die Vergangenheit setzen konnte, wie die Geste suggeriert, mit der sie am 10.November 1910 dem Arztberuf abschwor. Im Gegensatz zu dem, was sie behauptete, gab sie ihre Anstellungen (und die dazu gehörenden Gehälter) nicht auf. Gegenüber Ausländern bezeichnete sie sich außerdem weiterhin als den »ersten weiblichen Arzt Italiens«. Auch die beiden so verschiedenen Fotos, mit denen sie sich nach ihrem »Tod und ihrer Wiederauferstehung« der Öffentlichkeit präsentierte, erzählen eine Geschichte, die für mehrere Interpretationen offen ist. Leidenschaftliche Wünsche sind darin zwar gezügelt, aber dennoch stark zu spüren. Die unantastbare Gestalt der »erleuchteten Meisterin« ist demnach komplex und sprach möglicherweise dadurch die Fantasie vieler an.

Elixier

Nach der Läuterung, die auf die »schwarze Nacht der Seele« folgt, erobert ein Held in der Regel das so heftig begehrte Lebenselixier von den finsteren Mächten des Bösen. Dann ist der Moment gekommen, um in die Welt der gewöhnlichen Sterblichen zurückzukehren und ihnen das heilsame Elixier zu bringen. Für Montessori war dieser Moment 1910 gekommen. Ihre Methode war nicht nur von einem bunt gemischten Publikum günstig aufgenommen worden, sondern man hatte auch mit dem Training der Montessori-Leiterinnen einen Anfang gemacht, indem man im Herbst 1909 in Città di Castello einen speziellen Kurs organisierte. In der Rede, mit der Montessori diesen ersten Corso del Metodo Montessoriano eröffnete, sprach sie ihre Begeisterung über die neuen, superschnellen Transportmittel aus, die für jene Personen so geeignet waren, die sich nur mit einem Koffer in der Hand an einen anderen Ort zu begeben wünschten. Man brauchte nicht länger einen Trupp Bediensteter mitnehmen; nun konnte jemand mit größter Leichtigkeit allein reisen. Nun, bald schon sollte Maria mit Auto, Zug, Dampfer, Flugzeug und Wasserflugzeug durch die Welt rasen. »Wie ein neuer Columbus, der mit unbekannter Bestimmung losfährt«, so Anna Maccheroni.[141] Wie eine visionäre Frau, die das Publikum mit ihrer durchdringenden Stimme und ihrem Respekt einflößenden Auftreten in Ekstase bringen sollte. Wie ein Handelsreisender, könnte man auch sagen, ausgestattet mit einem Koffer, in dem ein Set Lehrmaterialien und eine Gebrauchsanweisung waren. Wie ein Filmstar, der seine Kunst mithilfe eines großen Schauspieltalents aufführen sollte.

Was auch immer man in ihr sehen will, sicher ist, dass sie nicht lange allein reisen sollte.

Frau von Welt

Kurz vor Weihnachten des Jahres 1912 starb Renilde Montessori-Stoppani nach langjähriger Krankheit. Ihr Tod war ein Schlag für Maria. Anna Maccheroni, die gemeinsam mit einigen anderen Getreuen regelmäßig im Appartement der Montessoris wohnte, beschreibt, wie Maria keinen Moment von der Seite ihrer toten Mutter wich. Renilde war zu Hause aufgebahrt worden, in Schwarz gekleidet, mit Blumen überhäuft. Maria saß neben ihr und starrte mit trockenen Augen vor sich hin. Sie aß und trank nichts und sollte das, trotz des Ansporns seitens ihrer besorgten Anhängerinnen, drei Tage lang nicht tun. Sie blieb so sitzen, bis ihre Mutter in einen Sarg gelegt und weggetragen wurde. Nach einem stundenlangen (katholischen) Gottesdienst brachte man den Sarg zum Friedhof Verano. Dort, in einer der Mauern, in der in Italien für gewöhnlich die Toten begraben werden, schob man den Sarg in ein provisorisches Grab. Maria streckte ihren Kopf in die dunkle, kahle Öffnung und berührte den Sarg zum Abschied mit ihrer Stirn, noch immer ohne eine einzige Träne zu vergießen. »Mit dieser Geste ließ sie uns jedoch etwas spüren, das stärker war als der Schmerz, der uns zum Weinen bringt«, so Maccheroni.[142]

Renilde starb, als Maria und die Ihren gerade mit den Vorbereitungen für den ersten internationalen Trainingskurs für angehende Montessori-Leiterinnen beschäftigt waren, der im Januar 1913 stattfinden sollte. Der Kurs begann auch zum geplanten Zeitpunkt, trotz der Schneeschicht, die Rom ausnahmsweise bedeckte, und der Trauer, in die Maria versunken war. Das zeigt nicht nur, wie wichtig es für Maria war, über einen solchen Kurs ihren Einfluss weit über Italiens Grenzen auszudehnen, sondern ist auch ein Beweis für das besondere Gefühl, das sie mit Renilde verband. Für sie war Renilde die Große Mutter[143] der Methode. Ihrer Mutter Ehre zu erweisen war mit ein Grund, weswegen Maria alles daran setzte, den so wichtigen Kurs nach Plan ablaufen zu lassen. Obwohl Renilde tot war, war sie dennoch sehr präsent: Alle 87 Teilnehmerinnen empfingen bei ihrer Ankunft in Rom aus den Händen einer Maria in Trauerkleidung ein Kärtchen mit dem Porträt ihrer Mutter.

Schon zu der Zeit, als Maria noch ein kleines Mädchen war, hatte Renilde in Gedanken eine große Zukunft für sie bereitgehalten. Sie spornte ihre Tochter an, trotz aller Schwierigkeiten durchzuhalten und – anders, als sie selbst es getan hatte – ihre Außergewöhnlichkeit nach außen, auf die Welt zu richten. Marias Entscheidung für den Arztberuf sorgte für eine erste Entfremdung zwischen Mutter und Tochter. Diese Entfremdung artete als Folge von Marias Verhältnis mit Montesano und der Geburt Marios in eine Krise aus. Was in der Zeit auch geschehen sein mag, es ist jedenfalls klar, dass Maria nicht mit ihrer Mutter (und ihrem Vater) brach. Damit unterschied sie sich von jemandem wie Sibilla Aleramo. Mit ihrem Entschluss, Mann und Sohn zu verlassen, brach Sibilla auch den Kontakt zu ihren anderen Familienmitgliedern ab. Es ist genau dieses Abstandnehmen von Haus, Herd und Familie, um sich selbst »auf egoistische Weise zu realisieren«, worauf Sibilla zielt, wenn sie über die »tragische Autonomie«[144] von Frauen wie sich spricht.

Maria schlug einen anderen Weg ein, einen, der vermutlich nicht weniger tragisch war als der Weg, den Frauen wie Sibilla (die übrigens sehr wohl etliche Geliebte in ihrem Leben zuließ) für sich anlegten. Maria verließ ihr Elternhaus nicht, sondern sorgte für ihren Vater und ihre kranke Mutter. An welcher Art Krankheit ihre Mutter litt, ist nicht bekannt. Aus einem Brief, den ein Freund der Familie im Dezember 1899 an Minister Baccelli schrieb, um Maria für eine Stelle an der Hochschule für Frauen zu empfehlen, wird deutlich, dass Renilde schon damals krank war und »ständige Pflege« brauchte. Da Alessandro mit seinen 68 Jahren allmählich alt wurde und er nur über eine kleine Pension verfügte, würde ein zusätzliches Einkommen ein »ernsthaftes Familienproblem lösen«[145], so hieß es in dem Brief. Ob man mit diesem »Familienproblem« auch die Existenz Marios meinte, wissen wir nicht. Wir wissen lediglich, dass Maria zu Hause blieb. Dort, in der familiären Atmospäre, wo sich, wie sie selbst einmal schrieb, »Zwang unter dem Mantel der Liebe abzeichnet«[146], schuf sie ein eigenes »Opus«. Ein Werk, das vielleicht nicht, oder zumindest nicht in dieser Form entstanden wäre, wenn Maria Haus, Herd und Familie verlassen hätte. In diesem Sinn war Renilde tatsächlich die Große Mutter der Methode. Es ist jedoch wahrscheinlich, dass Maria auf etwas anderes zielte, als sie Renilde dieses Prädikat gab: Ihre Mutter war »die erste, wenn nicht einzige Person, die ihre Tochter verstand und ermutigte, als diese ihre viel versprechende Karriere als Doktorin der Medizin aufgab, um sich der geistigen Befreiung von Kindern zu widmen«[147], schrieb Mario viele Jahre später. Renilde war dann auch eine der wenigen, die dem Festakt beiwohnte, bei dem Maria ihrem Beruf als Ärztin abschwor.

Renilde und Maria

Vielleicht war es diese rituell festgelegte Unterstützung von Marias Vorhaben, die Verbreitung ihrer Methode zu ihrem Lebenswerk zu machen, die Renilde in den Augen ihrer Tochter zur Großen Mutter der Methode machte. Diese Unterstützung hatte jedoch einen Preis: die Leugnung Marios und von allem, wofür er stand. Nach dem Verlust ihrer Unschuld im Seziersaal wurde Maria bewusst, dass sie niemals mehr in den Zustand zurückkehren konnte, in dem ihre Mutter sie hatte halten wollen. Anfänglich schien die Einweihung in das Geheimnis von Leben und Tod Marias Dasein eine neue Dimension zu geben, etwas, das sie nicht aufgab, trotz ihres eigenen Zögerns und des Widerstands ihrer Mutter (und ihres Vaters). Noch 1906 hatte sie sich als eine moderne Eva präsentiert, die zur erwachsenen Mutter der Menschheit wurde, indem sie vom Baum der Erkenntnis von Gut und Böse gegessen hatte.

Danach begann sich eine Veränderung abzuzeichnen. Indem sie den »tierischen, niedrigen Instinkt« so weit wie möglich aus ihrem »Design« verbannte, kam sie dem paradiesischen Garten von Eden sehr nah. 1910 scheint es, als wolle Maria mit ihrem Entschluss, die Ausübung ihres Arztberufs einzustellen, zu erkennen geben, dass sie ihr früheres, verlorenes Leben wieder aufnehmen wollte. Von diesem Moment an begann die heilige Maria Evas Platz als symbolische Mutter der Menschheit einzunehmen. Auch wenn es um die Jahrhundertwende öfter vorkam, dass Feministinnen abwechselnd auf Eva und Maria als Große Mutter verwiesen, bedeutet das nicht, dass die beiden Frauengestalten in jeder Hinsicht austauschbar waren. Im Gegensatz zu Maria blieb Eva immer mit dem »finsteren Ursprung der Menschheit« verbunden. Das gilt auch für Maria Montessori: Geläutert durch ihre auch in sexueller Hinsicht schmerzvollen Erfahrungen, konnte sie jedenfalls nicht in den unwissenden, »kindlichen« Status zurückkehren, der in ihren Augen ein so wichtiges Hindernis für die gesellschaftliche Entfaltung von Frauen war.

Nun, es scheint, als würde sich die Große Mutter Renilde zu ihrer Tochter verhalten wie Maria zu Eva. Anna Maccheroni stellte Renilde als »Heilige«[148] hin, eine Bezeichnung, die sie für Maria nie verwendete, egal wie sehr sie sie auch bewunderte. Sie beschreibt, wie Renilde, die sich infolge ihrer Krankheit nicht bewegen konnte und die Tage in ihrem Sessel verbrachte, zuschaute, wie Maria und ihre Anhängerinnen zu Hause mit einer kleinen Gruppe Kinder experimentierten. Sobald ein Problem auftrat, spornte sie die Frauen an, sich durchzusetzen und sich nicht entmutigen zu lassen. Sie ertrug die Ungemach ihres Zustands mit Anmut und Humor. Das Einzige, was in ihren

Augen zählte, so Maccheroni, war das Werk ihrer Tochter. Wenn sie sah, dass alle eifrig beschäftigt waren, hielt sie sich mucksmäuschenstill, so dass die Frauen am Ende des Tages voller Schrecken feststellen mussten, dass Renilde einen ganzen Tag lag nichts zu essen und zu trinken bekommen hatte.

Auch wenn Maria durch ihren Beschluss, dem Arztberuf abzuschwören, in gewissem Sinn zu ihrer Mutter zurückkehrte, konnte sie doch nicht alles auslöschen, was geschehen war. Vielleicht hätte Renilde das gerne gewollt. Die Antwort, die sie einem Maler gab, scheint jedenfalls daraufhin zu deuten, dass Renilde radikalen Abstand von der Tochter nahm, die einmal eine »charmante Ärztin« gewesen war. Der Maler sah ein Foto von Maria und fragte, ob er die dort porträtierte Frau treffen könne, weil er gerne ein Bild von ihr malen würde. »Eh! Eh!«, antwortete Renilde, »die existiert nicht mehr.« »Wie das? Sie existiert nicht mehr?«, reagierte der Künstler verblüfft. Renilde schwieg einen Augenblick und fuhr dann fort, während sie auf ein viel neueres Foto wies: »Sie ist jetzt nicht mehr so, sondern so.«[149]

Das Foto, das dem Maler so gut gefiel, war vermutlich das Foto, das man von Maria angefertigt hatte, als sie gemeinsam mit Montessano die Scuola Ortofrenica leitete. Auf diesem offiziell wirkenden »Staatsfoto« sieht man eine elegant gekleidete und gut frisierte junge Frau, deren Kleid die Rundungen ihres schlanken Körpers akzentuiert. Das Kleid ist aus Spitze gemacht und genauso kokett wie Marias sorgloses und selbstbewusstes Lächeln. Wir sahen bereits, wie sehr sich Maria auf den Fotos in ihren beiden Büchern verändert hat. Die vielen Fotos, die danach von ihr erscheinen, zeigen diese Veränderung noch deutlicher. Die leichte Sorglosigkeit hat einer dunklen Ausstrahlung Platz gemacht. Die erotische Schwingung ist noch immer vorstellbar, aber jetzt verschleiert.

Anderen gegenüber verwarf Maria auch selbst das gefallsüchtige Staatsporträt.[150] Sie erklärte, sie habe dieses Foto nur machen lassen, um ihre Dankbarkeit gegenüber der Schneiderin zu zeigen, die das Kleid angefertigt hatte. Trotz ihrer Einwände

182 *Maria Montessori*

Abb. 12: Das »Staatsporträt« Maria Montessoris

soll die Frau ihr das Kleid als Dank für die kostenlose medizinische Behandlung geschenkt haben, die Maria ihr hatte angedeihen lassen. Hier spricht eine Person, die von ihrer eigenen Vergangenheit radikal Abstand nimmt, einen Abstand, der sich auch in ihrer veränderten äußeren Erscheinung ausdrückte. Dennoch lässt gerade diese veränderte Erscheinung erkennen, dass sie mit der Vergangenheit verbunden blieb.

Einer der auffallendsten Aspekte ihrer Metamorphose war die Einführung der Farbe Schwarz. Während alles, was mit dem Finsteren zu tun hatte, aus ihrem Werk verschwand, war das Dunkle gerade maßgeblich und ständig in ihrer Gestalt vorhanden. Mit Ausnahme der Jahre, die sie in Indien verbrachte, sollte sich Maria für den Rest ihres Lebens fast immer in schwarze Gewänder hüllen. Wann und weshalb sie damit begonnen hatte, gehört zu den Mysterien ihres Lebens. Manche behaupten, dass sie nach dem Bruch mit Montesano damit anfing, sich in Schwarz zu kleiden. Andere schreiben diese Veränderung dem Tod ihrer Mutter zu. In beiden Fällen geht es um Trauer: Trauer um den Verlust eines lieben Menschen, Trauer, die offensichtlich nicht abgelegt werden konnte. Die langen, schwarzen Kleider und Röcke, die im Laufe der Jahre und der spektakulären Veränderungen in der Mode immer altmodischer wirken, scheinen Symbol einer Wunde zu sein, die sich nur äußerst mühsam schloss. Es ist, als würde ihre Kleidung eine schmerzliche Erfahrung dauerhaft festhalten.

Renilde blieb ihrer Tochter auch im Tod nahe. In Träumen ließ sie Maria wissen, was die Zukunft bringen würde. So blieb sie in Marias Leben anwesend »wie ein Eindruck weckendes Vorbild, das sie aus der anderen Welt ermutigte und beschützte«, so Mario.[151] Umgekehrt verließ auch Maria ihre Mutter nicht: Sie erteilte den Auftrag, auf dem Friedhof von Rom eine prachtvolle Grabstätte für sie zu errichten, und deponierte dort »alles, was ihr heilig war«. So legte sie 1916 das erste Exemplar ihres Buches *Autoeducazione* auf den kalten Marmor, unter dem Renilde ruhte. Das Buch blieb dort als ein »Ausdruck von

Marias Seele«[152] liegen, so Mario im Jahre 1929. Man könnte es allerdings auch als eine Trophäe betrachten, einen Beweis für den Erfolg dessen, was Maria offensichtlich auch weiterhin als gemeinsames Unternehmen betrachtete.

Der Sohn

Auch wenn Renildes Tod demnach der Liebe kein Ende bereitete, die, in Marios Worten, »viel größer war als die Liebe, die Mutter und Tochter normalerweise verbindet«[153], so schuf der Tod dennoch die Voraussetzungen für ein anderes Verhältnis zu Mario. Maria hatte ihn all die Jahre hindurch heimlich und vermutlich ohne Wissen ihrer Mutter weiterhin besucht. Ab seinem siebten Lebensjahr blieb er in einem Internat in der Umgebung von Florenz. Gemeinsam mit Donna Maria Maraini, die als eine der wenigen Menschen in Marias Umfeld von Marios Existenz wusste, begab sich Maria ab und zu im Auto nach Florenz, um einen Blick auf ihren Sohn zu erhaschen. Dort, so erzählte Mario sehr viele Jahre später Rita Kramer, erkannte er Maria an einem schönen Frühlingstag im Jahre 1913 als seine Mutter. Während sie aus dem Auto stieg, ging er auf sie zu und sagte: »Ich weiß, dass Sie meine Mutter sind.« Ohne dass Maria ihn davon abhielt, stieg er ins Auto. Gemeinsam fuhren sie nach Rom zurück, um einander nie wieder zu verlassen.[154]

Marios Geschichte von seiner Wiedervereinigung mit Maria ist genauso märchenhaft wie die Geschichten, die Maria über die Begegnungen mit der römischen Bettlerin und dem Kind erzählte, die ihrem Leben eine entscheidende Wendung gaben. Nun war es der Sohn, der seine Mutter traf und der spürte, dass er gerufen wurde. In der (Wieder-)Erkennung der Bande mit Maria lag nicht allein die Wahrheit über seine Herkunft begründet, sondern auch die über seine Zukunft. Es ist frappierend, wie sich Mario bereits wenige Jahre, nachdem er bei Maria eingezogen war, auch in geistiger Hinsicht zu ihrem Sohn machte.

Er spielte sich nicht nur als Wächter und Verkäufer ihres Gedankenguts auf, sondern auch als ihr *alter ego*, als ihr Sprachrohr und Beschützer, eine Rolle, die er niemals wieder aufgeben sollte. So wie Anna Maccheroni von sich selbst immer sagte: »Ich bin nichts«, womit sie meinte, dass sie im Vergleich zu Maria Montessori nur ein ausführendes Instrument war, so sollte auch Mario von sich sagen: »Ich bin weder Pädagoge noch Didaktiker, ich bin eigentlich nichts.«[155] Er war, so schrieb Anna Maccheroni, derjenige, der neben dem »außergewöhnlichen Piloten sitzt, der eine wunderbare Reise macht. Nur dieser kennt den richtigen Weg und wie er zurückgelegt werden muss. Derjenige, der neben dem Piloten sitzt, würde den Weg niemals selbst entdecken oder begehen. Aber weil er neben dem Piloten sitzt, reist er an derselben Route entlang und sieht alles, was ihm begegnet, aus demselben Gesichtspunkt wie der Pilot.«[156]

Auch wenn sich Mario als passives Echo seiner Mutter darstellte, spielt er in der Geschichte über ihre Wiedervereinigung die aktive Rolle und Maria die passive. Er war es, der sich bedingungslos für sie entschied, obwohl sie ihn als Baby verlassen hatte. Er wählte aus eigenem Antrieb, so sieht es aus, nur von ihrem Anblick bewegt, ohne dass er von ihr dazu überredet wurde. Fünfzehn Jahre lang hatte er ihren Einfluss nur auf Abstand erlebt, nun fasste er den Entschluss, sich in ihren direkten Einflussbereich zu begeben.

Wie aktiv, definitiv und exklusiv seine Wahl war, drückte sich in dem Namen aus, unter dem er sich nach seiner Wiedervereinigung mit Maria der Welt zeigte: als Mario M. Montessori. Das M. stand für Montesano, eine Abkürzung, die mit der Zeit auf rätselhafte Weise aus seinen Unterschriften von Briefen verschwinden sollte. Auch in dieser Hinsicht spielte Mario die aktive und Maria die passive Rolle: Während er sich unverhohlen als ein Montessori zu erkennen gab, enthüllte seine Mutter zeit ihres Lebens niemals öffentlich Marios wahre Identität. Auch als immer mehr Menschen erfuhren, wer Mario war, stellte sie ihn weiterhin als ihren Neffen oder ihren adoptierten Sohn vor.

Ein Sohn, der als Einziger ihr Leben wirklich geteilt zu haben scheint und von dem sie hinsichtlich der Lösung vieler Probleme in ihrem immer komplizierter werdenden Leben abhängig wurde.

Die Beziehung Maria–Mario ist die rätselhafteste und paradoxeste in Marias Lebensgeschichte. Einerseits stellt diese Beziehung das tragende Prinzip der Montessori-Methode in Frage, wonach sich ein Kind zu einem unabhängigen Wesen mit eigenen Talenten, Wünschen und Projekten entfalten können soll. Andererseits bewies gerade Mario, dass sich ein Kind selbst erziehen konnte. Er hatte sich immerhin fünfzehn Jahre lang entwickeln können, ohne dass ihm seine Mutter im Weg stand. So besehen illustriert ihre Wiedervereinigung den wundersamen Prozess, der sich während der Stilleübungen vollzog: Aus dem Finsteren rief Maria die Kinder zu sich und sie gehorchten gerne, brennend vor Verlangen, ihre eigenen einzigartigen Wesen in den Dienst von etwas zu stellen, das ebenso undefinierbar wie mächtig war.

Erfolg in Amerika

Nachdem Mario nun in Rom war, wohnte er bei Maria und ihrem Vater. Offensichtlich hatte Alessandro keinen Einwand gegen dieses Arrangement oder er war nicht länger dazu in der Lage, Einwände vorzubringen. Er war inzwischen 81 Jahre alt und gerade Witwer geworden. Sowohl finanziell als auch emotional war er von Maria abhängig, einer Tochter, die seine Sehnsucht nach Ehre und Ruhm in jeder Hinsicht befriedigte.

Marias Ruf reichte mitlerweile bis über die Grenzen Italiens hinaus. Schon vor 1910 hatten Geschichten über »das Wunder von San Lorenzo«, die in Rom lebende Amerikaner erzählten, in den Vereinigten Staaten das Interesse für Marias Experimente geweckt. Vor allem Marias Behauptung, ihre Methode könne Kinder mit unterschiedlichen Hintergründen in kultureller

Hinsicht einander näher bringen, sprach amerikanische Erzieher an. Auf Drängen ihrer amerikanischen Bekannten in Rom schrieb die ursprünglich englischsprachige Alice Franchetti einen Artikel über das Experiment in San Lorenzo, der Ende 1909 in *The London Journal of Education* erschien. Diese Veröffentlichung führte im Dezember desselben Jahres zu einer Serie von Artikeln in der amerikanischen Zeitschrift The *Kindergarten-Primary Magazine*.[157] Einige Lehrerinnen und Pädagogen waren davon so angetan, dass sie sich nach Rom einschifften, um mit eigenen Augen die Kinderhäuser sehen zu können. Dort machte nicht nur Marias Methode auf etliche von ihnen Eindruck, sondern sie verfielen, trotz der Sprachbarriere, auch Maria selbst.

Eine dieser »Bekehrten« war Anne George. Sie arbeitete als Lehrerin an einer angesehenen privaten Grundschule in Chicago und reiste auf gut Glück nach Rom, ohne ein Wort Italienisch zu beherrschen. Nach einer mühsam auf Französisch geführten Konversation mit »la dottoressa« war George für Maria gewonnen. Beeindruckt von Marias »Aufrichtigkeit« und »Einfachheit« kehrte sie mit dem festen Vorsatz, Montessoris Schülerin und Propagandistin zu werden, nach Amerika zurück. Sie lernte Italienisch und vertiefte sich in Montessoris Buch und Lehrmaterialien. Das ein oder andere hatte sie aus Mailand, wo das Montessori-Material von der Società Umanitaria produziert wurde, nach Amerika mitgenommen. Das Ergebnis war, dass sie im Oktober 1911 im Haus eines begüterten Bekannten in Tarrytown, New York, eine Montessori-Klasse mit zwölf Kindern begann, die alle aus der oberen Mittelschicht stammten. Auf dieses erfolgreiche Experiment folgte im Winter 1911–1912 die Veröffentlichung einer Serie lobender, reich mit Fotos der römischen Kinderhäuser illustrierter Artikel im *McClure's Magazine*, einer Zeitschrift, die Samuel S. McClure, einer der bekanntesten Journalisten Amerikas, leitete.[158] Es war vor allem diese Reihe, mit der schon im Frühling 1911 ein Anfang gemacht war, der Montessori eine große Bekanntheit in Amerika und darüber hinaus brachte. Anne George traf Vorbereitungen für eine englische Übersetzung von *Il metodo*, die im April 1912 unter dem Titel *The Montessori Method* erschien. Zu dieser Zeit war Montessori ein solches Phänomen geworden, dass der erste Druck innerhalb von vier Tagen ausverkauft war. Ende 1912 waren 17 410 Exemplare davon verkauft. Diese Verkaufszahlen reichten für einen zweiten Platz auf der Liste der Sachbuchbestseller, womit Montessori bekannte Autoren wie Jane Addams und Henri Bergson hinter sich ließ.[159]

Inzwischen war Maria in Italien damit beschäftigt, eine Struktur zu schaffen, die das Training der Montessori-Leiterinnen im In- und Ausland organisierte. Diese Aktivitäten beanspruchten sie so sehr, dass ihre Arbeit an der Hochschule für Frauen in Rom darunter zu leiden begann. Immer öfter erschien sie nicht zu den Veranstaltungen, eine Entwicklung, die gleich nach dem Erscheinen von *Il metodo* angefangen hatte. Dann erklärte ein Arzt, dass sich Maria infolge einer »intensiven und langwierigen mentalen Anspannung«[160] in einem Zustand der Depression befand und einige Monate lang absolute Ruhe halten musste.

Dass sie sich diese Ruhe wirklich gönnte, ist unwahrscheinlich. Den größten Teil des Jahres 1910 beanspruchten ein achtmonatiger Trainingskurs für Montessori-Leiterinnen und die Experimente in Montessoris Appartement. Das Attest des Arztes mag zwar nicht zur Ruhe geführt haben, aber es lieferte ihr sehr wohl die Genehmigung, ihren Unterricht an der Hochschule für Frauen zeitweilig einzustellen. Das war der Anfang einer kontinuierlichen Flut von Bitten seitens Maria, sie von ihrer Unterrichtsverpflichtung zu befreien. Mal führte sie gesundheitliche Gründe an, dann wieder die Notwendigkeit – im Auftrag des Kultusministers – wissenschaftliche Forschung zu verrichten. Aus einem Briefwechsel[161] zwischen dem Direktor der Hochschule für Frauen und dem Kultusminister wird deutlich, dass Maria ab 1911 bis zu ihrer Entlassung 1917 sage und schreibe eine einzige Veranstaltung abhielt.

Montessori machte es sich zur Gewohnheit, ihre Freistellungsgesuche sehr spät einzureichen und das Zuschicken der gewünschten ärztlichen Atteste hinauszuzögern. Dadurch traf der Minister – der ihr ganz klar unter die Arme griff, indem er ihr Aufträge für (nicht näher erläuterte) wissenschaftliche Untersuchungen erteilte – immer so spät die Entscheidung, Montessori außer der Reihe zu beurlauben, dass nicht mehr rechtzeitig für Ersatz gesorgt werden konnte. Verschiedentlich drohte der Direktor Montessori mit Entlassung wegen nicht gestatteter Versäumnisse der Stunden, aber immer legte ihm der Minister Steine in den Weg, indem dieser im letzten Moment sein Einverständnis für einen weiteren Sonderurlaub gab. Dass der Direktor dadurch im Laufe der Jahre allmählich immer gereizter wurde, ist deutlich aus dem Briefwechsel herauszuhören, ebenso seine wachsende Skepsis über die Glaubwürdigkeit von Montessoris Erklärungen zu ihrem Gesundheitszustand. Das ist verständlich angesichts der vielen Aktivitäten, die sie zwischen 1910 und 1917 entfaltete. Allem Anschein nach verschob sie ab 1910 ihre Prioritäten, was auch aus dem Abschwören des Arztberufs deutlich wird. Dass sie dies tat, ohne ihre Stellen aufzugeben, ist zweifellos ihrem unstillbaren Bedürfnis nach Geld zuzuschreiben, das sie zur Finanzierung ihrer vielzähligen Aktivitäten brauchte. Aktivitäten, die u.a. Geld verschlangen, weil es Maria für notwendig hielt, überall selbst anwesend zu sein. Dadurch musste sie sich häufig über große Abstände hinweg und in teuren Transportmitteln bewegen.

Expansionsdrang

Montessoris Entschluss, Ende 1913 nach Amerika zu reisen, ist eine solche kostspielige Entscheidung. Die Reise war zugleich auch als Investition angelegt. Indem sie selbst nach Amerika ging, hoffte Maria nämlich, das finanzielle Monopol über ihr Unternehmen behalten zu können. Eine wichtige Grundlage für dieses Monopol war Ende 1911 gelegt worden, als mit dem House of Childhood in New York ein Vertrag über die exklusive Herstellung und den Vertrieb von Montessori-Lehrmaterialien für Amerika geschlossen worden war. Doch das beseitigte nicht die Gefahr, dass andere ihren Vorteil aus Montessoris Erkenntnissen ziehen würden, die immer mehr Menschen dank der Publizität ungehindert zur Kenntnis nehmen konnten. Für ihre Lehrmaterialien war es noch möglich, wie bei anderen technischen Erfindungen eine Art von Patent zu beanspruchen, indem man dafür sorgte, dass nur das Material, das in autorisierten Werkstätten produziert wurde, das Gütezeichen »Montessori-Material« erhielt. Viel schwieriger war es, ähnliche Rechte an die Reproduktion ihrer Ideen zu knüpfen. Montessori versuchte, soweit wie möglich alles in eigener Hand zu halten, indem sie Veröffentlichungen autorisierte oder eben nicht und bestimmte, dass nur Lehrer, die sie persönlich trainiert hatte, das Recht besaßen, die Montessori-Methode in der Praxis anzuwenden. In dem Maße, in dem sich ihre Methode weiter über die ganze Welt ausbreitete, gab sie ihr Einverständnis, dass auch Lehrkräfte, die sie angeleitet hatte, andere in ihr Gedankengut einweihen durften. Sie selbst blieb jedoch immer die Quelle, die Urmutter, bei der alles begann und endete.

Die Notwendigkeit, ständig und überall Kontrolle auszuüben, war nicht nur für alle Betroffenen ermüdend, sondern führte auch zu vielen Konflikten. In Amerika begann es bereits 1912 zu brodeln. In diesem Jahr erschien ein Buch von Dorothy Canfield Fisher, *A Montessori mother*.[162] Canfield Fisher war persönlich in Rom gewesen und hatte den Ablauf der Dinge in den Kinderhäusern aus der Nähe beobachtet. In ihrem Buch stellte sie das Gedankengut Marias dem großen Publikum vor, indem sie es mit ihren eigenen Beobachtungen versah, die sie ausdrücklich als die Beobachtungen »einer Mutter« präsentierte. Das erwies sich als Erfolgsrezept. Ihr Buch wurde in viele Sprachen übersetzt und sorgte wie kein anderes für die Popularisierung der Ideen Montessoris unter einem »Laienpublikum«.

Canfields Buch und nicht das von Montessori selbst führte in einer Reihe von Fällen zur Frage nach Übersetzungen von *Il metodo* in andere Sprachen als Englisch. Die Übersetzungen erschienen schnell: Die französische Ausgabe ihres Buchs kam 1912 auf den Markt; die deutsche, polnische und russische Übersetzung 1913; die japanische, rumänische, irische und spanische Ausgabe erblickten 1914 und 1915 das Licht der Welt, während eine niederländische Ausgabe 1916 veröffentlicht wurde. Diese weltweite Verbreitung ihre Methode war für Maria sehr befriedigend, aber sie steigerte auch ihre Angst, dass man ihrem Thema Gewalt antun würde. Ihre Reaktion auf die Veröffentlichung von Canfields Buch ist beispielhaft. Auch wenn dieses Buch offensichtlich von jemandem verfasst worden war, der Montessori und ihr Werk bewunderte, war es dennoch eine eigene Interpretation und das war jetzt genau das Problem. Es ging in Montessoris Augen bei ihrer Methode nämlich um eine »Offenbarung«, die sich dem menschlichen Urteil entzog und so rein wie möglich – was heißen soll durch sie – weitergegeben werden sollte. Sie reagierte dann auch nicht völlig positiv auf Canfields Buch. Auch McClures fortwährende Versuche, ihr Werk zu popularisieren, beobachtete sie mit wachsendem Misstrauen.

Ein Hilfsmittel, das Maria benutzte, um eine »reine« Vermittlung ihres Werkes zu realisieren, war, dass sie Kinder, die sich mithilfe ihrer Methode entwickelten, auf Film festhielt. So konnten Menschen, die nicht selbst nach Rom kommen konnten, doch dasselbe sehen und erfahren wie Besucher der Häuser. Dieses Ziel, das Vermitteln der Empfindung dessen, was William Uricchio *liveness*[163] genannt hat, passt nicht nur zu Marias Auffassung über die Bedeutung des »Auslebens« der Wirklichkeit, sondern auch in die Sicht der Filmemacher dieser Zeit. Das filmische Ziel in den ersten zehn Jahren des 20. Jahrhunderts war weniger die Schaffung von Fiktion, sondern die Vermittlung der Empfindung von »Gleichzeitigkeit«, etwas, was Medienhistoriker im Allgemeinen dem Medium Fernsehen zuschreiben. Seit der Erfindung des Telefons 1876 hatten Wissenschaftler versucht, denselben Effekt mithilfe des Mediums Film zustande zu bringen, nämlich Menschen, die sich nicht am selben Ort befanden, doch dasselbe erfahren zu lassen. Das Telefon überbrückte Zeit und Abstand, indem es die menschliche Stimme übertrug; etwas Ähnliches musste auch möglich sein, indem man Bilder übermittelte, so argumentierte man. Sowohl Bell als auch Edison, die in Bezug auf Erfindungen, die mit der Übertragung von Ton und Bild zu tun hatten, in ein Kopf-an-Kopf-Rennen verwickelt waren, führten ihre Experimente weiterhin mit dem Ziel durch, Gleichzeitigkeit zu bewerkstelligen. Dass es im Film, anders als beim Telefon, beim Radio oder beim späteren Fernsehen, nur um eine Illusion der Gleichzeitigkeit gehen konnte, ist eine Erkenntnis, die sich immer stärker durchsetzte. In der Filmindustrie trat das fiktionale Argument dann auch immer mehr an die Stelle des sinnlichen. Dennoch filmte man bis ungefähr 1920 *non-fiction* auf eine besondere Weise (wobei zum Beispiel versucht wurde, durch minimale Bearbeitung die Kontinuität in Zeit und Raum zu erhalten). Das deutet darauf hin, dass man auch dann noch dem Wunsch des Zuschauers nach Transparenz und Gleichzeitigkeit entsprach.

Bell

Für Montessori stand der Film ganz klar im Dienst des Ziels, im Zuschauer das Gefühl von Transparenz und Gleichzeitigkeit zu wecken. Das erklärt, weshalb Bell und Edison schon bald, noch bevor Montessori selbst in Amerika gewesen war, zu wichtigen Kontakten für sie wurden. Die Welt, in der Bell und Edison ihre Experimente durchführten, war jedoch eine exklusive Männerwelt. Charakteristisch ist zum Beispiel die Bezeichnung *fraternity* für Edison und seine Mitarbeiter. Frauen spielten zwar in ihrem Leben eine Rolle, aber in erster Linie als Ehefrauen und Töchter. Diese führten Montessori in das Milieu der amerikanischen experimentellen Wissenschaftler ein. Kennzeichnend für dieses Milieu war, genau wie in Italien, dass wissenschaftliches Prestige mit ökonomischer, sozialer und politischer Macht einherging. Neben Montessoris Kontakten in der Welt der amerikanischen Pädagogen war ihre Einführung in Kreise von Leuten wie Edison und Bell denn auch in vielerlei Hinsicht für den Erfolg ihrer Unternehmung lebenswichtig.

Die Bekanntschaft mit Bell war am profitabelsten, weil Bell viel aktiver als Edison in der amerikanischen Gesellschaft war. Der schwer hörgeschädigte Edison lebte in einer kleinen Welt und hasste *social events*. Er pflegte seine Taubheit, die er seinen »Pass in das innere Leben«[164] nannte, weil sie ihn auf phänomenale Weise in die Lage versetzte, sich zu konzentrieren. Er war dann auch nicht an der Erfindung eines Hörgeräts interessiert, obwohl Schwerhörige ihn anflehten, ein solches Gerät zu konstruieren.

Bell hatte ebenfalls eine besondere Beziehung zur Taubheit. Die äußerte sich allerdings in unablässigen Versuchen, Hörgeschädigte in die Welt der Hörenden zu integrieren. Von Beginn seines Lebens an interessierte er sich für alles, was mit der menschlichen Stimme zu tun hatte, angeregt durch seinen Vater Melville Bell, den Erfinder der so genannten *visible speech*. Mithilfe dieses Systems, in dem über nur zehn Basissymbole die Phonetik jeder Sprache festgelegt war, konnte man zum Beispiel den »richtigen« Akzent lernen. George Bernard Shaw sollte die *visible speech* als Quelle der Inspiration für sein berühmtes Theaterstück *Pygmalion* nutzen. In dieser Komödie wird Eliza Doolittle von einem einfachen Blumenmädchen zu einer Dame, die als Herzogin durchgehen kann. So wie sein Vater Leuten aus dem Volk die Chance bieten wollte, Teil einer sozial höher stehenden Klasse zu werden, indem er ihnen ihren »volkstümlichen« Akzent abgewöhnte, so wollte Graham Bell Tauben die Gebärdensprache abgewöhnen. Dieses Kommunikationssystem hinderte sie seiner Ansicht nach daran, Teil der »normalen« Welt zu werden. Lippenlesen war für ihn die Methode, mit der

Schwerhörige und Taube vollwertige Mitglieder der Gesellschaft werden konnten.

Bells Frau, Mabel Hubbard, war selbst taub und hatte ihren Mann kennen gelernt, als sie bei ihm Unterricht im Lippenlesen nahm. Weil ihr Vater, Gardiner Hubbard, McClure geholfen hatte, sein *Magazine* zu einer modernen, reich bebilderten und erfolgreichen Zeitschrift zu machen, war Mabel eine gute Bekannte von Samuel McClure. Über ihn kam sie mit Montessori in Kontakt, deren Methode sie u.a. berührt hatte, weil man darin dem Training der Sinnesorgane so viel Aufmerksamkeit widmete. Sie machte ihren Mann auf Montessori aufmerksam. Der sah sofort Möglichkeiten, Montessoris Methode auf den Unterricht an Tauben und Schwerhörigen anzuwenden. Er öffnete die Kolumnen seiner angesehenen *Volta Review* für eine Artikelserie über die Perspektiven, die Montessoris Methode bot.

Gleichzeitig sorgte das Ehepaar Bell dafür, dass Anne George in ihrem Haus in Washington mit einer Montessori-Klasse beginnen konnte, die sich aus Kindern der ihnen so vertrauten *upper ten* von Washington zusammensetzte. Im Laufe des Jahres 1912 wurde deutlich, dass dies ein Erfolg werden würde, was im Frühling 1913 zur Gründung der Montessori Educational Association of America führte. Mabel Bell wurde Präsidentin, und man bat Maria, Ehrenmitglied zu werden. Und da, so schrieb Graham Bell im April 1913, sich sogar eine der Töchter von Präsident Wilson an ihrer Methode interessiert gezeigt hatte, sah die Zukunft rosig aus. Er vertraute dann auch darauf, dass es nicht mehr lange dauern würde, bis sich die Montessori-Methode »mit der großen Unterstützung, die wir ihr geben können, über ganz Amerika verbreiten«[165] würde.

Eine Diva in Amerika

Bell, und mit ihm viele andere, übte auf Montessori Druck aus, die Überfahrt in die Vereinigten Staaten zu wagen. In Rom wohnte der amerikanische Botschafter einer Vorführung von Montessoris Filmen bei und zeigte sich begeistert. Von den Vereinigten Staaten aus gab Edison, der von seiner Tochter Madeleine auf Montessori aufmerksam gemacht worden war, sein Interesse zu erkennen. Er war schon jahrelang mit der Produktion von Kurzfilmen zu edukativen Zwecken beschäftigt und wollte Montessori gerne sein Educational Moving Pictures Laboratory in West Orange zeigen. All diese Anreize, gepaart mit Montessoris wachsender Unruhe über die Art und Weise, wie man in den Vereinigten Staaten mit ihrem Gedankengut umging, führten dazu, dass sie schließlich McClures Einladung zu einer amerikanischen Tournee Folge leistete. Man verabredete, dass Montessori an verschiedenen Orten Lesungen über ihre Methode halten sollte und dass diese mithilfe ihrer Filme visualisiert werden sollten.

Montessoris Amerikatournee wurde jedoch nicht nur zu einer Angelegenheit, bei der ein begeistertes Publikum mit eigenen Augen das »Wunder von San Lorenzo« sehen konnte, sondern war auch an sich ein kinematographisches Spektakel mit Maria in der Hauptrolle. Nachdem sie sich am 21. November 1913 in Neapel auf dem Ozeandampfer Cincinnati eingeschifft hatte, lief sie am 3. Dezember im Hafen des winterlichen New York ein und landete bei einem Pier in South Brooklyn. Endlich würde sie den Fuß auf das Land setzen, das 1848 für ihr großes Vorbild Séguin zum neuen Vaterland geworden war. Dort, in New York, hatte Séguin ein Institut für Schwachsinnige gegründet, das noch immer existierte, das Montessori aber merkwürdigerweise nicht besuchen sollte. Viele Italiener vor ihr hatten von Amerika als dem Land geträumt, in dem sie glaubten Chancen zu erhalten, die ihnen in Italien nicht offen standen. Unter ihnen waren auch Wissenschaftler aus der experimentellen Tradition wie Antonio Meucci. Diesem Freund Garibaldis war es während eines Aufenthalts auf Staten Island gelungen, und zwar noch bevor Bell sein Telefon erfunden hatte, Stimmen über Metallleiter zu übertragen. Er focht Bells Patent auf das Telefon an (gemeinsam mit mindestens sechshundert anderen), ein Akt, der ihm nur den Hohn von Bells Biographin Catherine MacKenzie einbrachte.[166]

Hohn wurde Maria Montessori nicht zuteil. »Telefon, Telegraf und schnelle Übersetzungen haben die Welt mit Maria Montessori in Kontakt gebracht«, schrieb eine ihrer Schülerinnen, die in Rom an einem Trainingskurs teilgenommen hatte. Marias Kommen war dann auch, dank der vielen Kontakte McClures in der Welt des Journalismus, in der Presse breit angekündigt worden, wo sie als »die interessanteste Frau Europas« beschrieben wurde, »eine Frau, die dem Idioten und dem Schwachsinnigen Lesen und Schreiben beibrachte – eine Frau, deren Erfolg so fabelhaft ist, dass sich die Montessori-Methode vom einen ins nächste Land verbreitet hat, so weit östlich wie China und Korea, so weit westlich wie Honolulu und so weit südlich wie Argentinien.«[167] Daher ist es auch nicht verwunderlich, dass eine große Menge, darunter auch offizielle Vertreter der italienischen Gemeinschaft in Amerika, am Kai stand, um Maria zu begrüßen. Von Kopf bis Fuß in schwarzen Pelz gehüllt, der ihre imponierende Gestalt noch gewichtiger machte, schritt sie langsam den Laufsteg hinunter, gefolgt von einem Bediensteten, der einen beeindruckenden Stapel Filmrollen trug. Kameras blitzten auf und ein Journalist nach dem anderen feuerte seine Fragen auf sie ab. Weil sie Englisch weder sprechen noch verstehen konnte, wurde sie sofort von McClure, Anne George und Frauen umringt, die einen ihrer Kurse in Rom besucht hatten und die jetzt als Dolmetscher auftreten konnten. Eine von ihnen war Adelia McAlpin Pyle, Tochter eines Millionärs, die mit der Familie Rockefellers verwandt war. Sie sollte einige Jahre lang Marias feste Dolmetscherin, Übersetzerin und intime Freundin werden, die Marias hektisches Leben teilte. Da sie in diesem Moment noch nicht zum *inner circle* gehörte, bekam Adelia keine Erlaubnis, Montessori im Holland House, einem der elegantesten Hotels in New York, zu besuchen. Bepackt mit etlichen Hutschachteln wusste sie sich jedoch Zugang zum Hotel zu verschaffen und sich als Hutmacherin auszugeben, die von Montessori bestellt worden war.

Diese und ähnliche Szenen zeigen, dass Maria in Amerika wie ein Star empfangen wurde. Durch ihre Erfahrungen in Italien hatte sie sich an den spektakulären Effekt gewöhnt, den ihr persönliches Auftreten haben konnte, aber nun bekam sie es mit einem Publikum zu tun, das sie öffentlich und in Massen wie eine Heldin feierte. Anfänglich reagierte sie verdutzt auf für sie fremde Gewohnheiten wie Händeschütteln, aber schon bald passte sie sich an und genoss alle Lobpreisungen und die Aufmerksamkeit. Weil McClure dafür gesorgt hatte, dass ihre Lesungen und Filmvorführungen vielfach in großen Theatersälen stattfanden, konnte Montessori ihr theatralisches Talent voll ausleben. Nachdem sie in Washington einen großen Erfolg mit einem Auftritt im Freimaurertempel verbucht hatte, folgte der Höhepunkt ihrer Amerikareise: ihr Auftritt auf der Bühne einer brechend vollen Carnegie Hall in New York. Als der Philosoph und Unterrichtserneuerer John Dewey, Hochschullehrer an der Columbia University, Montessori als »größte Pädagogin der Geschichte« vorgestellt hatte, sprach sie über zwei Stunden lang zu einem aufmerksamen Publikum, das ihre Ausführungen regelmäßig mit Beifall unterbrach. Neben ihr stand Anne George, die Montessoris melodiöses Italienisch Satz für Satz übersetzte. Das wurde zur festen Einrichtung für Montessoris Auftritte in angelsächsischen Ländern: Unterstützt durch die bescheidene, aber unentbehrliche Gestalt eines in den meisten Fällen weiblichen Dolmetschers brachte Montessori einen Kontakt mit ihrem Publikum zustande, der gerade durch diesen indirekten Charakter eine besondere Intensität erfuhr. Sie konnte schlecht delegieren und musste sich trotzdem den Dolmetschern ausliefern und darauf vertrauen, dass diese ihre Gedanken »ohne Verunreinigungen« weitergaben. Obwohl sie dieses Sichausliefern viel Mühe kostete, befreite sie sich dennoch nicht aus dem Bann der Dolmetscher, indem sie Englisch lernte. Im Laufe der Zeit verstand sie die Sprache zwar immer besser, gebrauchte sie aber nichtsdestotrotz nie, wenn sie in der Öffentlichkeit sprach.

Weil es wahrscheinlich ist, dass Montessori, wenn sie das gewollt hätte, sich die englische Sprache hätte aneignen können (sie beherrschte Französisch und lernte auch Spanisch), ist ihre Auslieferung an die Übersetzer nicht schlichtweg als unfreiwillig zu bezeichnen. Gerade durch diese eigenartige Inszenierung der Beziehung zwischen Montessori und ihren Übersetzerinnen, wobei nicht ohne weiteres deutlich ist, wer in wessen Bann steht, bekam ihr Auftritt die Spannung, die für einen erotisierenden und elektrifizierenden Effekt sorgte und die ihr Charisma voll zur Geltung brachte. So wie ihr Einfluss in der Zeit, als Mario sie noch nicht als seine Mutter erkannt hatte, umso wirkungsvoller gewesen zu sein scheint, weil er nur indirekt spürbar war, so hatte ihre zurückgezogene und zugleich prominente Anwesenheit auf der Bühne eine besondere Auswirkung auf ihre Übersetzerinnen. Sie selbst glaubte, dass ihre Übersetzerinnen ihre Gedanken auf telepathischem Weg auffingen, so dass sie instinktiv wussten, wie sie diese rein übermitteln konnten. Über diese passiv-aktiven »Medien« brachte Montessori ein Verhältnis mit dem Publikum zustande, das intensiv, symbiotisch und zugleich distanziert war. Wenn es ihr nicht glückte, einen solchen besonderen Kontakt zu ihrem Publikum herzustellen, konnte sie nicht gut in der Öffentlichkeit sprechen. Wenn es ihr jedoch gelang, das Publikum auf ihre Art zu rühren, und sie sah, wie sich die Gesichter im Saal veränderten, dann fühlte sie etwas, das ihrer Meinung nach nur mit der »intensiven Freude von jemandem, der entdeckt, dass er geliebt wird«[168], zu vergleichen war.

Überwältigung und Hingabe

Die Barriere, die die gesprochene Sprache zwischen Montessori und dem amerikanischen Publikum hätte aufwerfen können, wurde also dank ihrer kommunikativen Gaben, in denen andere Codes als verbale dominierten, niedergerissen. Vielleicht erklärt das, weshalb Montessoris amerikanische Reise so sehr im Zeichen dieser anderen Codes stand. Bezeichnend ist Montessoris Bekanntschaft mit Edison, der sie nicht nur in West Orange in seinen Laboratorien und Filmstudios herumführte, sondern sie auch zu Hause zu einem Abendessen empfing. Schon bei den Führungen war deutlich geworden, wie stark auch Edison von Dolmetschern abhängig war. Taub, wie er war, konnte er Besuchern seine Maschinen und Ideen nur mittels visueller Vorführungen erklären und dadurch, dass er seine Mitarbeiter bat, als sein Sprachrohr zu fungieren. Wie Montessori fand auch Edison es sehr schwierig, seinen »Übersetzern« zu vertrauen. Er versuchte, so gut wie möglich die Kontrolle darüber zu behalten, wie seine Erfindungen nach außen gelangten. So beurteilte er höchstpersönlich das Probespiel von Pianisten, die ihre Kunst auf seinem Phonographen festhalten lassen wollten. Das machte er, indem er seine Zähne in den Flügel grub, um die Vibrationen der Musik in seinen Schädelknochen mitschwingen zu fühlen. Seine Frau und seine Kinder waren an diesen seltsamen Anblick gewöhnt, aber Maria hatte es, als sie bei der Familie Edison am Tisch saß, so berührt, dass sie sich einen Augenblick entschuldigen musste, um ihre Rührung zu verbergen. In eine Ecke des Zimmers zurückgezogen, weinte sie in ihr Taschentuch.

Edisons Biographen Neil Baldwin zufolge hielt Maria Edison für pathetisch.[169] Weil Maria jedoch fast nie in Gesellschaft Fremder weinte, muss sie der Anblick Edisons sehr tief berührt haben. Es ist nicht ausgeschlossen, dass sie in ihm etwas von der ambivalenten Haltung gegenüber der Außenwelt erkannte, die auch für die ihre charakteristisch war. Einerseits sehnten sowohl sie als auch Edison sich nach Zeichen von Anerkennung und Kontakt, andererseits war die öffentliche Aufmerksamkeit schon bald zu überwältigend, und sie zogen sich in ihre kleine Welt zurück, beschützt von Familienmitgliedern und engen Mitarbeitern, die als Wächter und Vermittler dienten. Wenn man sich anschaut, wie sich Maria als Frau von Welt aufrecht hielt, kommt einem unwillkürlich ihre Äußerung über besonders sensible Kinder und intelligente Kinder in den Sinn. Die würden äußere Reize zu sehr absorbieren und dadurch ihren eigenen Kurs zu verlieren drohen. Ihre Talente treiben sie in die Welt, aber diese Welt ist gefährlich, besonders für sie.

Sowohl Begegnungen mit Genies wie Edison als auch Begegnungen mit Tauben und Blinden berührten eines der Kernthemen aus Montessoris Leben: das Thema des Wunderkindes, das »abnormale« Kind, das Kind, das sich danach sehnte, die Grenzen einer Welt zu überschreiten, in der für seine Besonderheit kein Platz ist. Wenn so ein Kind aus dem Kerker eines begrenzten Lebens befreit wird, geht gerade dieses Kind das Risiko ein, überwältigt zu werden und seine Eigenheit, seine Besonderheit zu verlieren. Edison stand Bell gegenüber, ein Mann, der keine Ambivalenzen kannte, wenn es um die Befreiung von Menschen ging, die aus dem einen oder anderen Grund anders waren als andere. Selbst verliebt in seine taube Schülerin und spätere Ehefrau Mabel Huggard, ähnelte Bell wie ein Ei dem anderen Higgins, dem »Retter« des Blumenmädchens Eliza Doolittle aus Shaws Theaterstück *Pygmalion*. Er war es jedenfalls, der Mabel beibrachte, über eine Sprache zu kommunizieren, die nicht aus der Welt der Tauben stammte, die Gebärdensprache, sondern die auf die Sprache der Hörenden zugeschnitten war: das Lippenlesen. Damit stillte er nicht nur seine eigene Sehnsucht, in Mabels stille Welt vorzudringen, sondern auch die Mabels, Teil der Welt der Hörenden auszumachen. Weil Mabel die »Abweichende« war und dadurch das schwächste Glied, barg ihre Befreiung, ob sie und ihr Mann das nun wollten oder nicht, das Risiko, dass sie zur Kreation, dem Pygmalion ihres Geliebten wurde.

Diese besondere Spannung zwischen Selbsterfüllung und Selbstaufopferung, Überwältigung und Hingabe, die so typisch für das Verhältnis zwischen den Bells war, ist vermutlich einer der Gründe gewesen, weshalb Mabel von Montessoris Methode so angetan war. Montessori ihrerseits war von dem bewegt, was Mabel zustande gebracht hatte. In Washington besuchte Maria die Schule, die Mabel zu gründen geholfen hatte, und beobachtete die Kinder, während sie am Werk waren. Bei dieser Gelegenheit beeindruckte sie die Art und Weise, mit der es der tauben Mabel gelungen war, ihre Methode wortlos in die Praxis umzusetzen, ohne dass sie selbst, die Meisterin, eine aktive Rolle in Mabels Training gespielt hatte.

Am meisten war Montessori allerdings von der Begegnung mit einer Frau berührt, die zu Amerikas bekanntesten lebenden Heldinnen zählte: die taube und blinde Helen Keller. Diese Begegnung, die dazu führen sollte, dass Montessori ein späteres Buch, *Doctor Maria Montessori's own Handbook*, Helen Keller widmete, fand in Philadelphia statt, in Anwesenheit von »Teacher«, wie Helen ihre Begleiterin Annie Sullivan immer nannte. Durch Annies Zutun hatte sich Helen einst von einem wild um sich tretenden, widerspenstigen Kind in ein diszipliniertes, liebes Mädchen verwandelt, das mithilfe der Brailleschrift las und schrieb und das mit den Menschen um sich herum über ihre sensiblen Hände kommunizierte. Die 1880 geborene Helen war infolge einer Virusinfektion taub und blind geworden, als sie eineinhalb Jahre alt war. Auf Anraten Bells wandten sich ihre verzweifelten Eltern 1887 an die damals 21-jährige Annie Sullivan, die als Lehrerin an einem Institut für Taube arbeitete. Annie hatte selbst eine Jugend hinter sich, die im Zeichen von Gewalt, Armut, Verwahrlosung, Krankheit und Tod stand. Allein auf der Welt, hübsch, talentiert und sich nach bedingungsloser Liebe sehnend, fand sie in Helen jemanden, der sie, im Gegensatz zu ihren Eltern und ihrem Lieblingsbruder, nie verlassen würde. Annie wurde Helens Tor zur Welt; Helen existierte über Annies Finger, die mithilfe eines manuellen Alphabets alles in Helens Hand buchstabierte, was diese ihrer Meinung nach brauchte, um die Welt kennen zu lernen. Sie betrachtete Annie als diejenige, die ihre Seele aus dem Grab befreit hatte, in dem sie seit ihrer Erkrankung eingeschlossen war. Der Tag, an dem es Annie zum erstenmal gelang, der siebenjährigen Helen deutlich zu machen, dass das in ihre Hand buchstabierte Wort »Wasser« als Bezeichnung für das Wasser diente, das aus einer Pumpe über ihre Hand strömte, war für Helen dann auch »der Geburtstag ihrer Seele«.[170]

Als Montessori Annie und Helen begegnete, war Helen inzwischen weltberühmt. Sie hatte einige Bücher geschrieben, in denen sie der sehenden und hörenden Welt deutlich zu machen versuchte, wie eine visuell und auditiv behinderte Frau wie sie die Welt erfuhr. Sie reiste auch über Stadt und Land, um sich für die Emanzipation von Blinden und Tauben einzusetzen, wobei sie u.a. den weltweiten Einsatz der Brailleschrift erreichte. Sie hatte sich zum Ziel gesetzt, der Öffentlichkeit zu zeigen, dass eine Frau wie sie kein gefährliches Wesen war, auf dem ein finsterer Fluch ruhte, wie man damals oft von Blinden dachte, sondern ein normaler Mensch. Ihre eigene strahlende, liebreizende Erscheinung war während ihrer Auftritte der überzeugendste Beweis dafür, dass jemand, der taub und blind war, normal funktionieren konnte. Von Kellers 1903 beziehungsweise 1908 veröffentlichten Büchern *The Story of my Life* und *The World I live in* waren viele Übersetzungen erschienen; die Neuigkeit über das Phänomen Helen Keller muss dann auch über diese Werke zu Maria gelangt sein. Sie ließ Helen jedenfalls bei ihrer Begegnung wissen, dass sie schon lange von ihrer erstaunlichen Existenz wusste. Umgekehrt hatte auch Helen Montessoris Werk kennen gelernt. Sie war darüber so begeistert, dass sie Maria über Annies Hand verdeutlichte, dass sie sich selbst als Montessori-Kind[171] betrachtete.

Auch wenn es verständlich ist, dass Helen in Montessoris Methode vieles der Arbeitsweise Annies wiedererkannte, die diese angewendet hatte, um sie, Helen, zu entwickeln, verkörpert doch das Paar Annie–Helen die Art Beziehung, von der Montessori gerade versucht hatte, Abstand zu nehmen. Annie war wie Itard, mit dem Unterschied, dass sie Erfolg hatte, wo er einen Fehlschlag erlitt. Wie es Itard mit Victor getan hatte, zog Annie Helen nicht nur mit sanfter Hand auf. Sie machte auch auf subtile und grausame Weise von Helens Bedürfnis nach Zuneigung Gebrauch, um sie zu den Dingen zu bringen, die sie, Annie, für wichtig hielt, wie beispielsweise das Essen mit Messer und Gabel. Indem sie Helen, wenn sie sich weigerte zu gehorchen, mit auf den Rücken gebundenen Händen in eine Ecke setzte, beraubte Annie das Mädchen ihrer einzigen Möglichkeit zur Kommunikation: ihrer Hände. Man kann sich dann auch mit Kellers Biographin Dorothy Herrmann fragen, inwiefern die liebe Sanftheit, mit der Helen die Welt traf, nicht *auch* Ergebnis ihrer Angst war, die Zuneigung Annies zu verlieren.[172]

Montessori hatte sich seinerzeit vom Unterricht an »behinderten« Kindern verabschiedet. Damit hatte sie sich nicht nur dem Risiko entzogen, ihren Schülern Gewalt anzutun, sondern auch der Gefahr, selbst in diesem Fass ohne Boden der sich nach Liebe sehnenden Schüler zu ertrinken. Während sowohl Helen als auch Annie akzeptierten, dass sie gegenseitig aufeinander angewiesen waren, eine Abhängigkeit, die Annie dadurch verstärkte, dass sie das Geheimnis ihrer speziellen Unterrichtsmethode niemals ganz mit anderen teilte, betonte Maria die Gefahren einer solchen Symbiose. Gleichzeitig blieb eine solche Verschmelzung auch reizvoll. Das zeigt sich nicht nur an Marias besonderen Verhältnis zu ihrem Sohn und ihren Schülerinnen, sondern auch an ihrem Interesse und ihrer Bewunderung für »Teacher« und Helen. Maria bemerkte anlässlich ihrer Begegnung mit ihnen, dass »beide Frauen eins waren«.[173] Wenn das nicht so gewesen wäre, hätte Annie Helen nie erreichen und befreien können, so Maria. Dieser Gedanke der mysteriösen Einheit der Seelen bestärkte auch Marias eigenes Bild ihres Verhältnisses zu ihren Schülerinnen (und von diesen zu ihrer Meisterin). Montessori hatte allerdings mehr als eine Schülerin, Schülerinnen, die außerdem in der Lage waren, auf eigenen Füßen zu stehen, während Helen buchstäblich nicht ohne Annie leben konnte. Dass auch Annie ihre Bedeutung von Helen ableitete, erklärt, weshalb ihre Verbindung ein Leben lang, jedenfalls das von Annie, hielt. Diese Beziehung legte jedoch gleichzeitig Annies Ambitionen an die Kette. Weil Annie mit ihrer Unterrichtsmethode keine Schule machte, ist es Helen Keller, die als Heldin in die Geschichte eingegangen ist, und nicht Annie Sullivan. Damit ließ das Schicksal Annie Sullivans, das sich zum Zeitpunkt ihrer Begegnung mit Montessori schon abzuzeichnen begann, die Risiken einer Verschmelzung zwischen »Teacher« und Schüler erkennen.

Dank ihres Charismas konnte Montessori das Schreckgespenst des Schülers, der den Meister qua Bekanntheit auszustechen sucht, vorläufig weit von sich entfernt halten. Doch sollte gerade Amerika ihr in Gestalt von Helen Parkhurst eine Schülerin schenken, die als einzige Montessori-Schülerin ein eigenes Unterrichtssystem, den Daltonplan, entwickelte. Aber so weit war es noch nicht. Jetzt, während dieser ersten amerikanischen Tournee, hatte Maria nur mit den wachsenden Spannungen zwischen sich und McClure zu tun. Dieser verärgerte Maria, weil er über ihren Kopf hinweg Verabredungen für Auftritte zum Zwecke einiger Frauenorganisationen getroffen hatte. Daran war Maria nicht interessiert; sie versäumte sie dann auch, ohne etwas von sich hören zu lassen, was das x-te Zeichen dafür war, dass sie sich inzwischen von der Frauenbewegung distanziert hatte. Nun versuchte sie mittels loser Kontakte zu einflussreichen Damen, zum wissenschaftlichen, finanziellen und politischen Machtzentrum Amerikas vorzudringen. So traf sie über Margaret Wilson deren Vater, Präsident Wilson, und lernte mehrere Hochschullehrer an angesehenen Universitäten wie Princeton und Harvard kennen. Nachdem sie Boston, Providence und einige andere Städte besucht hatte, kehrte sie nach New York und in die Carnegie Hall zurück. Dort war – ausnahmsweise – aufgrund ihres erfolgreichen Auftretens zu einem früheren Zeitpunkt im selben Monat, eine zweite Zusammenkunft organisiert worden, eine *last appearance*, wie auf großen Plakaten angekündigt wurde. Während dieser Sitzung traf sie eine genauso vielköpfige und begeisterte Menge an wie beim ersten Mal. Ähnliche Szenen spielten sich bei ihren Besuchen in Pittsburgh und Chicago ab, ihren nächsten Reisezielen. Nach einem letzten, ruhigen Wochenende als Gast im Haus des Millionärs Kellog legte sie schließlich am 24. Dezember in New York an Bord der Lusitana ab. Über London und Paris reiste sie nach Rom. Dort schloss sie Mario am 4. Januar 1914 wieder in die Arme.

Europäisches Intermezzo

Binnen anderthalb Jahren, im April 1915, sollte Maria wieder nach Amerika abreisen, diesmal in Gesellschaft Marios. In der dazwischenliegenden Periode zeigte sich, wie sehr der Erfolg ihrer ersten Amerikareise dazu beitrug, ihren Namen und ihre Methode in der restlichen Welt zu verbreiten. Die Artikel, die in McClures *Magazine* gestanden hatten, wurden übersetzt und fanden ihren Weg u.a. in die Niederlande. Dort weckte besonders die Beschreibung der Stilleübungen Erstaunen. Jedenfalls, »wenn man bedenkt, dass die Kinder dieser Schulen zu der Nation in Europa gehören, die das Lärmen am meisten liebt, ist der Erfolg dieses Spiels ein größerer Erfolg als das Lesen und Schreiben«[174], so bemerkte man in der Zeitschrift *Het Kind*. Angeregt durch die Transformation der römischen Arbeiterkinder entstanden in mehreren Ländern Montessori-Klassen, Montessori-Vereinigungen und Montessori-Schulen. Mithilfe Marios und ihrer treuen Anhängerinnen organisierte Maria sowohl innerhalb als auch außerhalb Italiens Trainingskurse für Lehrkräfte. Außerdem besuchte sie so häufig wie möglich die Länder, die viel versprechende Perspektiven für die Verbreitung ihrer Methode boten.

Zu diesen Ländern zählten die Niederlande. Schon beim ersten internationalen Trainingskurs im Januar 1913 waren unter den überwiegend amerikanischen Teilnehmerinnen auch eine Anzahl niederländischer Frauen gewesen, die nach Kursende begeistert in die Niederlande zurückkehrten und dort mit den ersten Montessori-Klassen zu Hause begannen. Diese Frauen, unter ihnen Caroline Tromp, J. Vosmaer-Werker und Cornelia Philippi-Siewertsz van Reesema, sorgten auch dafür, dass Montessori im Frühjahr 1914 in die Niederlande kam. Dort machte sie am 13. März im Haager Gymnasium ihr Entree, wo sie, nachdem sie von den Schülern der Ligthartschool mit einem Lied begrüßt worden war, einen Vortrag über die »wahre Disziplin« hielt. Lange hatte man ihr und ihrer viel umjubelten Erscheinung sehnsüchtig entgegengefiebert. Und tatsächlich, so wurde in einem Bericht angemerkt, »ist ihre Person in Harmonie mit dem, was man von ihrer Arbeit weiß. Ein geistreiches, intelligentes Gesicht, lebendige Augen und ein gefühlvoller, zärtlicher, großer Mund«[175]. Neben Bewunderung gab es in den Niederlanden allerdings auch schon bald kritische Stimmen. Die betrafen vor allem Montessoris auch in Amerika kritisierte Unterbewertung des freien, künstlerischen Ausdrucks. Daneben hatten niederländische Interessenten Schwierigkeiten mit Montessoris Forderung, man dürfe im Unterricht ausschließlich mit dem von ihr entworfenen Material arbeiten. Frau Vosmaer-Werker sollte in diesem Zusammenhang sogar den Begriff »Montessori-Diktatur« gebrauchen.[176] Auch der Utrechter Pädagogikprofessor Gunning, der 1917 einer der Gründer der niederländischen Montessori-Vereinigung werden sollte, bedauerte, dass der Eindruck geweckt würde, ein kompletter Satz Montessori-Lehrmaterialien sei unentbehrlich. »Der Handel tut das Seine dazu und leider auch Montessori selbst, die genauestens darauf achtet, dass ihre Patentrechte respektiert werden.« Schließlich wies man darauf hin, dass Montessori für viele Ideen Anleihen bei anderen gemacht hatte.

Gerade Letzteres machte ihren Erfolg umso rätselhafter.

»Warum«, so fragte sich Gunning, »gelingt Montessori auf einen Schlag, was selbst Fröbel in langen Jahren nicht glücken wollte?«[177] Weshalb eroberte sie, die im Grunde nichts Neues bedachte, sondern auf dem Werk anderer aufbaute, Amerika, als wäre es nichts? Gunnings Frage ist noch immer relevant. Montessoris Originalität liegt nicht in dem Gedanken, dass Kinder sich am besten entfalten, wenn es ihnen freigestellt wird, ihren eigenen spontanen Wünschen und Bedürfnissen zu folgen. Dieser Gedanke findet sich auch schon bei Rousseau, Pestalozzi und Fröbel. Auch ihre Betonung des selbsterzieherischen Effekts von speziell entworfenem didaktischem Material ist nicht neu. Darin wurde sie, wie sie auch selbst sagte, von Itard und Séguin beeinflusst. Die Idee der unpersönlichen, zurückgezogenen Erzieherin oder des Erziehers ist schließlich auch nicht ganz auf Montessoris Konto zu schreiben. Dieses Prinzip entlieh sie dem Positivismus, der sie als Wissenschaftlerin geformt hatte. Dennoch schlug ihre Methode wie eine Bombe ein, eine Bombe, die ganz entschieden den Charakter einer revolutionären neuen Waffe zu haben schien.

In seinen Bemühungen, das Rätsel zu lösen, verweist Gunning auf die »herrliche Geschlossenheit und Durchdachtheit des ganzen Systems«.[178] Diese Vollkommenheit und Montessoris wissenschaftlich fundamentierter Radikalismus machten seiner Meinung nach ihre Methode zu einem solchen Erfolg. Er stellte diesen Radikalismus mit ihrem Geschlecht in Zusammenhang. In einer Argumentation, die völlig im Widerspruch zu der in dieser Zeit häufig geäußerten Unterstellung stand, Frauen seien von Natur aus unberechenbar und launisch, behauptete Gunning, Männer seien unschlüssiger als Frauen: »Die Frau scheint diese eigenartige Befriedigung nicht oder viel seltener zu kennen, die die bloße Erkenntnis so oft dem Mann verschafft, so dass *er dabei stehen bleibt*; bei der Frau drängt die Erkenntnis viel unmittelbarer und vor allem auch viel radikaler zu Taten.« Diese Tatkraft bekam bei Montessori durch ihre Wissenschaftlichkeit besondere Bedeutung. Es war genau diese

Kombination, die sie zu einem Phänomen machte, einen »Schritt nach vorn nach Rousseau, Pestalozzi und Fröbel«. Es war dann auch wahrscheinlich, dass sie als »die Vierte nach den drei Helden« in die Geschichte eingehen sollte, so Gunning.[179]

Auch in den Niederlanden wurde Montessori demnach als eine besondere Frau betrachtet, die andere überflügelte, auch andere Frauen. Das beweist, dass sie genau wie Blavatsky mit Erfolg zwischen den Polen des Männlichen und des Weiblichen lavierte, wobei sie auch innerhalb ihres eigenen Systems eine Sonderposition für sich selbst schuf. In diesem System hatte Montessori ausdrücklich einen Platz für Frauen eingeräumt, indem sie über die Leiterin immer in der weiblichen Form sprach. Das ist auffallend, weil sie in ihren Schriften meist das neutrale »es« benutzte, wodurch es dahingestellt blieb, ob es um Männer oder Frauen ging. Aber auch wenn klar ist, dass die Leiterin jedenfalls in der Theorie eine Frau war (und meistens auch in der Praxis), ist dennoch nicht deutlich, weswegen. Die Leiterin muss, so Montessori in der Ansprache, die sie anlässlich der Eröffnung eines der ersten Kinderhäuser in Rom hielt, ein lebendiges Vorbild einer anderen Art von Leben sein, der moralischen Erhöhung, die auch in Reichweite von Arbeitern lag. Die Leiterin, die nun selbst buchstäblich und im übertragenen Sinn einen Platz im Leben der Arbeiterklasse einnahm, veranschaulichte die moralische Erhöhung. Montessori erklärt nicht, weshalb gerade Frauen ein leuchtendes Vorbild waren, eine »Königin des moralischen Lebens«, wie sie es nannte. Offensichtlich sprach das ihrer Ansicht nach für sich selbst, genau wie für die meisten ihrer Seelenverwandten aus der humanitären Bewegung.

Es verstand sich auch von selbst, dass Montessoris Position nicht auf die einer Leiterin zu reduzieren war. Kinder in den italienischen Kinderhäusern begannen den Tag, indem sie ihre Leiterin *und* »la dottoressa Montessori« begrüßten. Und genau das war und blieb sie: die Frau Doktor[180], wie die Übersetzung von »dottoressa« lautete. Auch wenn sie regelmäßig die Rolle der Leiterin spielte, um Besuchern und Schülern die Wirkung ihrer Methode zu demonstrieren, teilte sie sich selbst doch in erster Linie die Funktion des unpersönlichen Wissenschaftlers zu, der dem Gegensatz zwischen Männlichkeit und Weiblichkeit entsteigt. Sie war der transparente Mittler zwischen der höheren Wahrheit, die sich in »ihren« Kindern manifestierte, und dem Publikum, das ihre Erklärung brauchte, um die Wahrheit verstehen zu können. Genau wie Montessori auf ausländischen Bühnen sowohl die Hauptrolle als auch die der Statistin spielte, leitete sie also auch in ihrem eigenen System ihre Außergewöhnlichkeit aus der besonderen Fähigkeit ab, alles und nichts zu sein.

Californian Dream

Diese unantastbare Position wurde im Sommer 1915 zum ersten Mal durch eine Person ins Wanken gebracht, die eine ebenso starke Persönlichkeit besaß wie Maria Montessori: Helen Parkhurst. Die 1887 in Durand, Wisconsin, geborene Frau war absolut kein unbeschriebenes Blatt, als sie Montessori 1914 in Rom begegnete. Sie war seit 1913 Direktorin des Trainingszentrums für Lehrpersonal an Grundschulen des Central State Teachers College in Stevens Point, Wisconsin, und hatte in den Jahren davor ausführlich mit dem experimentiert, was sie ihren Laboratory Plan nannte. Das wichtigste Merkmal dieses Plans, der 1918 in einer überarbeiteten Form als Daltonplan in die Welt eingehen sollte (genannt nach dem im Staat Massachusetts gelegenen Ort Dalton, der als Erster Parkhursts Plan in einer öffentlichen Schule verwendete), war, dass sich die Schüler je nach ihren Bedürfnissen von einem *subject laboratory* zum anderen bewegen konnten. Dort konnten sie in freier Interaktion miteinander und mit den Lehrern und Lehrerinnen Wissen auf Grundlage eines ihren individuellen Bedürfnissen und Talenten angepassten Programms erwerben. Genau wie im Montessori-

System war auch hier das Ziel, den Schüler sowohl unabhängig zu machen, als auch für seine oder ihre Verantwortung in Bezug auf andere zu sensibilisieren. Während die Person der Leiterin im Montessori-System eine zentrale Bedeutung als Vermittlerin zwischen Material, Umgebung und Kind hat, ist im Daltonplan die speziell eingerichtete Umgebung wichtiger.

Parkhurst, die 1907 ein Bachelor's Diplom in Soziologie erwarb, hatte schon 1904 mit ihren unterrichtswissenschaftlichen Experimenten begonnen. Eingestellt, um in einem einzigen Unterrichtsraum vierzig Bauernjungen aller Altersgruppen zu unterrichten, löste sie die aus diesen schwierigen Umständen entstehenden Probleme, indem sie jede Ecke des Klassenzimmers für einen anderen Zweck nutzte. Sie brachte auch die älteren Jungen dazu, den Jüngeren zu helfen, wenn sie selbst mit anderen Schülern beschäftigt war. Als sie 1914 vom Wisconsin State Departement of Education nach Rom gesandt wurde, um bei Sergi Anthropologie zu studieren und Informationen über die Montessori-Methode einzuholen, hatte Parkhurst also schon die notwendigen Ideen und Pläne entwickelt. Pläne, die u.a. beinhalteten, dass sie eine eigene Schule gründen wollte, um ihre Theorie systematisch in die Praxis umzusetzten. Es ist demnach keineswegs so, wie man auf Grundlage der Literatur über Montessori denken könnte, dass Parkhursts Daltonplan Resultat einer kurzen Zusammenarbeit mit Montessori wäre. Man könnte genauso gut behaupten, dass Parkhursts selbstständige Entwicklung durch das, was eine heftige Verliebtheit gewesen zu sein scheint, gestört worden ist.

Auch wenn die 27-jährige Parkhurst die 43-jährige Montessori »so alt wie Gott«[181] fand, verliebte sie sich völlig in sie und wich nicht mehr von Marias Seite. Als sie wieder in Wisconsin war, verlängerte sie ihren Urlaub und reiste im Frühjahr 1915 nach San Diego und Los Angeles, wo sie sich Maria anschloss, die seit April in Kalifornien weilte. Die Kontakte mit McClure verliefen inzwischen so mühsam, dass er während Marias zweiter Amerikareise keine Rolle mehr spielte. Sie kam dann auch ziemlich unbemerkt in New York an und reiste nahezu sofort nach San Francisco weiter. Dort wurde sie von der National Education Association begrüßt, die sie gebeten hatte, von August bis einschließlich November ihre Methode auf der großen Panama Pacific International Exposition vorzustellen. Diese Weltausstellung fand von Anfang Februar bis Dezember 1915 anlässlich des Panamakanalbaus in San Francisco statt, der eine neue »Discovery of the Pacific Ocean« ermöglicht hatte. Montessori sollte einen Trainingskurs abhalten und beabsichtigte gleichzeitig, im Haus von Adelia Pyle in Los Angeles ihre Methode auf Kinder mit unterschiedlichen ethnischen Hintergründen anzuwenden.

Im Süden Kaliforniens entstand sofort eine geschlossene Arbeits- und Lebensgemeinschaft, die auch in Rom die sichere Basis gewesen war, von der sich Maria auf die Weltbühne begab. Außer Adelia Pyle und Helen Parkhurst gehörte auch Marias italienische Anhängerin Anna Fedeli zu der kleinen Kommune. Das Auffälligste war die Anwesenheit Marios, der inzwischen zu einem großen, muskulösen, gut aussehenden jungen Mann herangewachsen war. Er war derjenige, der Maria beschwichtigte, wenn Berichte aus der großen Welt eintrafen, die sie beunruhigten. Berichte über ihren Vater, der schon ernsthaft krank war, als sie Italien verließ, und der nun immer schwächer wurde, oder vom Kultusminister, der sie per Telegramm mahnte, nach Italien zurückzukehren und ihren Unterricht an der Hochschule für Frauen wiederaufzunehmen. Als Folge vermutlich eines Tippfehlers scheint Mario in der Antwort an den Minister buchstäblich an Marias Stelle zu treten. Ein mit Mario Montessori unterzeichnetes Telegramm ging mit der schlichten (und nicht auf der Wahrheit beruhenden) Mitteilung zurück: »Ich beabsichtige, den Unterricht an der Hochschule binnen kurzem wiederaufzunehmen.«[182] Auch Mahnungen über fällige Schulden erreichten Maria. Helen Parkhurst erzählte später, wie sie und Adelia die vielen Rechnungen förmlich unter den Teppich kehrten, um Maria ruhig zu halten. Dann schrieben sie ihren eigenen Familien, und baten sie um Geld, woraufhin sie Maria mitteilten, dass alle finanziellen Probleme gelöst seien. Da zog ein Lächeln über das kurz zuvor noch so betrübte Gesicht Marias. Sie setzte einen ihrer auffallenden Hüte auf und sagte: »Lasst uns Parfüm auflegen und nach Catalina gehen.«[183] Und die ganze Gesellschaft begab sich auf die kleine, vor der Küste von Los Angeles gelegene Insel Santa Catalina, wo man eine herrliche Mahlzeit zu sich nahm, die Adelia und Helen bezahlten. Gegen Abend kehrten sie in einem Boot mit gläsernem Boden zurück, das Aussicht auf die farbenfrohen Fische im Pazifik bot.

Im August 1915 waren es keine Fische, die Maria beobachtete, sondern amerikanische Kinder. Die waren gemäß ihrer Methode in einem gläsernen Pavillon zugange, der Teil des riesigen Palace of Education der Weltausstellung in San Francisco war. Vorbei war die sorglose, frivole Stimmung des Ausflugs nach Catalina. Kurz zuvor war bekannt geworden, dass Italien als Partner der Alliierten in den Ersten Weltkrieg verwickelt worden war. Außerdem war Maria zu Ohren gekommen, dass sich der Gesundheitszustand ihres Vaters ernsthaft verschlechtert hatte. Nach langem Hin und Her beschloss sie, nicht selbst nach Italien zurückzukehren, sondern schickte Anna Fedeli. Die musste Marias Platz am Krankenbett ihres Vaters einnehmen, das bald sein Sterbebett werden sollte. Nicht nur in Rom wurde Maria von jemand anderem vertreten; auch im gläsernen Pavillon in San Francisco nahm eine Anhängerin, nämlich Helen Parkhurst, ihren Platz als Leiterin und Frau Doktor ein. Während Maria mit ihrer Entscheidung, Anna Fedeli als Abgesandte nach Rom zu schicken, einem Verlangen nachgab, das stärker war als der Wunsch, ihren Vater zu sehen, war der Entschluss, Helen Parkhurst die Vorführung ihrer Methode leiten zu lassen, von anderer Art: dem Unvermögen, Englisch zu sprechen und zu verstehen. Angesichts der Art und der Zielsetzung von Marias Methode, bei der die Kinder nicht durch das persönliche Auftreten der Leiterin gestört werden durften, konnte man bei einer solchen Vorführung von keinem Dolmetscher Gebrauch machen. Die Transparenz des Systems hatte Vorrang, auch vor Maria Montessori.

Die Weltausstellung

Die Panama Pacific International Exposition zeigte im Weltmaßstab, was auch Montessoris Design bot: die sichtbare, hörbare und fühlbare Darstellung einer Welt im Werden, einer Schöpfung, in der alles Bedeutung hatte, ohne dass die Hand des Schöpfers sichtbar war. Eine Schöpfung, die, genau wie das Medium Film, Menschen die Illusion vermittelte, dass sie in sehr kurzer Zeit die ganze Welt in sich aufsaugen konnten. Man konnte spektakuläre Objekte, die den technologischen Fortschritt zeigten, wie eine riesige Replik der so genannten *underwood typewriter*, nicht nur betrachten, sondern auch angefassen. Sogar darauf setzen konnte man sich, so dass der Apparat einer gut gefüllten Tribüne eines Baseballstadions zu ähneln anfing. Das leitende Prinzip war immer, dass man über das direkte, sinnliche Erleben des Gebotenen Kenntnisse erwerben konnte, auch über abstrakte Dinge.

Die Organisatoren widmeten daher der Visualisierung abstrakter Ideen große Aufmerksamkeit. So drückte man den Gedanken der Endlichkeit des Ereignisses – eine Vorstellung, die man betonen wollte, um deutlich zu machen, dass der Mensch in der künstlichen, *man-made* Welt der Ausstellung allmächtig war – in dem vergänglichen Material aus, mit dem die Gebäude hochgezogen wurden. Das Interesse, das Erziehung und Unterricht zuteil wurde, bekundete sich in der Entscheidung, einen gesonderten Palace of Education zu bauen, einen Pavillon, der nicht zufällig auch dazu diente, Fortschritte auf dem Gebiet der so genannten Social Economy (Hygiene, sozialer Wohnungsbau usw.) zu zeigen.

Es war alles in allem kein Wunder, so die Worte des »offiziellen« Historikers der Panama Pacific Exposition, Frank Morton Todd, dass sich Montessori für die Ausstellung als die beste Methode entschied, um ihre Botschaft der »größtmöglichen Anzahl Interessierter in kürzestmöglicher Zeit«[184] zu vermitteln. Da das rund neun Monate andauernde Ereignis fast neunzehn Millionen Besucher anzog, war es eine sehr gelungene Wahl. Die Ausstellung war für Maria allerdings auch aus anderen Gründen ein anziehendes Medium. Ziel derartiger repräsentativer Darstellungen der Welt, in der erneut die innige Verschmelzung von Technologie und Moral auffällt, war es, das Publikum mit einem strahlenden Bild von der Zukunft zu verführen: In der Welt der Weltausstellungen sah man »keine Armut, keinen Krieg, keine sozialen Probleme und sehr wenig Natur«[185], so Burton Benedict. An dieser Beschreibung ist gut zu erkennen, weshalb die Ausstellung von San Francisco Marias Fantasie angeregt haben muss. In dem wie kein anderes *controlled environment* der funkelnden Jewel City[186], wie man die für die Dauer der Ausstellung erbaute Märchenstadt in San Francisco nannte, waren alle Elemente auf bedeutsame Weise geordnet und miteinander verbunden: Die Einteilung des Raums (mit dem auch hier großen leeren Zentrum, dem so genannten Court of the Universe), der architektonische Stil der Gebäude, gestrichen in Pastellfarben, die von der kalifornischen Landschaft inspiriert waren, die Anordnung des ausgestellten Materials, die Platzierung der Zuschauer, das alles war das Ergebnis einer bewussten Formgebung. Auch die Wahl einer Stadt als Verkörperung des geistigen und materiellen Fortschritts der Menschheit muss Maria angesprochen haben. Als solches war die Ausstellung jedenfalls ein besonderes Produkt zivilen Ingenieurwesens, das sie einst so sehr angezogen hatte. Dass die Stadt ummauert war und dadurch sicher und übersichtlich, passt vorzüglich zu Marias Gewohnheit, die große Welt von einer kleinen, geschlossenen Basis aus zu erobern.

Die Ausstellung war gleichzeitig auch eine schöne Plattform für Montessori, weil sie ihr buchstäblich und im übertragenen

Sinn eine Bühne für ihre theatralischen Talente bot. Amerika kannte schon länger eine Tradition, bei der Frauen, gegen Bezahlung, mit ihren Ideen an die Öffentlichkeit treten konnten, indem sie diese mit theatralischen Gebärden von einem Podium in die Welt schleudern konnten. Bei solchen Darbietungen verschwamm die Grenze zwischen Politik und Theater. In dieser sich ständig erneuernden Tradition weiblicher Öffentlichkeit, die Henry James in seinem *The Bostonians* (1886) beschreibt, traten auch Frauen wie Helen Keller und Annie Sullivan jahrelang in Vaudeville-Theatern auf. Sie taten es, um Geld zu verdienen, aber auch, um dem Publikum zu zeigen, zu welch erstaunlichen Leistungen eine blinde und taube Frau in der Lage war. Für diese merkwürdige Mischung aus Theater, Politik, Wissenschaft und Kommerz bot die Weltausstellung, die auch selbst Ergebnis einer solchen Mischung war, einen sehr geeigneten Rahmen.

Für das Auge der Welt

Anders als es in vorherigen Weltausstellungen der Fall gewesen war, zum Beispiel in Chicago 1893, gab es in San Francisco kein gesondertes Woman's Building. Frauen sollten sich, so die Organisatoren, auf der gleichen Ebene mit Männern präsentieren. Fortschritt wurde jedoch stark mit männlicher Tatkraft verbunden, so dass zum Beispiel Haushaltsgeräte, die von Frauen erfunden worden waren, auf der Ausstellung im Vergleich zu den Maschinen, die männlichen Gehirnen entsprungen waren, nichts darstellten. Weibliche Tatkraft war dann auch in San Francisco nicht sehr sichtbar. Lesungen auf einem der riesenhaften Podien der beeindruckenden Pavillons zu halten schuf einigermaßen Abhilfe. Maria Montessori war eine derjenigen, die dieses Mittel dankbar nutzten, um sich zu präsentieren. Diesmal zeigte man dort keine Filme von ihren Kindern, doch dem Publikum bot sich eine andere Art von Schwarzweißfilm.

Abb. 13: Maria Montessori mit Adelia Pyle auf der
Weltausstellung in San Francisco

Gemeinsam mit Adelia Pyle, die, in makellosem Weiß gekleidet, Montessoris schwere, dunkle Gestalt in gebührendem Abstand flankierte, hielt sie dem Publikum ein Bild ihrer Methode vor, in dem die Spannung zwischen Meisterin und Schülerin auf eine besondere Weise visualisiert wurde.

Das Wichtigste war und blieb für Montessori jedoch die Vorführung ihrer Methode in der Praxis. Anders als im Theater, musste sie dort einen Schritt zurücktreten und die Hauptrolle Helen Parkhurst überlassen. Während ungefähr 35 Kinder zwischen drei und sechs Jahren, »nicht verdorben durch die mechanische Pädagogik«, wie Todd es ausdrückte, im gläsernen Pavillon mit dem Montessori-Material ans Werk gingen, saßen faszinierte Eltern und andere Besucher auf der anderen Seite des Glases und schauten »wie Touristen auf ein Aquarium«.[187] Unter diesen Touristen befand sich auch eine gespannte Maria. Helen hatte zwar zugestimmt, Marias Rolle zu übernehmen, aber sie hatte Maria auch deutlich gemacht, dass ihr Urlaub binnen kurzem endete. Es war dann auch zweifelhaft, ob die Vorführklasse, wie es Marias Absicht gewesen war, bis zum Ende der Ausstellung würde funktionieren können. Als die Klasse anfing, standen sowohl Maria als auch Helen unter großem Druck. Helen zerbrach sich den Kopf über die Möglichkeit, ihre Freistellung um einige Monate zu verlängern. Maria tat dasselbe und fühlte sich daneben auch noch durch das Sprachproblem aus dem Verkehr gezogen.

Ob Maria den Druck auf Helen nun bewusst ausüben wollte oder nicht – jedenfalls konnte sie es nicht lassen, zuzuschauen, wie Helen abschnitt. »Sie hatte das Gefühl, dass sie sich auf mich verlassen konnte«, sagte Helen später, »aber wenn man sich täglich vor den Augen von tausenden Menschen jemandem ausliefern muss, dann betrachtet man so jemanden mit angehaltenem Atem. (...) So beobachtete mich Doktor Montessori. (...) Und ich fühlte mich genauso, wie ich mich gefühlt hatte, als ich nach Rom ging und meiner Familie schrieb: ›Ich frage mich, was Doktor Montessori von mir halten wird‹.«[188] Es kostete Helen allergrößte Mühe, sich von dem durchdringenden Blick Montessoris freizumachen, ein Blick, der sie unmerklich steuerte, jedenfalls meinte das Maria. Als die Vorführung vorüber war, sagte sie zu Helen, die sie zu Margherita umgetauft hatte: »Mir ist bewusst, dass ich dich nie richtig gut gesehen habe, Margherita. Aber heute, als ich dich beobachtete, dachte ich: der kleine Junge dort, wenn Margherita sich jetzt so und so verhielte ... und du hast genau das getan, was ich selbst getan hätte. Das ist noch nie zuvor geschehen. Es war fantastisch!«[189]

So machte Maria Parkhursts Erfolg zu ihrem eigenen Triumph. Oder, anders gesagt, sie beraubte Parkhurst der Möglichkeit, lösgelöst von ihr, Montessori, Erfolg zu ernten. Die Methode musste, koste es, was es wolle, mit ihrer Person verbunden bleiben. Und das blieb sie auch: Todd erwähnt zwar, dass Parkhurst die Vorführklasse leitete (es gelang ihr, ihre Freistellung zu verlängern, und sie blieb bis zum Ende der Ausstellung), aber er schreibt den großen Erfolg – »kein einziges anderes mit dem Departement of Education verbundenes Ereignis erregte so viel Aufmerksamkeit einer so großen Gruppe Spezialisten«[190] – Montessori gut. En plein publique zeigte sich Montessori sehr wohl in der Lage, anderen Lob zukommen zu lassen: Nach einem Auftritt von Helen Keller und »Teacher«, die eine weitere Attraktion während der Panama Pacific Exposition darstellten, wurden Montessori und Pyle von den beiden auf die Bühne gerufen, um an ihrem Applaus teilzuhaben. Während die zwei gleichen und doch so verschiedenen Paare dort standen, ergriff Montessori »Teachers« Hand, hielt sie dem Publikum entgegen und sagte: »Man hat mich eine Pionierin genannt, nun, hier haben Sie Ihre eigene Pionierin!«[191] Das Publikum brach in tosenden Beifall aus.

Abschied

Der strahlende kalifornische Traum endete am 5. Dezember 1915: Die Jewel City wurde abgerissen, womit man der letzten Weltausstellung des 19. Jahrhunderts, wie man sie nannte, ein Ende bereitete. Seit man 1851 die erste International Exposition im Crystal Palace in London hatte stattfinden lassen, hatten die Ereignisse immer, trotz der intensiven Konkurrenz zwischen den Nationen, im Zeichen des Friedens gestanden, der so wichtigen Voraussetzung für den Handel. Der Ausbruch des Ersten Weltkriegs hatte dieser Tradition einen schweren Schlag versetzt. Der Krieg hatte von Anfang an einen Schatten über den frischen Pioniergeist geworfen, der die Ausstellung hätte beherrschen sollen. Der für Montessori so wichtige Geist kam u.a. in einem pathetischen Bild einer *pioneer-mother* zum Ausdruck. Sie war das weibliche Pendant des auf der Ausstellung allgegenwärtigen starken Herkules, der die Felswände auseinander drückt und so mit seiner männlichen Kraft den Durchgang des Panamakanals erzwingt. Die Kriegsgewalt machte dem Vertrauen ein Ende, dass die Kraft eines Herkules echte und imaginäre Berge versetzen könne. Indem man die Märchenstadt schnell vernichtete, vermied man die Wehmut, die das Bewusstsein der Vergänglichkeit mit sich bringt. Eines der Ausstellungsgebäude blieb jedoch stehen: der von Maybeck entworfene Palace of Fine Arts. Lange nachdem Herkules und andere männliche Verkörperungen der menschlichen Allmacht heruntergeholt waren, standen die »melancholisch nachdenkenden Musen« von Maybecks Palace noch immer auf ihrem Posten. Ihre Gestalten, die von Wind und Wetter allmählich abgeschliffen wurden, zeugten von »Verletzlichkeit, Unsicherheit und Verlust«[192], so schreibt George Starr.

Auch Montessoris Abschied von Kalifornien stand im Zeichen von Verlust und Vergänglichkeit. Sie verließ San Francisco mit dem Wissen, dass ihr Vater kurz zuvor, am 25. November, gestorben war. Aber es war nicht nur dieser Verlust, der ihre

Abfahrt beherrschte: Sie schiffte sich ohne Mario und Helen Parkhurst ein. Helen blieb, weil es jemanden geben musste, der die amerikanische Montessori-Bewegung leiten konnte. Maria gab ihr den offiziellen Auftrag, das in ihrem Namen zu tun. Weshalb Mario in Amerika zurückblieb, ist unklar. Neben dem Wunsch, seine Mutter zu begleiten, war seine Abreise aus Italien einige Monate zuvor von dem Entschluss beeinflusst, sich der Militärpflicht zu entziehen. Diese Entscheidung, die vielleicht auch mit unter dem Druck seiner antimilitaristischen Mutter zustande gekommen war, machte es ihm lange Zeit unmöglich, italienischen Boden zu betreten.

Maria kehrte allerdings nicht nach Italien zurück, sondern ins neutrale Spanien. Dort, in Barcelona, hatte Anna Maccheroni, wie immer als Wegbereiterin für Maria tätig, bereits zu einem früheren Zeitpunkt in diesem Jahr mit der Leitung eines Kinderhauses begonnen. Ab Ende 1915 sollte Barcelona zum ständigen Aufenthaltsort Marias und ihrer kleinen Kommune werden. Sie sollte zwar regelmäßig nach Italien zurückkehren, um Trainingskurse zu geben und gelegentlich an der Universität von Rom zu erscheinen. Dennoch war in Marias Verhältnis zu Italien definitiv eine Veränderung eingetreten. Zwischen 1920 und 1925 hielt sie ohne Angabe von Gründen keine einzige Vorlesung, so dass sie außer von ihrer Stelle an der Hochschule für Frauen 1929 schließlich auch von diesem Posten entbunden wurde. Außerdem fühlte sie sich trotz der Unterstützung durch Mussolinis Regime in ihrem Vaterland so isoliert, dass Mario ihren Verbleib in Spanien als »Verbannung«[193] bezeichnen sollte. Dafür scheint man sich allerdings bewusst entschieden zu haben, zu einem Zeitpunkt, als Maria noch den notwendigen Boden unter den Füßen hatte. Weil sie, als sie im Frühjahr 1915 nach Amerika abreiste, schon wusste, dass Mario vorläufig nicht nach Italien zurückgehen konnte, und sie ebenfalls wusste, wie groß die Wahrscheinlichkeit war, dass ihr Vater bald sterben werde, muss sie zu diesem Zeitpunkt gewusst haben, dass sie Abschied von ihrem Geburtsland, von ihrer ursprünglichen »Casa« nahm. Ihr Bruch mit Italien, der im Allgemeinen auf 1934 datiert wird, fand also im Grunde schon 1915 statt.

Warum sie sich entschied, in Spanien und nicht in Amerika zu leben, wie angesichts ihres Erfolgs dort eher auf der Hand gelegen hätte, ist unklar. Schon 1914 hatte Maria aus unbestimmten Gründen ein Angebot abgelehnt, das sie über McClure erhalten hatte. Der bot ihr die Leitung eines New Yorker Education Center an. Anfänglich war Montessori begeistert; sie begann, Pläne zu schmieden, die, wie immer, einen Entwurf für die räumliche Einteilung als Ausgangspunkt hatten. Das quadratische Gebäude sollte vier Gruppen von Kinder beherbergen: normale, schwachsinnige, blinde und taube. Jede Kategorie sollte einen eigenen Eingang bekommen, die an einer der vier Seiten des Gebäudes liegen sollten. Noch während Maria skizzierte, verdüsterte sich plötzlich ihr Gesicht, so Maccheroni. Kurz darauf teilte sie ihr mit, dass sie auf McClures Einladung nicht eingehen werde.[194]

Kramer vermutet, Marias Entschluss sei durch ihren Wunsch, bei Mario in Italien zu bleiben, beeinflusst gewesen.[195] Da sie Mario jedoch 1915 nach Amerika mitnahm, war das wahrscheinlich nicht der Grund. Es wirkt eher so, als sei ihr plötzlich bewusst geworden, dass dieser Plan sie viel zu weit in eine Welt zurückwerfen würde, von der sie gerade unter so viel Schmerz und Mühe Abschied genommen hatte: die der positivistischen Besessenheit bezüglich Kategorisierung, Degeneration und Defizienz. Dass sie das Angebot zunächst ernsthaft in Erwägung zog, zeigt, dass die Welt der »behinderten« Kinder weiterhin an ihr zerrte. Doch schließlich siegte die hellere Welt der »Normalen«. Ihr geringe Bereitschaft, sich über die englische Sprache die angelsächsische Kultur anzueignen, wird auch mitgespielt haben, umso mehr, als die Aussichten auf Verbreitung ihrer Methode in einer verwandteren Kultur wie der spanischen viel versprechend waren. Und schließlich waren da noch die Spannungen mit McClure. Die haben Maria vermutlich auch davon abgehalten, tatsächlich in Séguins Fußstapfen

Abb. 14: Mario Montessori

zu treten, selbst wenn nicht ausgeschlossen ist, dass das Institut, über das Maria die Leitung hätte bekommen können, die Fortsetzung von Séguins Schule für Schwachsinnige war.

Vielleicht hat Maria, als sie im Dezember 1915 mit Marios Absicht, in Amerika zu bleiben, an der Richtigkeit ihres Entschlusses, sich nicht in Amerika niederzulassen, gezweifelt. In den beiden folgenden Jahren sollte sie noch einige Male nach Kalifornien zurückkehren. Dort trat Mario im doppelten Sinn in Marias Fußstapfen, indem er eine Montessori-Klasse für Kinder berühmter Filmstars organisierte. Möglicherweise war er über Helen Keller und Annie Sullivan in diese Kreise gekommen. Die beiden sollten jedenfalls, in direkter Linie ihrer Auftritte in Vaudeville-Theatern, 1918 in einem dem Leben Helen Kellers geweihten Hollywoodfilm die Hauptrolle spielen. Durch diesen Film kamen sie mit *dem* damaligen Hollywoodpaar in Kontakt: Douglas Fairbanks und seiner Frau Mary Pickford, Schauspieler, die es liebten, auf ihrem schönen Landgut Pickfair den Adel zu erfreuen, und die ihre Kinder in Marios Klasse schickten.

Zu Beginn des Jahres 1918 endeten Marias Privatbesuche in Amerika. Mario, der zwischendurch auch schon in Barcelona gewesen war, gesellte sich da wieder zu seiner Mutter, auch wenn das nun in einer etwas anderen Rolle war. Er hatte nämlich im Dezember 1917 in Los Angeles eine Amerikanerin geheiratet, die ein Jahr jüngere und aus Ohio stammende Helen Christie. Christie, von der nicht viel mehr bekannt ist als ihr Name, folgte Mario nach Spanien. Sie sollte ihm vier Kinder schenken, die alle in Barcelona in dem gemeinsamen Haushalt aufwachsen sollten, in dem sich alles um Maria drehte.

Das war allerdings noch nicht klar, als Maria im Dezember 1915 San Francisco verließ. Damals drohte noch der Verlust, ein unwiderbringlicher Verlust. Mario blieb zurück, vermutlich, weil er schon damals in Helen Christie verliebt war. Die Geschichte scheint sich zu wiederholen: Genau wie Marias Liebe zu Montesano seinerzeit die Beziehung zu ihrer Mutter auf die Probe gestellt hatte, so bedeutete Marios Entschluss, in Kalifornien zu bleiben, eine Herausforderung für sein Verhältnis zu Maria. Die andere Helen, Helen Parkhurst, erzählte Maria am Tag der Abreise von einem Traum, den sie in der Nacht gehabt hatte: Sie hatte eine entsetzliche Kälte gespürt, als plötzlich »ein großer Feuerball« aus dem Himmel fiel und sie erwärmte, bis sie glühte. »Margherita, dieser Feuerball war ich«, sagte ihr Maria. Dann legte sie die Hände auf Helens Schultern und sagte: »Margherita, ich werde dich nie verlassen, aber du wirst *mich* verlassen.« Daraufhin wandte sie sich dem Bildnis des heiligen

Antonius zu, der den kleinen Jesus in seinen Armen trug. Während sie mit Tränen in den Augen das Gemälde betrachtete, fragte sie: »Sankt Antonius, warum lässt du mich so sehr leiden?«[196] Dem heiligen Antonius von Padua wird von alters her die Fähigkeit zugeschrieben, verlorene Gegenstände und Menschen zurückzubringen. Nun, Antonius hatte Maria ihren Sohn zurückgegeben, aber jetzt musste sie ihn wieder abtreten, genau wie Helen Parkhurst, diejenige, in der sie eine geistige Tochter gefunden zu haben glaubte. Im Abschied von Helen und Mario liegt das Drama von Marias Leben begründet: verlassen und verlassen werden.

Der heilige Antonius sollte ihr Mario wiederbringen, aber nicht Helen Parkhurst. Die brach Anfang 1917 mit Maria, um ihren eigenen Weg gehen zu können, den Weg nach Dalton. Auch wenn es ihr gelang, in Amerika mehrere Daltonschulen zu gründen, darunter die angesehene, jahrelang von ihr selbst geleitete Daltonschule in New York, hatte Parkhurst doch vor allem im Ausland Erfolg, zum Beispiel in den Niederlanden. Daneben wurde sie vom Osten angezogen. Sie bekehrte sich zum Buddhismus und erntete viel Erfolg in Japan. Dort empfing sie als höchste Ehrbezeugung für eine Frau die Erklärung, dass sie »offiziell mit ihrer Arbeit verheiratet war«[197]. Nach dem Zweiten Weltkrieg wurde Parkhurst eine Radio-Persönlichkeit, die modernisierende Kinderprogramme leitete, in denen sie mit den Kindern über deren Probleme sprach. Ihre letzten Jahre verbrachte sie in Connecticut, wo sie ein Buch über ihre Erinnerungen an Montessori schrieb. Sie brauchte vier Jahre dazu, weil, wie sie in einem Brief an eine Freundin schrieb, ein *memorial*[198] viel Zeit und Zuneigung erfordert. Kurz vor ihrem Tod 1973 war es fertig; das Manuskript, das sie ihrer Lebensgefährtin Dorothy R. Luke hinterließ, verschwand allerdings in dem Tauziehen, das zwischen Luke und Parkhursts Bruder über Parkhursts Hinterlassenschaft entstand. Damit ging vermutlich eine der interessantesten Quellen über Montessoris Leben verloren.

Parkhursts Bruch mit Montessori, ein Bruch, den Montessori übrigens selbst forcierte, weil sie absolute Hingabe verlangte, hatte auch mit der unsicheren Lage zu tun, in der Montessori ihre amerikanischen Anhänger zurückließ. Wichtige Geldgeber und Stützpfeiler wie McClure und die Bells hatte sie in der Zwischenzeit so weit von sich geschoben, dass sich diese nach ihrer Abreise allmählich aus der Montessori-Bewegung zurückzogen. Die einzige weitere substanzielle Geldquelle trocknete schließlich auch aus: die der Familie von Adelia Pyle. Diese hatte bis zu Marias Abreise 1915 große Geldsummen in Montessori investiert. Als Adelia jedoch mitteilte, sie wolle Maria nach Spanien begleiten, um ihr Leben zu teilen, und obendrein noch verkündete, sie wolle sich zum Katholizismus bekehren, drohte ihre Familie, sie zu enterben. Maria war Adelia wichtiger als ihre Familie und sie blieb dann auch bei ihrem Entschluss. Dasselbe galt für Adelias Eltern, die ihr Geld aus der Montessori-Bewegung zurückzogen. Als Maria im Dezember 1915 mit Adelia an ihrer Seite von Amerika nach Spanien abreiste, ging sie einer neuen, unsicheren Zukunft entgegen.

Arrivederci Roma

L'errante
Oh, fermarsi un momento! ... Oh, ritrovare
una casa fedele, un volto amato! ...
Ma non può. Dietro di sè tutto è spezzato.
Ella stessa distrusse il focolare![199]

Die Herumirrende
Oh, einen Augenblick stehen bleiben! ...
    Oh, wiederzufinden
ein Haus, das immer da ist, ein geliebter Anblick! ...
Aber das kann sie nicht. Hinter ihr ist alles abgebrochen.
Sie selbst zerstörte den heimischen Herd!

Die Dichterin Ada Negri schrieb dieses Gedicht für Alessandra Ravizza, eine der Frauen in dem festen künstlerisch-politischen Netzwerk, das den römische Salon von Sibilla Aleramo als Treffpunkt nutzte. Unverheiratet, ohne festen Wohn- oder Aufenthaltsort, immer unterwegs, von einer Vorstellung oder Zusammenkunft zur nächsten, von einem Liebhaber oder einer Freundin zum oder zur nächsten, so war das Leben dieser Nomadenfrauen.

Maria Montessoris Entscheidung, bis zum Ende der Panama Pacific Exposition in San Francisco zu bleiben und nicht nach Italien zurückzukehren, als sie die Nachricht erhielt, dass ihr Vater am 25. November verstorben war, erinnert an die Geste, mit der frühere Freundinnen wie Ravizza, Aleramo, Pezzana und Duse zu gegebener Zeit den Weg zurück versperrten.

Dieser Eindruck verstärkt sich durch Marias Reiseplan: Sie ging von Amerika aus direkt nach Barcelona, ohne die Familiengrabstätte mit ihrem inzwischen beerdigten Vater zu besuchen. Jetzt, da sich ihr Vaterland im Krieg befand, beide Eltern tot waren und Mario vorläufig nicht nach Italien zurückkehren konnte, war für Maria offensichtlich der Moment gekommen, einen Schlusspunkt hinter ihr Leben in Rom zu setzen. Diejenigen, die dort, außer ihren Eltern und Mario, für sie wichtig gewesen waren, kamen nach Barcelona. Anna Maccheroni war schon dort und Anna Fedeli traf kurz nach Maria ein, gegen Weihnachten 1915. Sie hatte Maria über die letzten Monate Alessandro Montessoris »viele liebe Dinge zu sagen«.[200]

Anfänglich wusste Maria wahrscheinlich nicht, ob und wann sie wieder nach Italien zurückgehen würde. Bei einem Notar in Barcelona wurde jedenfalls am 11. Januar 1916 ein Schriftstück aufgesetzt, woraus hervorgeht, dass sie Anna Fedeli als ihre Geschäftsführerin in Italien bestimmte.[201] Diese bat den Direktor der Hochschule für Frauen in Marias Namen um einen einjährigen Sonderurlaub, damit sie den Nachlass von Alessandro Montessori abwickeln könne. Der Direktor, der, wie wir gesehen haben, schon jahrelang wegen Marias häufiger Abwesenheit verärgert war und der außerdem zu seiner Wut auf Umwegen hatte vernehmen müssen, dass »la dottoressa« in Amerika blieb, dachte gar nicht daran, die Freistellung zu gestatten. Wieder rettete der Kultusminister – das war jetzt ihr früherer Pädagogikdozent Luigi Credaro – Maria, indem er ihr den Auftrag erteilte, die Kinderhäuser in Rom zu inspizieren. Bis Oktober 1917 wurde sie von ihren Unterrichtsverpflichtungen an der Hochschule befreit. Das war jedoch wirklich das letzte Mal, dass sie der Minister vor der Entlassung retten konnte. Nachdem sich Maria im Frühjahr 1917 geweigert hatte, persönlich – statt über Fedeli – um die Verlängerung ihres Sonderurlaubs zu ersuchen, erreichte der Direktor endlich, dass sein Vorschlag, Montessori ihres Postens zu entheben, angenommen wurde.

Alles weist also darauf hin, dass Maria zu Beginn des Jahres 1916 vorläufig nicht beabsichtigte, nach Italien zurückzugehen. Gemeinsam mit Adelia Pyle und Anna Maccheroni versuchte sie, sich in Barcelona ein neues Zentrum zu schaffen, einen neuen »häuslichen Herd«. Dieses Zentrum war allerdings auf schmerzliche Weise leer, weil Mario fehlte. Fotos aus diesen Jahren, auf denen Mario wie ein echter Hollywoodstar mit Maria und Adelia Pyle posiert, zeigen, dass er Barcelona von Amerika aus besucht haben muss. Er reiste jedoch immer wieder nach Kalifornien zurück und ließ seine Mutter in düsterer Stimmung zurück, die Ende 1916 in der Weihnachtsmesse für jedermann sichtbar wurde. Während sie einigen katalanischen Weihnachtsliedern lauschte, brach sie in einen Weinkrampf aus, als sie die melancholischen Klänge des Liedes *L'Orfo Català* vernahm. Trotz wütender Versuche schaffte sie es nicht, ihr Schluchzen zu bezwingen, so dass sie die Kapelle verlassen musste. Anna Maccheroni entschuldigte diese für Maria so ungewöhnliche öffentliche Zurschaustellung ihrer Verletzlichkeit, indem sie die beunruhigte Menge darauf hinwies, dass Marias Vater im Jahr zuvor gestorben war.

Die Mutterkirche

Diese Szene während des Rituals der Heiligen Kommunion gibt nicht nur einen Einblick in den Gefühlszustand, in dem sich Maria im düsteren Jahr 1916 befand, sondern zeigt auch die religiöse Strecke, die sie seit der Veröffentlichung von *Il metodo* zurückgelegt hatte. Auch wenn sie mit Theosophen wie Annie Besant in Kontakt blieb, die inzwischen Leiterin der Theosophical Society geworden war, vertiefte Maria gleichzeitig die Beziehung zu der Religion ihrer Mutter, dem römisch-katholischen Glauben, dem sie nach der Geburt Marios den Rücken zugewand hatte. Darauf deutet nicht nur ihre wachsende Vorliebe für die Figur der Heiligen Jungfrau Maria hin, sondern auch auf ihre Gewohnheit, die sie seit 1910 angenommen hatte, zwei- bis dreimal pro Woche ein römisches Kloster zu besuchen, um ihre religiöse Bildung zu perfektionieren. Die interes-

Abb. 15: Maria Montessori mit Mario und Anhängerinnen

santeste Entwicklung ist nur in Form eines Gerüchts überliefert. Dieses Gerücht hielt sich jedoch so hartnäckig, dass es ein Informant des italienischen Sicherheitsdienstes der Mühe wert fand, dem Innenminister darüber Bericht zu erstatten: Maria solle in Rom einen von ihr selbst gestifteten Orden leiten, bestehend aus »Frauen und Jungfrauen«. Es solle von »leidenschaftlichen religiösen Praktiken« die Rede sein, die sich im Geheimen vollzogen. »Was war die wahre Aktivität dieser seltsamen Gesellschaft?«[202], fragte sich der Informant.

Diese Aktivität beinhaltete nichts mehr und nichts weniger als die Verbreitung von Marias Methode. Wenn tatsächlich von einer Art religiösem Laienorden die Rede gewesen ist, dann ist der feierliche Akt, mit dem Maria im November 1910 ihrem Arztberuf abschwor, vermutlich als der Beginn jener geheimnisvollen Praktiken zu betrachten, von denen der Informant berichtet. Außer Maria legten damals zumindest auch die Frauen, mit denen sie das tägliche Leben teilte, einen Eid ab, wobei sie schworen, Kinder, wo auch immer in der Welt, mit ihrem Leben zu schützen. Es ist nicht unwahrscheinlich, dass Anna Maccheroni, Anna Fedeli, Lina Olivero und Elisabeta Ballerini bei dieser Gelegenheit auch Gehorsam gegenüber Maria gelobten, die sie konsequent Mammolina nannten. Maria erfüllte in jedem Fall die Rolle der Mutter Oberin; so beschrieb sie zum Beispiel Dorothy Canfield Fisher, als sie um 1911 in Rom weilte, um Maria und ihre Methode aus der Nähe zu studieren.[203] Und so zeigt sich Maria auch uns auf Gruppenfotos dieser Zeit: Ihre dunkle Gestalt sticht scharf gegen die weiße Kleidung ihrer weiblichen Anhängerinnen ab, die wie Novizinnen aussehen.

Kramer zufolge hat Maria sogar versucht, den Papst davon zu überzeugen, ihren »Orden« in den Schoß der Mutterkirche aufzunehmen.[204] Auch wenn sie diese Absicht nicht verwirklichen konnte, erhielt sie dennoch immer mehr Protektion aus dem mächtigen Netzwerk der Jesuiten. Außerdem erwarb sie die persönliche Achtung von Papst Benedictus XV. Nachdem er im November 1918 eine Unterredung mit Maria gehabt hatte, erteilte er den Auftrag, die bislang erschienenen Bücher Montessoris in die Bibliothek des Vatikans aufzunehmen. Er schrieb ihr außerdem, er hoffe, dass »der päpstliche Segen, den wir unserer geliebten Tochter Maria schenken, ein Zeichen himmlischer Gnade und Gunst ist, die sie, so wünschen wir ihr, in die Lage versetzt wird, dafür zu sorgen, dass das Buch *Il metodo della Pedagogia Scientifica applicato all'educazione infantile nelle Case dei Bambini* das Gute fördert«.[205] Maria dankte ihm, indem sie ihm ihr Porträt zusandte.

Maria hatte schon in den Kinderhäusern in der Via Giusti mit einer religiösen Erziehung zu experimentieren begonnen, die von ihrer Methode inspiriert war. Nach ihrem Bruch mit Talamo war dies das einzige montessorianische Kinderhaus, das sie in Rom anerkannte. Da es sich in einem Franziskanerinnen-Kloster befand, war es die auserlesene Umgebung für derartige

Experimente. In *Il metodo* hatte sie schon deutlich gemacht, dass die Figur des heiligen Franziskus eine besondere Bedeutung für sie besaß. Dieser Heilige hatte anfangs den Auftrag, den in einer Vision von Gott empfangene Auftrag, seine Kirche wiederaufzubauen, wörtlich aufgenommen. Er hatte sofort damit begonnen, Granitblöcke herbeizuschaffen, mit denen er die halb eingestürzten Mauern des kleinen Kirchengebäudes wiederherstellte, in dem er die Vision hatte. Erst später verstand er, dass seine Mission geistiger Natur war und dass er die Kirche reformieren sollte, indem er sie mit dem Geist der Armut durchdrang. So war es auch Ärzten wie Montessori ergangen: Für eine Reform der Schule beriefen sie sich zunächst auf die »materialistische und mechanische Wissenschaft«, bis sie begriffen, dass dies ein »falscher und begrenzter Weg«[206] war, den sie gerade verlassen mussten, wenn sie die Schulen wirklich reformieren wollten.

Der Aufenthalt in der Via Giusti war auch anregend, weil das Kloster als Einrichtung für Montessori schon seit langem eine wichtige Quelle der Inspiration war. Darauf verweist zum Beispiel ihr Gang in ein Kloster in der Nähe von Bologna, wo sie meditierte, bevor sie Theosophin wurde. In ihrer 1916 veröffentlichten *Autoeducazione*[207] schreibt sie, dass die Demut, die Schlichtheit und Arbeitslust, die in einem Kloster herrschen, eine Atmosphäre schaffen, in der man für den Empfang der Wahrheit sensibilisiert wird. Auch die festen Regeln, die das Klosterleben bestimmen, erfuhr Maria als wohltuend, genau wie die Architektur, wobei der Innenhof mit dem umlaufenden Klostergang das für sie so wichtige »leere« Zentrum darstellte. Das alles fand sie in der Via Giusti, ebenso wie einen Garten, wo die Kinder die Wunder der Natur genießen konnten. Außerdem stimulierten die vielen hübschen Dekorationen ihr Gefühl für Schönheit. Es gab allerdings auch Hürden, die Maria an einer völligen Freiheit in ihren Experimenten hinderten, nämlich die im Kloster lebenden Franziskanerinnen. Sie ließen nicht zu, dass Kinder mit religiösen Ritualen experimentierten. Dazu bekam Maria erst die Gelegenheit, als sie in Barcelona war. In der Escola Modelo Montessori, die Anna Maccheroni gegründet hatte und wo u.a. Trainingskurse für Lehrpersonal abgehalten wurden, richtete man eine spezielle Kinderkapelle ein. Dort lernten die Kinder, wie sie aktiv am Ritual der heiligen Messe teilnehmen konnten. Genau wie in den Kinderhäusern waren alle Möbel und Attribute in dieser Kapelle auf Kindermaß zugeschnitten, so dass sie mühelos die erforderlichen rituellen Handlungen ausführen konnten. Das Experiment hatte großen Erfolg: Die Eltern der Kinder, die daran beteiligt waren, erzählten Maria mit Tränen in den Augen, wie sehr sich ihre Kinder verändert hatten, zum Guten selbstverständlich, seit sie die heilige Messe auf ihre eigene Art mitfeiern konnten. Montessoris und Maccheronis Erkenntnisse resultierten in einer von Maria entworfenen Methode für den religiösen Unterricht an Kindern, die sie in zwei Büchern veröffentlichte. *I bambini nella chiesa*, das 1922 erschien, erklärte Erwachsenen, was die Methode beinhaltete. *La Santa Messa spiegata ai bambini* (1932) unterrichtete Kinder über Ursprung, Art und Ziel des Rituals der heiligen Messe.

Universell und privat

Viel Literatur, die Montessoris Leben gewidmet ist, verschleiert entweder die Vertiefung ihrer Beziehung zum Katholizismus oder präsentiert sie als kurzfristige Verirrung. Tatsächlich kann man Marias Vorliebe für eine einzige, spezifische Art von Religiosität und für eine einzige Kirche als merkwürdige Unterminierung des universellen Charakters auslegen, den sie selbst immer ihrer Methode zuschrieb. Sie hat jedoch nie versucht, ihre Vorstellungen über eine religiöse Erziehung in ihre ursprüngliche Methode zu integrieren. Weil sie in gesonderten Veröffentlichungen darüber schrieb, erhielten diese Ideen den Charakter eines Appendix, eines Anhängsels, das auch weggelassen werden konnte. Während sie in anderer Hinsicht eine strikte Befolgung ihrer Ideen verlangte, scheint sie mit der Form des Appendix zeigen zu wollen, dass ihre Wahl für eine religiöse Erziehung im katholischen Sinn eine persönliche sei, der andere folgen konnten oder eben nicht. Dass nach Marias Ansicht ein privater Vorrang wie der ihre den universellen Ansprüchen ihrer Methode nicht im Weg stand, wird besonders deutlich, wenn wir die dritte Auflage der italienischen Ausgabe von *Die Methode* betrachten. Im Vorwort dieser 1926 erschienenen Ausgabe nennt Maria stolz alle Übersetzungen, in denen ihr Buch bislang erschienen war. Diese zeigten laut Montessori, dass ihr Buch in der Lage war, die kulturelle Kluft zwischen Ost und West zu überbrücken. Als allerletzter Beweis für diese Behauptung diente der Erfolg ihrer Methode auf Hawaii, das so strategisch zwischen dem Westen und dem Osten liegt. In derselben Ausgabe zeigt sie jedoch auch ihr eigene Verbundenheit mit dem Katholizismus, indem sie den päpstlichen Segen über ihr Werk erwähnt und ihrem Buch ein gesondertes Kapitel über eine religiöse Erziehung im katholischen Sinne als Appendix hinzufügt.

Das alles deutet darauf hin, dass für sie, ebenso wie für andere Theosophen, zwischen dem römisch-katholischen Glauben und der Theosophie kein unüberwindlicher Graben klaffte. Ihr »Übertritt« zum Katholizismus stellt dann auch einen weniger starken Bruch in ihrem Leben dar, als es auf den ersten Blick scheinen mag. Sowohl in wissenschaftlicher als auch in religiöser Hinsicht blieb ein Thema für sie stets das Wichtigste: das Mysterium des sich konstant erneuernden Lebens. Das Leben Christi, sein Tod und seine Auferstehung war und blieb für sie das wichtigste Symbol dieses Mysteriums, ganz gleich, ob sie nun Theosophin oder Katholikin war. Es ist damit auch kein Zufall, dass die einzige andere explizit religiöse Veröffentlichung von ihrer Hand das Leben Christi betrifft, nämlich ihr 1931 erschienenes *La vita in Christo*. In ihrer Beschreibung der Jugend Christi erkennt man ohne viel Mühe das Ehrfurcht einflößende und gleichzeitig verletzte Kind aus ihren anderen Büchern: »Er nimmt die Last des Fleisches auf sich und damit alle menschlichen Schwächen und Unsicherheiten des Lebens: Es (seine Jugend) ist eine wunderbare Zeit der Opfer, mit unendlicher Innigkeit durch ein Kind erbracht, in dessen zartem und hilflosem Körper das unermesslich Große beschlossen liegt. (...) Christus ist das Kind, das durch die Grausamkeit der Welt verfolgt wird, die nicht an ihn glaubt und die ihn fürchtet.«[208]

Marias Faszination für den in Christus symbolisierten mysteriösen Prozess von Leben–Tod–Leben ist auch an den Ritualen ablesbar, denen ihr größtes Interesse galt. Die wichtigsten von ihr entworfenen »Riten« in den Kinderhäusern – die Stilleübungen und die gemeinsame Mahlzeit – enthalten bereits die Ansätze des Rituals, das zum Kern der montessorianischen religiösen Erziehung wurde: die Einswerdung mit Christus während der Feier der heiligen Messe. In ihren beiden ersten Büchern beschrieb Maria die Transzendenz des Zustands, in dem die Seele vom göttlichen Einen getrennt ist, in Begriffen, die sie der Theosophie entlieh (und die ihrerseits wieder dem Hinduismus entstammten). Jetzt bezog sie sich in katholischen Begriffen auf dasselbe Mysterium und gab ihnen durch ein katholisches Ritual Ausdruck. Gerade das Ritual der heiligen Messe versetzte sie in die Lage, ihren Ausgangspunkt, dass abstrakte Dinge nur durch die konkrete, sinnliche Erfahrung assimiliert werden können, in die Praxis umzusetzen. Es ist dann auch nicht erstaunlich, dass sie sich für die Zulassung von Kindern zu einem Ritual einsetzte, bei dem sie am eigenen Leib die Vereinigung mit Christus und dem Mysterium, das er verkörperte, erfahren konnten. Mit dem Ziel, dafür zu sorgen, dass Kinder auch noch auf eine andere Art am Leben, Tod und Wiederauferstehung Christi teilnehmen konnten, entwarf Maria außerdem ein (nie veröffentlichtes) Theaterstück über das Leben Christi, das die Kinder nachspielen konnten.[209]

Doppelte Bindungen

Während ihre Verbundenheit mit dem Katholizismus immer manifester wurde, nahm Maria physisch Abstand von allem, was jahrhundertelang *das* Zentrum der römisch-katholischen Kirche war: Rom und, allgemeiner, Italien. Damit bekam ihre Beziehung zu Italien dieselbe Art von Doppelsinnigkeit, die ihre Beziehungen zur Welt im Allgemeinen kennzeichnete: Aus der Ferne verstärkte sie das Band mit ihrem Vaterland, indem sie sich selbst fester in die römisch-katholische Kultur einbettete. Andererseits machte es der geografische Abstand schwierig, tatsächlich Einfluss zu haben, Einfluss, den sie brauchte, auch wenn es nur deshalb gewesen wäre, weil sie persönlich die Kontrolle über die Verbreitung ihres Gedankenguts (und die dazu gehörenden Lehrmaterialien) ausüben wollte. Dieser Wunsch zwang sie dazu, regelmäßig persönlich zu erscheinen, was schwieriger wurde, weil sie nicht mehr in Italien wohnte. Diese Ambivalenz verstärkte sich dadurch, dass Maria nicht allgemein bekannt gemacht hatte, dass sie ihre Residenz in Spanien statt in Rom hatte. Die Folge waren Missverständnisse und Kommunikationsstörungen zwischen ihr und der italienischen Montessori-Vereinigung in Italien, der Società degli Amici del Metodo. Das machte die weitere Verbreitung ihrer Methode nicht einfacher.

Diese Verbreitung stockte dann auch in Italien: Intitiativen, um Montessoris Methode – die mit der Veröffentlichung ihrer *Autoeducazione* 1916 auf den Unterricht für Kinder bis zwölf Jahre ausgeweitet wurde – in einigen Grundschulen einzuführen verliefen im Sande; auch mit den Kinderhäusern ging es nach dem Bruch mit Talamo abwärts. De facto funktionierten nur die Häuser in Mailand und an der Via Giusti in Rom als von Maria anerkannte »Case dei Bambini«.

Außerdem musste Montessoris Methode immer mehr Kritik von anderen Unterrichtsreformern aushalten. Das ist nicht verwunderlich, da Montessori konsequent das Werk ihrer Kollegen vernachlässigte. Bezeichnend ist zum Beispiel die Kritik des sizilianischen Pädagogen Giuseppe Lombardo-Radice, einem der bekanntesten Vertreter dessen, was in Italien die »Bewegung der neuen Schulen« genannt wurde. Er griff sie an, weil sie sich immer mehr in eine nicht italienische Richtung entwickeln würde. Das Verschwinden der Widmung für Alice und Leopoldo Franchetti aus der dritten Ausgabe von *Il metodo*, die frühere Ausgaben geziert hatte, fasste er als Verrat am »franchettianischen Geist« auf. Entgegnungen von Montessorianern, die darauf hinwiesen, dass Maria inzwischen alt und erfolgreich genug sei, um Bücher zu veröffentlichen, ohne sich auf den Schutz Dritter berufen zu müssen, nutzten nichts. Lombardo-Radice hackte weiterhin auf dem nicht italienischen Charakter von Marias Methode herum. In diesem Zusammenhang bemerkte er spitz, ihre Ideen würden ja von »angelsächsischen Theosophen, Buddhisten, Protestanten und Jesuiten« verbreitet.[210]

Mit dieser Bemerkung legte Lombardo-Radice den Finger in eine offene Wunde. Auch wenn Maria die Kontakte zu Rom vertiefte, hatte sie doch den größten Erfolg in Kulturen, die dem Individuum beträchtlichen Raum boten, damit es ohne Zwischenschaltung eines Vermittlers der (göttlichen) Stimme lauschen konnte, die über das eigene Gewissen zu ihm oder ihr sprach. Auch Maria selbst hatte das Bedürfnis nach diesem eigenen Spielraum; es verblüfft dann auch nicht, dass ihre Beziehung zu der römisch-katholischen Kirche in eine Krise geriet, als dieser Raum angetastet zu werden drohte.

Anlass für diese Krise und den darauf folgenden Bruch, der zwischen 1929 und 1934 endgültig stattfand, war Marias Weigerung, das Konzept der Erbsünde anzuerkennen. Wie wir gesehen haben, beinhaltete ihr Beitritt zur Theosophical Society im Jahre 1899 vor allem anderen einen Bruch mit dem römisch-katholischen Prinzip der Erbsünde und mit der väterlichen Figur des strafenden Gottes. In *Il metodo* und in anderen Schriften machte sie anschließend kein Geheimnis daraus, dass Kinder für sie »leer« waren. Sie waren weder schuldig noch unschuldig;

sie hatten schlichtweg noch nichts auf sich geladen, wofür sie um Vergebung bitten müssten. »Sünde« und »Schuld« waren für Maria Konzepte, die zum Innenleben von Erwachsenen gehörten, die durch die Kultur »verdorben« waren, die sie geformt hatte. Lästige Eigenschaften von Kindern waren nichts anderes als ein Verteidigungsmechanismus, eine Reaktion auf die Versuche von Erwachsenen, sich ihrer Seele zu bemächtigen.

Schon 1917 hatte diese Überzeugung die öffentliche Verurteilung durch einen Priester in Kalifornien provoziert. Der wies Marias Pädagogik aufgrund ihrer Verwerfung des Konzepts der Erbsünde zurück. Maria selbst reagierte nicht auf diese Beschuldigung und sollte das auch in Zukunft nicht tun. Bemerkenswert ist, dass Mario an ihrer Stelle sprach, Mario, der selbst einen dunklen, an den Sündenfall erinnernden Ursprung hatte. Weil er sich zu diesem Zeitpunkt in Kalifornien aufhielt, verteidigte er Maria öffentlich, und es gelang ihm sogar, den Priester zu veranlassen, sein negatives Urteil zu widerrufen. Damit war das Problem jedoch nicht aus der Welt. Genau wie ihr Großonkel Stoppani wurde Maria auf diesem Weg mit der Frage konfrontiert, ob sie bereit sei, die Autorität des Papstes anzuerkennen. Dem war nicht so, wie sich zeigen sollte. Sie reagierte jedenfalls nicht, als sie über die Kolumnen der *Civiltà Cattolica*, eines wichtigen Sprachrohrs des Vatikans, aufgefordert wurde, auf ihre Abweichung vom Konzept der Erbsünde einzugehen. Sie reagierte auch nicht, als sich Papst Pius XI. 1929 in seiner dem Unterricht gewidmeten Enzyklika *Divini illius magistri* indirekt auf ihre Methode bezog, indem er erklärte, dass im Kind alle Auswirkungen der Erbsünde sichtbar seien, »vor allem in der Willensschwäche und der Neigung, ins Chaos zu verfallen«.[211] Von da an kühlten die Beziehungen zwischen »Il Papa« und der verlorenen Tochter Maria Montessori ab.

Ein väterlicher Gönner

Inzwischen hatte sich ein anderer mächtiger Beschützer Maria und ihrer Methode angedient: Benito Mussolini. Seit sich Montessori und Mussolini 1908 bei der Società Umanitaria in Mailand begegnet waren, hatten beide eine stürmische Entwicklung durchlaufen. Mit seinem Marsch auf Rom im Jahre 1922 legte Mussolini den Grundstein für eine faschistische Diktatur, die ab 1925 allmählich eine feste Gestalt annahm. Von diesem Jahr an schuf Mussolini etliche faschistische Verwaltungsorgane, schaffte die bestehenden politischen Parteien ab, hob die Pressefreiheit auf und begann mit einer allmählichen »Faschisierung« der italienischen Gesellschaft. Um eine faschistische kulturelle Revolution zustande zu bringen, war der Unterricht ein wichtiges Instrument. Über den Unterricht konnten Körper und Geist der so biegsamen Jugend beeinflusst werden, so dass ein neuer Mensch geschaffen werden könnte: der faschistische Mensch. Dieser liebte sein Vaterland über alles, das schöne Italien mit seiner ruhmreichen Vergangenheit. Der Liberalismus und die demokratische Staatsform hatten nach Mussolini und Konsorten dazu geführt, dass das ursprüngliche Ideal des Risorgimento – eine kulturelle und politische Renaissance Italiens – mit Füßen getreten worden war. Mussolini proklamierte folgerichtig auch einen neuen Risorgimento, der Italien die kulturelle und politische Vorrangstellung des Altertums wiederbringen sollte. Der Ruhm des Römischen Reiches musste wiederhergestellt werden; die Stadt Rom sollte wieder zum mythischen Zentrum Italiens und der Welt werden.

Als Mussolini seinen Siegeszug begann, war die italienische Demokratie schwach entwickelt. Auch wenn inzwischen alle Männer das Wahlrecht besaßen, konnte von einer aktiven, politischen Beteiligung der Massen keine Rede sein. Ohne Rücksicht auf die Rhetorik der Elite, die die Entstehung des modernen Nationalstaats 1870 als einen absoluten Bruch mit der Vergangenheit präsentierte, blieb die politische Kultur in vielerlei Hinsicht unverändert. Politiker zeigten, dass sie kaum in der Lage waren, von privaten Interessen zu abstrahieren. Bei der Lösung politischer Fragen gaben wie früher alte, personen- und clangebundene Seilschaften nur allzu oft den Ausschlag. Die ab 1918 überall in Europa zu vernehmende Kritik an (dem Funktionieren) der Demokratie fand in Italien denn auch begierigeres Gehör als andernorts. Wenn man dann noch hinzufügt, dass viele der Ansicht waren, die italienische Teilnahme am Ersten Weltkrieg sei durch die alliierten Partner nicht ausreichend belohnt worden, wird verständlich, dass sich Mussolinis Revolution in erster Linie auf die Wiederherstellung der nationalen Ehre richtete.

Viele Italiener, unter ihnen bekannte und respektierte Intellektuelle wie der Philosoph Giovanni Gentile, fanden für längere oder kürzere Zeit Gefallen am Faschismus. (Diese Zeit dauerte im Fall Gentiles bis zum 15. April 1944, als er von Partisanen exekutiert wurde, die einmal seine Studenten gewesen waren.) Ein Jahrhundert zuvor hatte der Ruf nach einem Risorgimento Gelehrte von diesem Kaliber für eine Politik erwärmt, die auf die Schaffung des Neuen Italieners gerichtet war. Nun schien sich in der Person Mussolinis eine neue Chance aufzutun, einer solchen Politik zum Durchbruch zu verhelfen. Solange Mussolini seine Kampagne zur Wiederherstellung der nationalen Ehre nicht in aggressiven Termini führte, konnte er denn auch nicht nur auf die Bewunderung ausländischer Machthaber zählen, sondern auch auf ein hohes Maß nationaler Zustimmung. Erst als er sein Machtstreben nach außen richtete, begann er sowohl inner- als auch außerhalb Italiens Unterstützung zu verlieren. Die brutale Eroberung Abessiniens 1935, der Bund, den er im Herbst 1936 mit Nazi-Deutschland (und Japan) schloss und die Einführung von Hitlers Rassengesetzen 1938 öffneten vielen die Augen.

1923 wendete sich Mario von Barcelona aus mit einem Brief an Mussolini[212], in dem er ihn um Unterstützung für die Verbreitung der Methode seiner Mutter in Italien bat. Nachdem er mittels Einschüchterung und Terror die Macht an sich gerissen hatte, war Mussolini in diesem Jahr damit beschäftigt, die reichlich unschuldige Gestalt eines Vaters des Vaterlandes anzunehmen. Außerdem war er, genau wie Maria, an der Entwicklung der modernen Technik interessiert. Eine seiner vielen Ambitionen bestand darin, das Ansehen Italiens zu erhöhen, indem er Wissenschaft und Technik förderte. Zusammen mit dem Interesse, das er dem Unterricht als Mittel zur Bewerkstelligung einer kulturellen Revolution beimaß, erklärt dies wahrscheinlich, weshalb er anlässlich des Briefes von Mario eine Untersuchung durchführen ließ, die sich auf die Verbreitung der Montessori-Methode im Ausland bezog. Anfang 1924 stellte sein Berichterstatter fest, dass man in englischen Metropolen lediglich zwei Dinge vorfand, die an Italien erinnerten, den Telegrafen von Marconi und die Montessori-Methode: »Zwei geniale Kräfte, verbunden mit dem erhabenen Namen des Vaterlandes!«[213] Das war für Mussolini das Zeichen, um in Sachen Montessori ernsthaft etwas zu unternehmen.

Anders als Lombardo-Radice und andere Kritiker Marias betonte Mussolini den durch und durch italienischen Charakter der Montessori-Methode und spielte sich als Retter eines kostbaren »einheimischen« Guts auf, das für Italien verloren zu gehen drohte. Dass er damit sein eigenes Ansehen und das seines Regimes im Ausland zu erhöhen hoffte, steht außer Frage. Daneben ist es jedoch auch nicht undenkbar, dass er, genau wie so viele andere mächtige Männer, unter den Eindruck von Marias Persönlichkeit geraten ist. Denn erst nach einer Begegnung mit Maria, die im Frühjahr 1924 stattfand, versprach er, alles zu tun, um das Montessori-System in Italien zu verbreiten. Der faschistischen Presse nach soll Maria anlässlich dieser Gelegenheit gesagt haben, dass sie einen starken und energischen Mann brauche. Der Duce soll darauf geantwortet haben, er sei die geeignete Person, um ihr beizustehen.[214]

Auch wenn es wahrscheinlich ist, dass diese Äußerungen Montessoris und Mussolinis aus propagandistischen Gründen übertrieben wiedergegeben sind, ist es dennoch nicht ausgeschlossen, dass zwischen ihnen Worte wie die oben erwähnten gewechselt worden sind. In späteren Briefen an Mussolini betonte Maria immer wieder, dass ihre Kräfte mit steigendem Alter abnahmen und dass sie, die bis dahin ihrem Werk ganz allein Form gegeben und es verbreitet hatte, nun der Unterstützung eines tatkräftigen Mannes wie Mussolini bedurfte. »Mir bleiben nur noch wenige arbeitsame Jahre«, schrieb sie ihm im Frühjahr 1928. »Und nur Ihr Schutz, der Hindernisse beseitigt und Mittel zur Verteidigung dieses großen Werkes verschafft, kann dafür sorgen, dass ich die übrig bleibende Energie dazu nutzen kann, um den Entwurf zu vollenden, den die göttliche Vorsehung skizziert hat, damit Kindern der ganzen Welt geholfen werden kann.«[215] Wieder und wieder dankte sie ihm, weil er als Erster in Italien den Wert ihrer Methode erkannt haben sollte. Vor allem war sie ihm jedoch erkenntlich, so schrieb sie, weil nur er begriffen habe, welch langen, harten Kampf sie all die Jahre hatte führen müssen. Sie war denn auch tief gerührt, als er sie während einer ihrer Begegnungen eine *povera signora* (arme Frau) nannte.

Von Frauen erwartete man im faschistischen Universum, dass sie keine andere öffentliche Rolle spielten als die einer Schauspielerin oder einer Prostituierten. Mit Worten wie den oben zitierten spielte die alles andere als schwache Maria dann auch geschickt auf Mussolinis nicht gerade schwach entwickeltes männliches Ehrgefühl an. Dennoch kann man sich des Eindrucks nicht erwehren, dass zumindest bis ungefähr 1930 auch von gegenseitiger authentischer Bewunderung die Rede gewesen ist. Neben allen Unterschieden, dessen wichtigster vielleicht darin bestand, dass Montessori auf eine Disziplin aus war, die von innen kam, während das faschistische System dem Individuum eine (militärische) Disziplin auferlegte, gab es auch auffallende Übereinstimmungen. Beide waren ebenso charmante wie autoritäre Einzelgänger, die nicht zu Kompromissen bereit waren. Der Slogan »Der Duce hat immer Recht« passte auch gut auf jemanden wie Montessori, die kaum Widerworte duldete. Mussolini und Montessori hatten eine gut entwickelte Intuition für den Publikumseffekt ihres Auftretens und beide machten ausgiebig von ihren theatralischen Talenten Gebrauch. Beide fühlten sich außerdem von Ritualen angezogen, die zum Ziel hatten, die Kluft zwischen dem Individuum und der Gemeinschaft zu schließen und die eine spezielle Art von Hingabe inszenierten. Sowohl die montessorianischen Rituale als auch die faschistischen zielten jedenfalls darauf ab, das Individuum die Freude und Kraft erfahren zu lassen, die aus der Verbeugung vor einer Macht der höheren Ordnung entstehen. Selbstverständlich stehen in der Montessori-Methode eine andere Art von Kraft und eine andere Art von Ordnung im Mittelpunkt als im Faschismus, in dem sich Kraft über Gewalt manifestierte und in dem alles und jeder, inklusive Montessori und ihre Methode, dem Staat (und Mussolini als Verkörperung dessen) untergeordnet waren. Dieser Unterschied bildete anfänglich jedoch kein Hindernis für ein Bündnis zwischen Montessori und Mussolini. Es ging Maria, so erklärte sie ausländischen Journalisten, um den Schutz des Kindes, nicht um das Betreiben von Politik.[216]

Das stimmt insofern, als Montessori niemals etwas am Inhalt ihrer Methode verändert hat. Sie hat ihrem Werk noch nicht einmal faschistische Appendizes hinzugefügt. Dennoch zeichnet sie, wie so oft, mit ihrer Darstellung der Dinge ein zu naives Bild von sich selbst. Mussolini mag sie zwar eine *povera signora* genannt haben, aber diese »arme Frau« hatte ein besonders gutes Gespür für die Art und Weise, mit der man politische Situationen und Personen für das Werk ausnutzen konnte, das ihr tatsächlich über alles andere ging: die Verbreitung ihrer Methode.

Es waren politische Umstände gewesen, die Montessori 1915 hatten beschließen lassen, nicht in das Krieg führende Italien zurückzukehren, sondern ins neutrale Spanien. In Katalonien war die Lage für die Einführung ihrer Methode günstig: Montessori genoss dort das Interesse und die finanzielle Unterstützung der auf eine Wiederbelebung der katalanischen Kultur gerichteten Associacio protectora de la Ensenyanca Catalana (Vereinigung zur Förderung des katalanischen Unterrichts). In Barcelona führte die Montessori-Methode fast zehn Jahre lang ein blühendes Dasein: Man gründete Montessori-Grundschulen und eine Montessori-Modellschule. Diese nutzte Maria als Laboratorium und internationales Trainingszentrum. Die ideale Situation fand ein Ende, als Miguel Primo de Rivera an die Macht kam und die auf regionale Autonomie gerichteten Bewegungen zu unterdrücken begann. Weil Montessori auf der Erfolgswelle der Bewegung für die katalanische Unabhängigkeit mitgeschwommen war, litt sie nun auch unter den Folgen dieses Machtwechsels. Ihre Schulen und Kurse wurden zwar nicht verboten, aber sie erhielten keine finanzielle Unterstützung mehr. Man schrieb das Jahr 1923, das Jahr, in dem Mario seinen Brief an Mussolini verfasste.

Die Firma Montessori & Sohn

Neben politischen Erwägungen waren es auch persönliche Gründe, die Montessori veranlassten, ihre Methode »dem Vaterland zurückzugeben«, wie sie es immer in ihren Briefen an Mussolini beschrieb. Obwohl es ihr und Mario in Barcelona gut ging, hatten sie dennoch Heimweh nach Italien. Maria war zwar verschiedentlich nach Rom gereist, vor allem zu privaten Zwecken, aber Mario konnte nicht mit, weil er seinerzeit nach Spanien ausgewichen war, um dem Militärdienst zu entgehen. Seine Lage muss eines der Gesprächsthemen während der Begegnung gewesen sein, die Maria 1924 mit Benito hatte. Es ist jedenfalls auffällig, dass Mario von diesem Moment an regelmäßig für kürzere oder längere Zeit in Italien blieb. Offensichtlich hatte man hinsichtlich seiner Bewegungsfreiheit eine Vereinbarung erzielt, die wieder unter Druck geriet, als sich die Beziehungen zwischen den Montessoris und Mussolini verschlechterten. Zehn Jahre später, im Frühjahr 1934, informierte sich Mario beim italienischen Konsulat in Barcelona über die Wahrscheinlichkeit, dass ihn die italienische Polizei festhalten und seinen Pass einziehen würde, bevor sie für ihren, wie sich später herausstellte, letzten internationalen Kongress nach Rom abreisten. Nicht ganz zufrieden mit der beruhigenden Antwort kündigte er an, er wolle persönlich mit Mussolini darüber sprechen. Es ist nicht undenkbar, dass es das negative Ergebnis dieses Gesprächs war, was schließlich für Maria und Mario den Anlass bot, Mussolini und dem faschistischen Italien endgültig den Rücken zuzukehren.

Es ist jedenfalls klar, dass Maria das Bündnis mit Mussolini in der Gewissheit einging, dass Mario ihr in allem zur Seite stehen werde. Genau wie »Teacher« Helen Kellers »Tor zur Welt« war, war Mario Marias Tor zur Welt geworden, eine Welt, die Maria zwar noch immer zu erobern wünschte, die aber auch gefährlich war, weil sie ihre Integrität anzutasten drohte. So sehr sie auch das Licht der Scheinwerfer suchte, scheint Maria gleichzeitig auch mehr und mehr die Notwendigkeit empfunden zu haben, sich vor zu viel Licht, Lärm, Menschen und Wünschen anderer zu schützen. Immer waren Menschen um sie herum gewesen, die diesen Schutz boten und die als ihre Vertreter in der Welt auftraten. Mit den meisten von ihnen bekam sie auf die Dauer Probleme, die auf einen Bruch hinausliefen; Mario sollte sie jedoch niemals wirklich verlassen. Er war Marias untrennbarer Weggefährte, der sie und ihr Werk über alles stellte, auch über seine eigene Familie.

Marios Familie wuchs zwischen 1919 und 1929 stetig: 1919 wurde Maria Elena (Rufname Marilena) geboren; 1921 Mario, der als Mario Montessori jr. durchs Leben gehen sollte. Die beiden Kinder, die darauf folgten, kamen in Rom zur Welt: Rolando 1925 und Renilde 1929. Gemeinsam mit Anna Maccheroni, Anna Fedeli, Adelia Pyle und »signora« Paolini bildeten all diese Montessoris die Art von Lebensgemeinschaft, in der sich Maria am meisten zu Hause fühlte. Auch Helen Christie, Marios amerikanische Frau, muss in Anbetracht der Kinder, die sie mit Mario bekam, in der Gemeinschaft eine Rolle gespielt haben. Bis auf einige Fotos, die aus dem Jahre 1920 stammen, fehlt von ihr jedoch jede Spur. Vielleicht hatte sie Schwierigkeiten mit der prominenten Rolle, die Maria im Leben ihres Mannes spielte; vielleicht gibt es andere Ursachen für das Schweigen, das ihre Person umgibt. In der öffentlichen Erinnerung an das Leben der Familie Montessori hat die imposante Gestalt Marias die Helen Christies auf jeden Fall verdrängt.

Ihre Gestalt war im Laufe der Jahre immer schwerer geworden, schwerer und dunkler. Es waren Mario und die Kinder, die Helligkeit in ein Dasein brachten, das so sehr im Zeichen von Arbeit stand, dass Maria, sogar während sie einen Film anschaute, plötzlich mit der Lösung eines wissenschaftlichen Problems beginnen konnte. Pieter Henny, der 1946 geborene Sohn Marilenas, gibt in seinen Erinnerungen eine treffende Beschreibung über den Unterschied zwischen den beiden: Seine Urgroßmutter war für ihn wie ein schwarzer Schatten, der sich immerzu in einem halbdunklen Zimmer über dunkle Bücher beugte. Wenn Maria bei Pieter zu Hause übernachtete, durfte nur geflüstert werden, und alle mussten auf Zehenspitzen an ihrem Studierzimmer vorbeigehen, damit sie durch nichts und niemanden gestört würde.[217] Mario dagegen stand für alles und jeden offen. Er schien sowohl physisch als auch mental ewig jung zu bleiben. Mario, der seit der Wiedervereinigung mit seiner Mutter im Jahr 1913 keiner Ausbildung mehr nachgegangen war, interessierte sich außerdem für viele Zweige der Wissenschaft. Genau wie Maria reiste er gern, aber anders als sie absorbierte er fremde Sprachen und Kulturen mit verblüffender Leichtigkeit. Versehen mit einem scharfen kaufmännischen Blick brachte er als Handelsreisender die Methode und Lehrmaterialien seiner Mutter über die ganze Welt an Mann und Frau. Ein faschistischer Spion beschrieb Maria und Mario dann auch treffend als

»La Ditta Montessori & Figlio«[218] (Die Firma Montessori & Sohn).

Genau wie seine Mutter hielt Mario außerdem sehr viel von einer großzügigen und berauschenden Lebensweise: Übernachtungen in vornehmen Luxushotels, mit einer ausgelassenen Gesellschaft in einem glänzenden Lancia Lamda durch die römische Via Veneto fahren, eine exquisite Mahlzeit genießen, an Stränden und Boulevards entlangflanieren, das war der Lebensstil, den Mario in Marias Dasein (zurück)brachte. Außer für Grandeur sorgte Mario auch für schlichte Vergnügen. Elise Herbartschek, eine österreichische Anhängerin Marias, die eine Zeit lang bei ihr in Rom blieb, beschreibt, wie glücklich Maria war, wenn sie zusammen mit Mario und den Kindern im Auto einen Ausflug nach Frascati oder Ostia unternahm. Wenn sie in Gesellschaft von Kindern und Heranwachsenden verkehrte, konnte Maria ihre eigenes fortgeschrittenes Alter vergessen. »Es war, als ob sie selbst immer jung sein wollte, während sie gleichzeitig wegen dem, was sie als Erwachsene geleistet hatte, anerkannt werden wollte«[219], so Elise. In Ostia tanzte und tobte ihr Sohn mit den Kindern herum, während Maria lachend dabei zusah. Allesamt ins Auto gepackt, fuhren sie singend zu einer der herrlich gelegenen Übernachtungsadressen zurück, die immer vorhanden zu sein schienen, etwa auf dem Monte Mario – wie passend – oder im Villenviertel Parioli. Es ist dann auch kein Wunder, dass Mario diese Periode als seine italienische »Belle Époque«[220] beschrieb, ein Zeitraum, dessen Glanz mehr von Rom als von Barcelona stammte, wo die Montessoris ihre feste Basis behielten. Der Unterstützung der spanischen Autoritäten beraubt, die 1924 Montessoris Modellschule in Barcelona schlossen, richteten sie ihre beruflichen Aktivitäten ab dieser Zeit in zunehmendem Maße auf andere Länder. Auf England und die Niederlande zum Beispiel, aber vor allem auf Italien.

Rom, »Mutter der Völker«

In Italien war die Verbreitung von Marias Methode seit ihrer Abreise nach Amerika im Jahre 1915 fast zum Stillstand gekommen. 1922, kurz vor dem faschistischen Umsturz, hatte Antonio Anile, Kultusminister und persönlicher Bekannter Marias, ihr den Auftrag erteilt, die Schulen zu inspizieren, an denen ihre Methode angewandt wurde. Maria kam, sah und ordnete an, dass die meisten Experimente beendet werden mussten, weil sie ihres Namens nicht würdig waren. Dies sollte das charakteristische Muster der folgenden Jahre werden: Hin und wieder begab sich Maria nach Italien, um einen (internationalen) Trainingskurs durchzuführen und den Unterricht, der in ihrem Namen erteilt wurde, einer Kontrolle zu unterwerfen. Derartige Inspektionsbesuche liefen recht häufig auf die Schließung von Schulen oder den Ersatz von Lehrkräften hinaus. Solange die Autoritäten hinter ihr standen, ging Maria als Siegerin aus diesem Kampf hervor. In dem Maße, wie die Beziehungen zwischen ihr und dem Regime weniger herzlich zu werden begannen, kam es allerdings öfter vor, dass Personen zu Montessori-Lehrkräften oder als Montessori-Vertreter in Italien benannt wurden, die nicht Marias Billigung fanden. Ob es sich tatsächlich, wie Maria und Mario wieder und wieder behaupteten, um »inkompetente« Personen handelte, die von der Methode keine Ahnung hatten, ist nicht leicht zu beurteilen. Tatsache ist, dass sich ab ungefähr 1930 zwischen Vertretern des faschistischen Regimes und Maria und Mario ein Machtkampf entwickelte. Es ging um den Spielraum der Montessoris, selbst, ohne Einmischung von oben, den italienischen Montessori-Unterricht nach ihren eigenen Kriterien einzurichten.

Anfänglich schien dieser Spielraum nahezu unbegrenzt zu sein. Mit dem Antritt Giovanni Gentiles als Mussolinis Kultusminister konnte Maria auf die Unterstützung eines einflussreichen Mannes rechnen, der aufrichtig an ihrer Methode interessiert war. Umgekehrt bot Gentiles Konzept des Staates als

»ethische Gemeinschaft« Maria die Möglichkeit, die universellen Ansprüche ihrer Methode mit den nationalistischen Ambitionen des Faschismus zu versöhnen. In der Sprachverwirrung, die in der Anfangszeit des Regimes um die Begriffe »Risorgimento« und das »Primat Italiens« herrschte, wählte Maria eine Position, die gleichermaßen doppeldeutig wie schlau war. Sie orientierte sich dabei an einem Repräsentanten des Risorgimento des 19. Jahrhunderts, der auch für Gentile eine wichtige Quelle der Inspiration gewesen war, Giuseppe Mazzini. Dieser hatte den Gedanken der außergewöhnlichen Position Italiens und noch mehr im Besonderen der Stadt Rom mit der Vision einer universellen Brüderschaft aller Menschen verbunden. Rom, so Mazzini, hatte in der Vergangenheit durch seine Position im Römischen Reich und durch die Position des Papstes eine geistige Bedeutung gehabt, die für die gesamte Welt wichtig gewesen war. Die neuen Zeiten erforderten eine neue Quelle der geistigen Inspiration, eine, die nicht länger durch das infame Machtstreben der römischen Kaiser und Päpste getrübt wurde. Ein wiedergeborenes Rom, das so genannte Dritte Rom, sollte dieses neue geistige Zentrum der Welt werden.

Diesen Gedanken, der von Mussolini in immer engerem und aggressiv-nationalistischerem Sinn interpretiert werden sollte, findet man in den Briefen Marias an den Duce. In jenen Briefen betonte sie fortwährend den durch und durch italienischen Charakter ihrer Methode und pochte auf die Notwendigkeit, Rom zum Zentrum der internationalen Montessori-Bewegung zu machen. So könnte man jedenfalls der neuen Hoffnung konkrete Gestalt geben, die der Duce in den »Herzen aller Italiener« geweckt hatte, »die etwas zu geben haben«. Außerdem sollte auf diese Weise auch dem Verlangen entsprochen werden, das bei ihren Anhängern im Ausland herrschte, nämlich an ihren Trainingskursen in Rom teilzunehmen, statt in London oder Barcelona. Rom war immerhin das »Zentrum, auf das sich die Ansprüche der ganzen Welt richteten«, so Maria in einem aus dem Jahre 1927 stammenden Brief, an dessen Ende sie Mussolini ihrer »faschistischen Hingabe«[221] versicherte. Dass dieser und andere Briefe von einer alles andere als apolitisch-strategischen Erkenntnis der Achillesferse Mussolinis und seiner Ratgeber zeugen, zeigt sich u.a. daran, wie sie Mussolini auf subtile und weniger subtile Weise wissen ließ, dass sie ihr Werk anderen Nationen, zum Beispiel England, »anbieten« würde, sollte er seinem Versprechen, Italien zum internationalen Zentrum der Montessori-Bewegung zu machen, nicht nachkommen.

Gefühl für Strategie spricht auch aus Marias Wahl, ihren Anhängern aus dem Ausland gegenüber so zu tun, als bewege sie sich weiterhin unabhängig in Bezug auf Mussolini. Bezeichnend sind zum Beispiel die Erinnerungen der niederländischen Lehrerin S. Osterkamp, die Anfang 1930 am ersten in Rom organisierten internationalen Trainingskurs teilnahm. Osterkamp charakterisiert die Rede, mit der Gentile den Kurs eröffnete, als »großsprecherisch«. Zum Beweis dessen zitiert sie seine Schlussworte: »In der Rückkehr des Montessori-Gedankens nach Rom, nachdem er sich über die ganze Welt verbreitet hatte, sehe ich einmal mehr die Bestätigung einer ruhmreichen Wahrheit, nämlich dass alle universellen und genialen Ideen nach Rom, der Mutter der Völker, zurückkehren müssen, um dort die Salbung ihrer Unsterblichkeit zu empfangen.« Diese Worte lassen Osterkamp stöhnen: »Und dann bedenke man, dass sich Dr. Montessori jahrelang von Italien fern gehalten hatte, weil sie den Faschismus nicht gerade als das richtige ›ambiente‹ (Milieu) für die Verbreitung ihrer Auffassungen empfand!«[222] In Osterkamps viele Jahre später aufgezeichneten Erinnerung ist eine Erkenntnis weggeschliffen, die in einem Brief[223] der niederländischen Montessori-Vereinigung von August 1930 an Mussolini sehr wohl noch vorhanden zu sein scheint: die Erkenntnis, dass zwischen Mussolini und Montessori eine persönliche Beziehung bestand. In diesem Brief bat die Vereinigung Mussolini nämlich um einen finanziellen Beitrag für das Geschenk, das die Vereinigung Maria zu ihrem sechzigsten Geburtstag machen wollte: eine Art Pension, damit sie die

Zeit, die ihr noch blieb, ohne materielle Sorgen verbringen konnte.

Ein universelles Vaterland

Mussolinis Reaktion auf dieses Ersuchen ist nicht erhalten geblieben. Es stellt sich allerdings die Frage, ob er im Sommer 1930 noch immer ausreichend unter Marias Eindruck stand, um ihr ein sorgloses Altenteil zu gönnen. Sicher ist, dass er ungefähr zu dieser Zeit widersprüchliche Ratschläge zu empfangen begann, was die Haltung betrifft, die das Regime gegenüber Montessori einnehmen sollte. Zwischen 1924 und 1930 war viel geschehen, was für beide Parteien günstig war: Gentile übernahm die Leitung über die kleine, bis dahin ziemlich machtlose Società degli Amici del Metodo und gestaltete diese zur Opera Nazionale Montessori um. Mussolini wurde, auf Marias Ersuchen, Ehrenpräsident; ihre frühere Förderin, Königin Margherita, offizielle Schirmherrin. Der Sitz der Opera wurde von Mailand nach Rom verlegt, wo die Organisation ein eigenes Sprachrohr bekam, *L'Idea Montessori*. Mit finanzieller Unterstützung des Regimes begann die Opera Montessori-Schulen zu gründen, Neuausgaben von Marias Büchern zu veröffentlichen, Lehrmaterialien zu produzieren und Trainingskurse zu organisieren. Innerhalb kurzer Zeit gab es über ganz Italien verteilt ungefähr siebzig Kindergärten und Grundschulen, die die Montessori-Methode anwendeten.

Das wichtigste Ereignis war die Gründung der Regia Scuola Magistrale di Metodo Montessori 1928 in Rom. Mario und Maria versprachen sich sehr viel von dieser Reichsbildungsanstalt. Diese sollte nicht nur die Montessori-Modellschule für Italien werden, sondern auch das angesehene Zentrum der internationalen Montessori-Ausbildung. In Zukunft sollte die Welt von Rom aus mit Lehrkräften versorgt werden, die von Maria persönlich trainiert worden waren. Auch Mussolini begriff den propagandistischen Wert dieses Trainingszentrums, das ihm im Ausland Respekt verschaffen könnte. Er nahm dann auch den ersten, 1930 von der Regia Scuola organisierten internationalen Trainingskurs zum Anlass, auf die zusammengeströmte ausländische Presse Eindruck zu machen: in einer gewaltigen Schlussmanifestation empfing er im Palazzo Venezia alle 150 Kursteilnehmer, die aus seiner Hand eine Medaille entgegennahmen. Während die faschistische Presse Montessoris Kurs als erfolgreiches Ereignis beschrieb, das Mussolini zu verdanken war, sah die ausländische Presse den Kurs eher als Beweis von Montessoris außergewöhnlicher Kraft. Es war jedenfalls eine nicht geringe Leistung, ein extrem konservatives Regime wie das Mussolinis so weit zu bringen, dass es eine Methode wie die Montessoris akzeptierte.

In dieser Berichterstattung zeichnet sich die Spannung ab, die das Bündnis zwischen Mussolini und Montessori schließlich zum Erliegen brachte, die Reibung zwischen zwei Autoritäten, die nach Alleinherrschaft strebten. Diese Spannung musste unweigerlich zu einem Zusammenstoß führen, eine Konfrontation, die sich im Kampf um den Standort Rom als Zentrum der internationalen Montessori-Bewegung entladen sollte.

Schon im Anlauf zur Gründung der Regia Scuola in Rom äußerten Mussolinis Ratgeber ihre Zweifel über den Nutzen, den Italien aus einer Schule ziehen könnte, die Lehrkräfte in die Prinzipien der Montessori-Methode einweihte. Nach Ansicht des Bürgermeisters von Rom war die Montessori-Methode lediglich für »Völker mit einer trägeren Intelligenz und einem kühleren Temperament« geeignet, beziehungsweise für die »Angelsachsen«.

Der Kultusminister, Pietro Fedele, hielt dagegen, dass die Methode auch unter Spaniern, Franzosen, Russen, Südamerikanern und Menschen aus Indien verbreitet war. Auch widersprach er der Vorstellung, dass die Montessori-Methode keine Liebe für das Vaterland erzeuge. Das wäre nun gerade der Fall, etwas, das auch von Gentile vertreten wurde. Die Gründung der Regia Scuola in Rom war eine Frage »nationalen Anstands«, schloss Fedele.[224]

Schon bald zeigte sich, dass es Mussolini um nicht viel mehr als Anstand ging: Maria und Mario klagten jedenfalls immer wieder darüber, dass nicht genügend Mittel zur Verfügung gestellt wurden, um die Schule auf dem Niveau funktionieren zu lassen, das ihnen vorgeschwebt hatte. Was sie damit genau meinten, ist unklar. Deutlich ist aber, dass Maria und Mario hohe Ansprüche stellten. So bat Maria im Sommer 1929 in einem Brief an Mussolini nicht nur um Maßnahmen, die aus Rom wirklich das Zentrum der internationalen Montessori-Bewegung machen sollten, sondern auch um ein (vom Staat zu bezahlendes) Bahnabonnement für sich selbst und Mario sowie um eine Empfehlung für die europäischen Luftfahrtgesellschaften, um kostenlos fliegen zu können.[225] Dass diesem und ähnlichen Ersuchen (z.B. den italienischen Teilnehmern an den Trainingskursen das sehr hohe Kursgeld zu vergüten) nicht oder nur teilweise entsprochen wurde, weckte bei den Montessoris Unmut. Umgekehrt schuf es bei einigen Lehrkräften der Regia Scuola Irritation, dass Maria, die Direktorin der Schule war, nur zu den internationalen Trainingskursen nach Rom kam, während sie weiterhin im Ausland lebte.

Die Kritik dieser Lehrkräfte fügte sich zu der einiger Ratgeber Mussolinis. Sie beklagten sich weniger darüber, dass Maria längst nicht immer anwesend war, sondern darüber, dass sie ein Gehalt erhielt, das ihrer Meinung nach in keinem Verhältnis zu den erbrachten Leistungen stand. Außerdem war es ihnen ein Dorn im Auge, dass Montessori die Schulen verpflichtete, von ihren Lehrmaterialien Gebrauch zu machen, so dass sie auf diesem Weg auch noch zusätzliche Einkünfte erzielte. Weil sie, wie sie sagten, Maria als eine »habsüchtige, launenhafte und unzuverlässige Person« kennen gelernt hatten, plädierten sie bei Mussolini dafür, die Montessori-Schulen zu reformieren, indem man Maria Montessori entließe. Maria würde die Schulen anschließend mit einem Bann belegen, aber das würde dem Regime die Freiheit verschaffen, einen, wie es einer von ihnen ausdrückte, »Montessorismo senza Montessori«[226] (Montessorismus ohne Montessori) zu schaffen.

Um eine solche allerletzte Form der »Piraterei« sorgten sich Maria und Mario am meisten. Seit der Entstehung von *Il metodo* war es ihr höchstes Ziel gewesen, die »Sauberkeit« von Marias Methode aufrechtzuhalten. Der Gang der Dinge in und um die Regia Scuola und die Opera Montessori machte Maria und Mario allmählich deutlich, dass sie nicht in der Lage waren, die Sauberkeit der Methode im faschistischen Italien von außen zu bewahren. Auch wenn sie versuchten, Einfluss auf die Ernennung von Lehrkräften und Präsidenten der Opera auszuüben, wurden ihre Vorlieben nicht immer berücksichtigt. Wenn es dennoch geschah und Personen benannt wurden, die von Maria und Mario vorgeschlagen worden waren, zeigten sich diese in der Praxis oft empfänglicher für die faschistische Rhetorik als für den Druck, den die Montessoris ausübten.

Diese Art von Erfahrungen brachten den Gegensatz zwischen dem Faschismus und der Montessori-Methode immer schärfer ans Licht. Den hatte es von Anfang an gegeben, er verursachte aber anfangs kein Problem, weil zu der Zeit noch eine Art »Souveränität im eigenen Kreis« möglich schien. Ab ungefähr 1929–1930 geriet die Souveränität Montessoris und ihrer Methode ernsthaft unter Druck. Da wurde immer deutlicher, dass es Montessori nicht länger freigestellt war, den Begriffen »Vaterland« und »neuer Mensch« eine eigene Bedeutung zuzuschreiben. Wenn sie sich in ihren Kreisen aufhielt, predigte sie allmählich immer nachdrücklicher gegen die stets stärker akzentuierte soldatische Heroik des Faschismus das Prinzip des Weltfriedens. Die wahre Heroik war für sie Heroik, die Leben schuf, nicht die Heroik, die Leben vernichtete, so behauptete sie auf internationalen Friedenskongressen im Ausland.

Faschistische Beobachter meldeten Mussolini, dass Montessori den wichtigsten Teil des bekannten faschistischen Wahlspruchs »Libro e moschetto, fascista perfetto« (Der perfekte

Faschist besitzt Buch und Pistole) zu leugnen schien, indem sie bestritt, dass Leben ein Synonym für Kämpfen war. Auch schien »Vaterland« für Maria nicht auf Italien zu verweisen, sondern auf das »universelle Vaterland« der ganzen Menschheit[227], so eine der Lehrkräfte der Regia Scuola. Maria hatte die Lehrerin, nachdem diese die Kinder auf das ruhmreiche italienische Vaterland angesprochen hatte, nach der Stunde zur Seite genommen und ihr den Auftrag erteilt, in Zukunft in universellen Begriffen über das »Vaterland« zu sprechen.

Strauchdiebe für das Gute

Dies alles deutet darauf hin, dass Maria als Reaktion auf die abbröckelnde Unterstützung durch das Regime anfing, den internationalen und universellen Charakter ihrer Methode zu betonen. Das zeigt sich auch in den Briefen an Mussolini, in denen Maria und treue Freundinnen wie Maria Maraini in unmissverständlichen Worten zum Ausdruck brachten, dass Maria lukrative Angebote aus dem Ausland annehmen würde, dort das internationale Zentrum der Montessori-Bewegung anzusiedeln, wenn Mussolini nicht mit konkreter Unterstützung herausrückte. Das deutlichste Zeichen dafür, dass Maria ihre internationalen Hilfstruppen als Waffe im Kampf gegen den zunehmenden Druck des Regimes zu mobilisieren begann, war die Gründung der Association Internationale Montessori (AMI) in Kopenhagen im Sommer 1929.

Diese Tat ist in erster Linie Marios Werk gewesen. In einer Erinnerung aus dem Jahre 1969 an diese Episode erklärt er, dass er die AMI als Gegengewicht zur wachsenden Anzahl dissidenter nationaler Montessori-Vereinigungen gründete, die zu Unrecht auf die Suche nach ihrer eigenen Wahrheit gingen.[228] Getreu der Manier, nach der in Italien von altersher subversive Politik betrieben wurde, rief Mario mit Unterstützung einer Gruppe begeisterter Jünglinge eine geheime Gesellschaft ins

Leben. Die Gesellschaft nannte sich I Masnadieri per il Bene, Strauchdiebe für das Gute. Maria lehrte ihre Räuber, wie sie kämpfen sollten: »Verteidigt mich nicht«, so sprach sie, »sondern arbeitet!« Gesagt, getan, so Mario, und mithilfe der Masnadieri-Bande, die sich in die seriöser klingende AMI umtaufte, überwanden die Montessoris immer größere Hindernisse: »Hitler, Stalin, Mussolini, den Spanischen Bürgerkrieg und den Zweiten Weltkrieg«, laut Mario.

Auch wenn die Wahrheit beträchtlich weniger heroisch ist, als Mario sie hier darstellt – er selbst startete beispielsweise noch 1935 einen Versuch, Mussolini zur erneuten Unterstützung der Montessori-Methode zu bewegen[229] –, fungierte die AMI tatsächlich als »Heerschar«. International bekannte Größen wie Gugliemo Marconi, Sigmund Freud, Alfred Adler, Rabindranath Tagore, Giovanni Gentile, Jean Piaget und Jan Masaryk – *bien étonnés de se trouver ensemble* – bezeugten ihren Beifall und verliehen dem Werk Marios und Marias neuen Glanz. Dass sie das wieder gewonnene Ansehen, trotz einiger Probleme, anfänglich mit Italien verknüpfen wollten, wird aus der Entscheidung für Rom als ersten Standort der AMI deutlich. 1932 wich die Organisation nach Berlin aus, was sich allerdings als sehr unglückliche Wahl erwies. Wegen Hitlers Machtübernahme wurde die AMI, nachdem sie eine Zeit lang ihren Sitz in Barcelona hatte, 1935 nach Amsterdam verlegt.

In der Zwischenzeit erhöhte sich in Rom die Spannung. Nach dem erfolgreichen internationalen Trainingskurs von 1930 wurden Marias Bitten, von Mussolini persönlich empfangen zu werden, immer häufiger abgewiesen. Offiziell geschah das aus praktischen Gründen. Aus der Korrespondenz Mussolinis ist jedoch zu ersehen, dass Maria immer mehr Irritation weckte, nicht nur, weil sie ständig auf die Bedeutung des Weltfriedens pochte, sondern auch durch ihr eigenes rechthaberisches Auftreten und das einiger ihrer Vertreter in Italien, so beispielsweise ihrer persönlichen Sekretärin Giuliana Sorge, die ebenfalls an der Regia Scuola unterrichtete. Sorge ließ Mussolini 1932 auf bedeutend unverblümtere Art, als es Mario und Maria zu Eigen war, wissen, dass er in Bezug auf die Unterstützung von Marias Werk versagte. Sorges Ausbruch fand zu einem prekären Zeitpunkt statt: An der Regia Scuola sollte jemand für den Pädagogiklehrstuhl benannt werden. Maria hatte Adele Costa Gnocchi vorgeschlagen. Diese stellte allerdings zur Bedingung, dass alle von ihr als »faschistisch« abgestempelten Lehrkräfte an der Regia Scuola entlassen wurden. Marias Aufforderungen an Costa Gnocchi, eine etwas gemäßigtere Haltung einzunehmen, nutzten nichts mehr: Costa Gnocchi wurde von Rivara überrundet, die Marias Ansicht nach eine »vollkommene Unwissenheit«[230] in Bezug auf die technische Kenntnis ihrer Methode zur Schau trug.

Allem Anschein nach läutete dieser Zwischenfall das Ende des Bündnisses zwischen Mussolini und der Firma Montessori ein. Im Dezember 1932 schickte Emilio Bodrero, seit dem Rücktritt Gentiles 1930 Präsident der Opera Montessori, einen Brief an Mussolinis persönlichen Sekretär, Pietro Chiavolini, in dem er Maria zwar in Sachen Rivara Recht gab, in dem er aber auch Dinge schrieb, die Maria und Mario als »verleumderisch«[231] betitelten. Bodrero widerlegte nämlich Marias Beschuldigung, die Opera Montessori unterhielte mit den »verkehrten« Montessori-Vereinigungen im Ausland Kontakt, mit der Bemerkung, dass viele dieser Vereinigungen, zum Beispiel die amerikanische, den Kontakt mit Maria aus Gründen gelöst hatten, die mit ihrer Person und nicht mit ihrer Methode zu tun gehabt hätten. Diese (auf der Wahrheit und weniger auf Verleumdung beruhende) Bemerkung war für Maria und Mario der Anlass, Bodrero Mitte Januar 1933 wissen zu lassen, dass sie sich aus der Opera Montessori zurückzogen. Bodrero bot daraufhin seine Kündigung an und Piero Parini wurde sein Nachfolger. Maria ihrerseits offerierte ihm im Februar 1933 ihre Entlassung als Direktorin der Regia Scuola in Rom. In ihrem Kündigungsbrief ersucht sie die Schule, den Namen »Montessori« abzulegen, »weil von meiner Methode in dieser Schule keine Spur mehr zu finden ist«[232], so eine vor Wut schnaubende Maria. Mussolini, von seinem persönlichen Sekretär von den Ereignissen in Kenntnis gesetzt, hatte nur eine einzige Bemerkung dafür übrig: »Va bene – questa Montessori sembra sia una grande rompiscatole.«[233] (Es sei so – diese Montessori scheint eine unmögliche Quertreiberin zu sein.) Damit riss man einer Beziehung den Boden unter den Füßen weg, in der sich gegenseitige Interessen und gegenseitige Bewunderung lange Zeit die Waage gehalten hatten.

Zum definitiven Zusammenbruch kam es während eines internationalen Montessori-Kongresses, der im April 1934 in Rom stattfand. Zum letzten Mal sprach Maria »im eigenen Haus« über ihre Methode und den Frieden. Zum Glück wurden italienische Kinder, so bemerkte ein faschistischer Beobachter, trotz der Montessori-Propaganda darauf vorbereitet, das »faschistische Zeitalter mit dem Heldenblut Tausender und Abertausender Schwarzhemden einzuweihen.«[234] Bald sollte faschistisches Heldenblut in Abessinien fließen; im Moment beschränkte sich die Gewalt noch auf rhetorische Großtuerei, wovon auch etwas in den Saal durchdrang, in dem Maria ihren Vortrag hielt. Gelangweilt von dem, was nach Ansicht des faschistischen Beobachters eine einschläfernde Geschichte war, begann eine Gruppe junger italienischer Lehrer hinten im Saal laut zu reden. Irgendwann ging das Gerede in abschätziges Pfeifen über. Jetzt reichte es Maria. Sie unterbrach ihre Erläuterungen und schickte Mario nach hinten, um nachzusehen, was dort los war. Das war keine ungewöhnliche Handlungsweise. Bereits »in hohem Maße gestört, wenn sie ein ihr unbekanntes Gesicht in den ersten Reihen gewahr wurde«, so Osterkamp in ihren Erinnerungen an Montessori[235], unterbrach sie schon mal öfter einen Vortrag, um ihren Sohn zu fragen, »was das für jemand sei und wie er/sie dort hinkäme«. Meistens beruhigte sie die Antwort solchermaßen, dass sie ihre Ausführungen wieder aufnahm. Diesmal war es anders: Mario kam wieder nach vorne und flüsterte seiner Mutter ein paar Worte zu, die daraufhin ih-

Abb. 16: Maria Montessori mit 60 Jahren

re Papiere einsammelte und ihren Vortrag mit einigen Worten abrupt beendete, deutlich »verärgert und einer heftigen Verwirrung anheim gestellt«.[236]

Vielleicht hat ihr gerade dieser Zwischenfall verdeutlicht, dass sie selbst im eigenen Haus nicht vor dem stets aggressiveren Machtstreben Mussolinis sicher war. 1927 hatte er ihr, die behauptete, als Mädchen einen tiefen Abscheu gegenüber nationalen Heldinnen empfunden zu haben, das Prädikat Heldin des Vaterlandes[237] verliehen. Maria ihrerseits hatte Mussolini noch 1931 einen »Kämpfer« genannt, der »zu gewinnen wusste, ohne zu töten, und der sich sowohl im Kampf als auch im Sieg von der Liebe statt vom Hass leiten ließ«.[238]

Es ist schwer vorstellbar, dass sich eine scharfsinnige Frau wie Maria Montessori so lange von Mussolini Sand in die Augen hat streuen lassen. Andererseits muss in Betracht gezogen werden, dass sie immer und überall die Augen schloss, vor allem, was mit dem Thema »Gewalt« zu tun hatte. Personen, die ihr unabhängig gegenüber standen, ihr aber dennoch nahe waren, wie Helen Parkhurst, haben außerdem bemerkt, dass Maria Menschen oft verkehrt beurteilte. Viele Brüche in ihrem Leben, inklusive der mit Montesano, könnten aus dem unvermeidlichen Einsturz zu hoch gespannter Erwartungen zu erklären sein.

Zurück ins republikanische Spanien

Sobald der Montessori-Kongress 1934 beendet war, räumten Maria und Mario ihre Suite im Grand Hotel und verließen Rom, um erst 1947 wiederzukehren. Sie zogen sich nach Barcelona zurück, wo die politischen Umstände 1931 nach der Gründung der Zweiten Republik für die Verbreitung der Montessori-Methode wieder günstiger geworden waren. Ein Zeichen dafür war das Versprechen der neuen republikanischen Regierung, als Sponsor für einen im Sommer 1935 abzuhaltenden internationalen Trainingskurs aufzutreten. Dieser Kurs fand tatsächlich statt und zwar im prunkvollen, im gotischen Stil erbauten Rathaus von Barcelona aus dem 14. Jahrhundert. Die Montessoris bekamen das Ambiente, das sie für ihre Aktivitäten als passend empfanden. Auch bei den Kursteilnehmern sorgte man für einen prachtvollen Aufenthalt: Sie wurden im vormaligen königlichen Palast untergebracht und konnten sich während der Freistunden im Park, in der Bibliothek, den Schwimmbädern oder auf den Tennisplätzen ergötzen. Montessori selbst erhielt die Verfügung über die beiden Universitäten, die Barcelona besaß. In einer hielt sie ihre Vorträge, in der anderen demonstrierte sie mithilfe spanischer Kinder ihre Methode.

Die paradiesische Atmosphäre, in der sich der Kurs abspielte, und der Respekt, mit dem ihr die Autoritäten begegneten, müssen einen schroffen Gegensatz zu der Behandlung gebildet haben, die ihr in Rom im vorangegangenen Frühjahr zuteil geworden war. Dennoch bot auch Spanien Maria nur für kurze Zeit den Freiraum, den sie brauchte. Nach einer Zeit der relativen Ruhe, in der sie zwei Werke (in Spanisch) über die Didaktik der Mathematik herausbrachte, nahmen die politischen Spannungen wieder zu. Im Juli 1936 kulminierten diese im Generalaufstand, der den Anfang des Spanischen Bürgerkriegs einläutete und Franco an die Macht bringen sollte.

Aus den Berichten, die das italienische Konsulat in Barcelona, nach November 1936 das in Salamanca, und die Gesandtschaften in London, Paris und Den Haag nach Rom schickten, kann man schließen, dass sich Mario in London befand, als der Generalaufstand ausbrach. Er war es vermutlich auch, der dafür sorgte, dass Maria Hals über Kopf Barcelona an Bord eines britischen Kriegsschiffs verlassen konnte, das sie am 18. Juli 1936 in London absetzte. Mario selbst reiste bereits am nächsten Tag über Paris nach Barcelona, wo er sich mit italienischen antifaschistischen Gefechtseinheiten in Verbindung setzte. Gemeinsam mit dem legendären Nello Roselli soll er dann auf republikanischer Seite an der Front von Huesca gekämpft haben.

Da alle Berichte über Marios Teilnahme an den Kampfhandlungen auf Zeugnissen Dritter basieren[239], die außerdem durch ihre faschistische Gesinnung voreingenommen waren, erhebt sich die Frage, ob diese Berichte auf der Wahrheit beruhen. Wichtig ist jedoch, dass faschistische Spione, die im verlassenen Haus von Maria und Mario in der Calle Ganduxor in Barcelona stationiert waren, Briefe abfingen, in denen über Marios Aktivitäten Meldung gemacht wurde. Weil Mario außerdem zwischen Sommer 1936 und Januar 1937 als »vermisst« galt, ist es nicht unwahrscheinlich, dass er im republikanischen Widerstand aktiv war.

Wenn dem tatsächlich so ist, werfen die dramatischen Ereignisse im Juli 1936 ein umso grelleres Licht auf den fundamentalen Unterschied zwischen Mario und Maria: Während sie sich übereilt von der Front an sicherere Orte zurückzog, um dort mittels ihrer Methode Monster wie Ombius zu bekämpfen, verließ Mario die sicheren Orte und stürzte sich in die Hitze des Gefechts. Dort konnte er sich endlich wie ein echter Masnadiere per il Bene gegen das schwarze faschistische Monster zur Wehr setzen. Wie immer trieb auch diesmal der Abstand keinen Keil zwischen Mutter und Sohn. Im Januar 1937 schloss sich Mario Maria wieder an. Gemeinsam begaben sie sich in die Niederlande, um zum soundsovielsten Mal wieder neu anzufangen.

»Ich wohne im Himmel«

Anfang 1937 kam es zu einer Begegnung, die eine Liebe zu neuem Leben entfachte, die zwar nie ganz erloschen war, die aber viele Jahre lang unter einer katholischen Oberfläche geschwelt hatte: Marias Liebe für den Osten und die Theosophie. George Sydney Arundale, seit dem Tod Annie Besants im Jahre 1934 Präsident der Theosophical Society, besuchte Maria in Baarn, wo sie damals wohnte, und brachte sie auf den neusten Stand der Situation in Indien. Dort war gerade in den vorhergegangenen Jahren ein lebendiges Interesse an ihrer Methode aufgekommen, unter anderem dank der Werbung Annie Besants und einflussreicher Repräsentanten der indischen Kultur wie Tagore und Gandhi. Weil sie so sehr von ihren italienischen und europäischen Beschäftigungen in Anspruch genommen war, hatte Maria jedoch noch nie Zeit dazu gefunden, selbst einmal nach Indien zu reisen. Jetzt, während des Besuchs von Arundale, wurde die Basis für eine solche »passage to India« gelegt. Im Herbst 1939 sollte Maria zusammen mit Mario endlich den Fuß auf den Boden ihres »geistigen Vaterlandes« setzen.

Sie sollte dort bis zum Sommer 1946 bleiben. Dieser unerwartet lange Aufenthalt war allerdings kein Ergebnis eines freien Entschlusses; zum wiederholten Mal wurden die Bewegungen dieser leidenschaftlichen Pazifistin durch Kriegsumstände diktiert, diesmal durch den Ausbruch des Zweiten Weltkriegs. Damit nahm Marias Leben erneut eine unerwartete Wendung, eine Veränderung, die sie in die Lage versetzte, sich selbst und ihr Leben aus einer östlichen Perspektive zu betrachten und zu erfahren. Seit der Geburt Marios im Jahre 1898 hatte sie mit dieser Perspektive geliebäugelt, aber erst jetzt versetzte sie die persönliche Erfahrung Indiens und des Hinduismus in die Lage, den Osten wirklich in sich aufzunehmen.

Es war etwas, das sie nicht selbst gesucht hatte. Bevor sie nach Indien ging, war sie nach etwas anderem auf der Suche gewesen: einer neuen Basis, einem neuen Freiraum, von dem aus sie sich in der Welt bewegen konnte. Diesen Raum fand sie in den Niederlanden.

Nach den chaotischen Ereignissen in Spanien infolge des Ausbruchs des Spanischen Bürgerkriegs im Sommer 1936 war Maria, später gefolgt von Mario, nach England ausgewichen. Marios Frau, Helen Christie, verschwand nun definitiv von der Familienbühne und reiste nach Amerika zurück. Dort wurde sie im Frühjahr 1938 in Denver vom italienischen Konsulat dieser Stadt registriert.[240] Sie hatte die Aufmerksamkeit auf sich gelenkt, weil sie sich öffentlich in kritischen Worten über das Franco-Regime ausgelassen hatte. Anfangs zu Unrecht für Maria Montessori gehalten, stellte das Konsulat wenig später fest, dass sie die Frau von Mario Montessori war. Sie weilte, so der Konsulatsbeamte, im November 1938 inzwischen in Kalifornien. So kehrte Helen in die sonnige Gegend zurück, wo sie Mario zum ersten Mal begegnet war und wo sie 1917 heirateten. Ihr viertes und letztes Kind, Renilde (Mario zufolge im Sinne eines »Denkmals«[241] nach seiner Großmutter Renilde Stoppani genannt), wurde 1929 geboren. In den Jahren danach muss ihre Ehe auf der Kippe gestanden haben. Wann sie offiziell aufgelöst wurde, wissen wir nicht. Soweit bekannt, schloss sich keines der Kinder Helen an, aber auch das ist nicht sicher.

Sicher scheint nur, dass Marios älteste Tochter, Maria Elena, in die Niederlande kam, schon bevor Maria und Mario diese zu ihrem Stützpunkt machten. Dort war sie als echte Montessori darum bemüht, das Gedankengut ihrer Großmutter zu verbreiten. Eine derjenigen, die sich von dem Gedankengut und von den Montessoris angezogen fühlte, war die junge und energische Ada Pierson, Sprössling eines bekannten Bankiergeschlechts. Sie war es, die Mario und Maria 1937 einlud, sich im Haus ihrer Familie in Baarn von den aufregenden Ereignissen der letzten Monate auszuruhen. Ada sollte Marios zweite Frau werden; sie wurden 1947 getraut.

Montessori in den Niederlanden

Die Anwesenheit einer nicht mittellosen Frau wie Ada Pierson war nur einer der Faktoren, die die Niederlande zu einer geeigneten neuen Ausgangsbasis für die Montessoris machte. Weil das Hauptquartier der AMI seit 1935 seinen Sitz in Amsterdam hatte, konnten die Niederlande hervorragend als Herz der internationalen Montessori-Bewegung fungieren. Des Weiteren war eine zufällige Begegnung zwischen Maria und dem Möbelbauer A. Nienhuis von großer Bedeutung: Sie führte zur Gründung des Lehrmaterialienhauses, das bis zum heutigen Tag die ganze Welt mit Montessori-Material beliefert. Verlockend war ferner, dass Piersons Einladung zeitlich mit einem Ersuchen an Maria zusammenfiel, die man gebeten hatte, im idyllischen Laren eine Montessori-Modellschule einzurichten. Maria nahm die Einladung an und leitete – wie meistens aus der Ferne – mit Marios Hilfe die Schule.

Gemeinsam mit dem angrenzenden Blaricum war Laren schon seit Jahrzehnten Herz einer Künstlergemeinschaft, die von den Idealen der humanitären Bewegung beseelt wurde. Bekannte Künstler und Intellektuelle wie Adriaan Roland Holst, Piet Mondrian und Frederik van Eeden wohnten dort zu Anfang des Jahrhunderts in »Hütten«, eine etwas irreführende Bezeichnung für etwas, was oft richtige kleine Landhäuser waren. Angeregt vom christlichen Anarchismus Tolstois führten sie ein kollektives Leben in der Hoffnung, so der neuen Menschheit Gestalt zu geben. Auch wenn die Blütezeit dieser alternativen Lebensgemeinschaft gegen 1920 vorbei war, gab es dennoch in den Dreißigerjahren noch viel von dem, was man auch als »Lari-Blarigeist«[242] bezeichnete. In dem so genannten humanitären

Wäldchen standen noch die Hütte von Martinus Nijhoff und die Atelier-Hütte von Otto van Rees, in der auch Mondrian malte.

Eine weitere sichtbare Spur der humanitären Vergangenheit war die Humanitäre Schule, die 1903 in zwei Wohnzimmern in der Laren'schen Villa von Jacob van Rees eröffnet wurde. Die erste Lehrerin war die leidenschaftliche Marie Calish, eine Frau von montessorianischem Kaliber. Im Geiste Tolstois brachte sie den ersten Schülern – sieben an der Zahl – »die Liebe für alles Lebende« bei. Kopfarbeit wechselte mit Handarbeit, Gartenarbeit, Bienenzucht, Theater und Musik. Calish verbot weder, noch strafte sie. Nur ein einziges Gebot wurde streng von ihr gehandhabt: Mit keinem Wort durfte man sich auf den verwerflichen Militarismus beziehen. Begriffe wie »Soldat, Kugel, Kanone waren schlimmer als ›verdammt noch mal‹ oder ›zum Teufel‹«[243], so P. H. van Moerkerken in seinem aus dem Jahre 1913 stammenden *De ondergang van het dorp* (Der Untergang des Dorfes), einer fiktionalen Darstellung der Laren-Blaricumschen Gemeinschaft. Es passt in die wundersame Kontinuität von Maria Montessoris Leben, in dem sich die richtigen Anknüpfungspunkte immer im richtigen Moment anzubieten scheinen, dass sie ausgerechnet in dieser Schule ihr neues Zentrum gründete. Genau wie die wieder aufgegriffenen Fäden zur Theosophie symbolisiert dieser Akt ihre Rückkehr zu der geistigen Quelle, die sie seinerzeit aus der Krise hatte wiederauferstehen lassen.

Diese Rückkehr wurde außerordentlich vereinfacht durch die Tatsache, dass sie in einem Land stattfand, in dem sich die Montessori-Methode in Grund- und weiterführenden Schulen einen festen Platz erobert hatte. Seit Marias erstem Besuch in den Niederlanden, 1914, war die Rede von einem lebhaften Interesse für ihre Ideen gewesen. In Amsterdam und Den Haag begann man schon bald mit Testklassen im Haus oder an Schulen, die ansonsten normalen Klassenunterricht durchführten. Die ersten Lehrerinnen, unter ihnen J. Vosmaer-Werker, Caroline Tromp und Rosy Joosten-Chotzen, besuchten Marias Trainingskurse in Rom, London oder Barcelona. So entstand eine kleine Gruppe qualifizierter Montessori-Lehrkräfte. Unterstützt durch die 1917 gegründete niederländische Montessori-Vereinigung und durch Lobbygruppen interessierter Eltern sorgten diese zum überwiegenden Teil weiblichen Lehrkräfte dafür, dass an verschiedenen Orten private und öffentliche Montessori-Kindergärten und Montessori-Grundschulen entstanden. Um 1935 zählte die niederländische Montessori-Bewegung etwa tausend Mitglieder, und über 28 Städte verstreut gab es zweihundert Montessori-Schulen mit insgesamt sechstausend Schülern. Dank des Interesses, das Universitäten für Montessoris Ideen zeigten, wurde ihre Methode außerdem auf den weiterführenden Unterricht ausgedehnt. Das erste Ergebnis war die Gründung des Amsterdamer Montessori Gymnasiums 1930.

Die besondere Art und Weise, in der in den Niederlanden seit 1920 die Finanzierung des Grundschulunterrichts geregelt war, wirkte sich auf die Verbreitung neuer Unterrichtsmethoden wie der Montessoris günstig aus. Seither hat jeder Schultyp Anrecht auf staatlichen Zuschuss, vorausgesetzt, die Schule entspricht den von der Behörde aufgestellten Regeln, die die Qualität des Unterrichts garantieren. Eine dieser Regeln stellte den Montessori-Unterricht vor Probleme, nämlich die Bestimmung, dass alle Schulen an einen bestimmten Stundenplan mit einer für jedes Fach festgelegten Anzahl von Stunden gebunden waren. Eine derartige Regel widersprach vollkommen der Montessori-Praxis, in der die Kinder selbst entscheiden, in welchem Fach sie wie lange arbeiten wollen. Die niederländische Montessori-Vereinigung reichte folglich auch ein Ersuchen zur Befreiung beim Kultusminister ein. J. Th. De Visser änderte seine Meinung, nachdem sich Maria 1923 bei einem Besuch in den Niederlanden persönlich mit ihm unterhalten hatte. Das Gesetz wurde so modifiziert, dass der Minister oder ein Beigeordneter künftig Dispens von dem bemängelten Gesetzesartikel erteilen konnte. Wieder hatte Maria einen mächtigen Mann für ihre Sache gewonnen.

Kritischer Abstand

Dass Maria noch stets Charisma besaß, zeigt sich auch aus Reaktionen anderer auf ihren Besuch der Niederlande in den Jahren 1923–1924. »Trotz ihres Alters von weit über fünfzig ist ihr Temperament noch glutvoll und sie unterstreicht mehrfach mit graziöser Geste einige Gedankenäußerungen. Manchmal, wenn sie in Feuer gerät, strömen die Worte wie ein Wasserfall glänzender Tropfen«[244], schrieb M. Haas bewundernd. Noch lobender äußerte sich Sandberg-Geiswijt van der Netten und bezeichnete Maria Montessori als »Prophetin«. Schwärmerisch war die Bewunderung eines kleinen Mädchens. Nachdem sie Maria bei einem Auftritt gesehen hatte, seufzte sie: »Ich wünschte, ich hätte sie nicht gesehen, denn jetzt muss ich mich immer nach ihr sehnen.«

Auch wenn Maria Montessori also auch in den Niederlanden starke, fast verliebte Reaktionen hervorrief, scheint dort doch die Blüte des Montessori-Unterrichts weniger stark mit der Verehrung ihrer Person verbunden gewesen zu sein als anderswo. Von Anfang an äußerten sich auch begeisterte Montessorianer wie Cornelia Philippi-Siewertz van Reesema kritisch über Marias Neigung, Entdeckungen für sich zu beanspruchen und so zu tun, als habe niemand anderes vor ihr gute pädagogische Erkenntnisse entfaltet. Auch Montessoris Forderung nach strikter Befolgung ihrer Vorschriften stieß auf Widerstand. Eine der Montessorianerinnen der ersten Stunde, Vosmaer-Werker, benutzte den bereits früher erwähnten Begriff »Montessori-Diktatur«[245], um aufzuzeigen, dass Montessori die Aktivitäten des Kindes auf das beschränkte, was ihre Methode und Material zu bieten hatten. Niederländische Montessorianer neigten dazu, den absoluten und exklusiven Charakter von Marias Methode zu relativieren, indem sie, wie Gunning es tat, behaupteten, es gebe viele Wohnungen im Kinderland und das Kinderhaus sei lediglich eine davon. Helen Parkhursts Daltonplan zum Beispiel konnte in den Niederlanden mit viel Interesse rechnen. 1930 gab es dort zehn Grundschulen, die ganz, und 36 Grundschulen, die teilweise nach Parkhursts Plan arbeiteten. Im Gegensatz zum Montessori-System, das so streng an Montessoris Lehrmaterialien gebunden war, zeigte der Daltonplan »reine Flexiblität, denn er kann unter vollständigem Beibehalten der Grundprinzipien auf allerlei Arten und in sehr unterschiedlichem Maße angewandt werden«[246], so Gunning 1924.

Auch gegenüber Maria Montessori als Person bewahrten viele niederländische Montessorianer kritischen Abstand. Eine von ihnen, Ans Heijenk, erinnert sich an Maria Montessori als eine nervöse Frau, die immer an ihren Ringen herumspielte und die mitten in einem Vortrag das Podium verließ, wenn sie das Gefühl hatte, dass das Publikum nicht ausreichend in ihren Bann gezogen war. So unterbrach sie zum Beispiel ihre auf Französisch gehaltene Erzählung mit der Frage: »Worüber soll ich jetzt noch sprechen? Über die Freiheit?« Ans Heijenk, die das schon öfter erlebt hatte, rief Montessori dann aus dem Saal zu. »Ja bitte, Frau Montessori, erzählen sie uns über die Freiheit«, woraufhin Maria ihre Erzählung fortsetzte.[247] Andere stellten einen Mangel an Begeisterung und ein gewisses Maß an »Versteinerung« in ihrer Denkweise fest.

Bemerkenswert ist, dass weder Maria selbst noch die Verbreitung ihrer Methode unter dieser relativierenden Haltung litten. Lehrkräfte wie Ans Heijenk waren trotz ihrer Vorbehalte gegenüber Maria doch so sehr vom Montessori-Unterricht begeistert, dass sie ihm ihr ganzes Leben widmeten. Bedeutend war, dass diese Hingabe nicht in sklavische Nachahmung ausartete: Viele Montessorianer fühlten sich frei genug, um mit Marias Lehrmaterialien und Methode zu experimentieren, auch wenn solche Experimente nicht immer auf Marias Wohlwollen stießen. 1931 wetterte Mario beispielsweise in Marias Namen gegen das, was er die schändliche »Piraterei« Frau Philippis nannte. Die hatte es gewagt, die Montessori-Methode probehalber mit Elementen aus der Pädagogik von Montessoris Konkurrenten der ersten Stunde, Ovide Decroly, zu kombinieren. Damit veränderte sich das, was für Mario »unsere Methode« war, zu einer »Parodie«.[248]

Vielleicht hatte sich Mario zu einem strengeren Bewacher von Montessoris Gedankengut entwickelt als seine Mutter. Neben Kritik zeigte Maria selbst jedenfalls bei mehreren Gelegenheiten Begeisterung über die Experimentierlust der niederländischen Montessorianer, auch wenn diese zu einem Richtungsstreit innerhalb der Montessori-Bewegung führte. Dieser Streit lähmte den Montessori-Unterricht jedoch nicht, er erwies sich vielmehr als Anreiz, sich immer wieder auf Montessoris Ansätze zu besinnen.

Marias eigene Liebe zum Experiment – eine Liebe, von der auch ihre in Spanien verfassten Bücher über den Mathematikunterricht zeugen – schien inzwischen erneut aufzulodern. In Laren begann sie zum Beispiel mit einem Projekt für Heranwachsende zwischen zwölf und fünfzehn Jahren. Für sie entwarf sie den *Erdkinderplan,* ein Unterrichtsprogramm für Jugendliche, das ihnen Gelegenheit bot, Teil der Gesellschaft zu werden, ohne ihre eigene Kultur zu opfern. Für diese Alterskategorie stand nicht so sehr die intellektuelle Bildung im Vordergrund, sondern die Entdeckung der eigenen sozialen Fähigkeiten, eine Entdeckung, die am besten innerhalb der (sicheren) Umgebung der eigenen Gruppenkultur stattfinden konnte. Wie immer in Montessoris Projekten war auch hier beabsichtigt, dass sich die Jugendlichenkultur während des Handelns entwickelte. Genau wie sie es in San Lorenzo getan hatte, entwarf sie auch in diesem Fall ein »Haus«: In einem *Erdkinderheim,* einer Lebens- und Arbeitsgemeinschaft von Heranwachsenden, sollten Jugendliche den Boden bearbeiten und die Erträge der Ernte in einem eigenen Geschäft verkaufen. Verwandte und Freunde durften sich nicht um diesen »freien Jugendlichenraum« kümmern, aber sie konnten dennoch zur Besichtigung kommen. Sie mussten dann in einem von den Jugendlichen betriebenen Hotel bleiben, damit die Selbstständigkeit der Kommune nicht angetastet werden würde.

Die Art, wie die niederländischen Montessorianer diesen wenig realistischen, aber sehr zur larensischen Tradition passenden Plan aufnahmen, charakterisiert ihre relative Unabhängigkeit. Sie übernahmen Elemente des *Erdkinderplans* in den weiterführenden Montessori-Unterricht, ohne den Plan in seiner Gänze anzunehmen. Indem man Arbeits- und Projektwochen organisierte und dem Zeichnen, dem Theater und der Musik besondere Aufmerksamkeit widmete, versuchte man das zu berücksichtigen, was Maria in ihrem *Erdkinderplan* betont hatte: die Notwendigkeit, die *ganze* Persönlichkeit zu entwickeln und außer der intellektuellen Entfaltung der moralischen und künstlerischen Bildung Aufmerksamkeit zu widmen.

Guru in Indien

So sehr die pragmatische und autonome Haltung der niederländischen Montessorianer auch Marias eigenem Bedürfnis nach einem Freiraum, in dem sie sich ungestört bewegen konnte, entgegen kam, kollidierte sie doch mit einem anderen Wunsch, nämlich dem, Meisterin zu sein, eine *prima donna*. Dieses Bedürfnis wurde in Indien vollauf befriedigt. Nie zuvor war sie mit so viel Respekt und Begeisterung begrüßt worden wie bei ihrer Ankunft in Adyar im Oktober 1939. Dort hielt sie am Sitz der Theosophical Society einen Trainingskurs für 300 indische Lehrkräfte ab, die aus allen Teilen Indiens gekommen waren, um wie Schwämme jedes Wort von ihr aufzusaugen, als wäre sie ein Guru. Maria genoss es. Trotz ihrer fast siebzig Jahre und der Hitze arbeitete sie stundenlang, ohne zu ermüden. Wie immer wirkte die öffentliche Bewunderung elektrisierend: Auf Fotos aus dieser Zeit sieht man eine strahlende Maria, gekleidet

Abb. 17: Mario und Maria in Indien

in lange, weiche Gewänder, die weit um sie herumfallen, und zum ersten Mal seit Jahren in Weiß oder hellen Pastellfarben. Um ihren Hals hängt ein Blumenkranz und Mario, ihr Beschützer und Dolmetscher, steht an ihrer Seite, auch er in die hellen Farben der Tropen gekleidet.

Der Juni 1940 bereitete diesem Traum von Allmacht und Glück ein jähes Ende, als sich Italien als Achsenmacht am Zweiten Weltkrieg beteiligte. Indien war Teil des Britischen Imperiums, und das machte Maria und Mario zu Mitgliedern einer »feindlichen« Nation, die interniert werden mussten. Marias Empörung kannte keine Grenzen. Wie konnte man ihr, die mit Italien und Mussolini gebrochen hatte, so etwas antun? Sie, die sich selbst als Weltbürgerin betrachtete und die auf eine Frage eines Journalisten nach ihrer Nationalität antwortete: »Ich wohne im Himmel; mein Land ist ein Stern, der sich um die Sonne dreht und Erde genannt wird.«[249]

Selbst wenn ihre Reaktion auf das Vorhaben, sie und Mario gefangen zu nehmen, zweifellos auch durch strategische Überlegungen eingegeben war, weist ihre Wut auch auf eine tiefe Angst vor einer Trennung von Mario und auf eine wachsende Weltfremdheit hin. Ihr ganzes Leben lang hatte Maria versucht, die Heldin ihrer eigenen Lebensgeschichte zu sein. Durch die Erfindung ihrer Methode war sie tatsächlich auch dazu geworden. Seither scheint es allerdings so, als wäre sie nicht mehr in der Lage, zur Erde zurückzukehren. Von Mario vor allem und jedem beschützt, was ihre Gemütsruhe stören könnte, von ihren Anhängern wie eine Königin verehrt, war sie zu einer Institution geworden, die jeden überragte und niemandem tributpflichtig war, auch nicht der für sie so wichtigen Theosophie. Als sie in Indien gefragt wurde, ob sie Theosophin sei, antwortete sie: »Ich bin Montessorianerin.«[250] Diese Antwort zeigt, wie sehr sich Maria auch selbst als Institution wahrnahm. Buchstäblich unantastbar geworden, hatte sie sich daran gewöhnt, immer als Siegerin aus dem Kampf hervorzugehen. Dass der Preis dafür Einsamkeit war, bedauerte sie, so ihre Enkelin Renilde.[251] Diese Einsamkeit konnte sie jedoch mit Mario teilen. Charakteristisch für ihr Verhältnis, in dem beide innig verbunden waren und dennoch auf eigenen Füßen standen, ist das Kartenspiel, das Maria am liebsten in Marios Gesellschaft spielte: Patience, ein Spiel, das man sich leicht so zurechtlegen kann, dass man immer gewinnt.

Die Illusion der Unantastbarkeit zerbrach durch die Ankündigung, Maria solle getrennt von Mario interniert werden. Sie war nicht die Einzige, die sich geschockt zeigte. Auch das internationale Montessori-Netzwerk protestierte. Wichtig war vor allem die Reaktion Claude Claremonts, Leiter der englischen Montessori-Bewegung. Dieser schrieb einen Brief, der von der Londoner *Times* veröffentlicht wurde. Darin äußerte er die Hoffnung, dass Montessori ihre »niemals endende und schwere Aufgabe« ungehindert würde fortsetzen können. Ein Beschluss, Maria auf freien Fuß zu setzen, wäre eine Geste, die »Englands würdig«[252] sei. Der Druck zeigte die gewünschte Wirkung, jedenfalls soweit es Maria betraf: Sie durfte sich in Adyar frei bewegen und erhielt auch die Genehmigung, in den warmen Sommermonaten an die kühleren Orte Ooty und Kodaikanal auszuweichen. Mario wurde jedoch wie geplant zu einem Internierungslager in Amednagar abtransportiert. Während er in dem Zug saß, der ihn seinem Bestimmungsort zuführen sollte, versicherte ihm sein Bewacher, er brauche nicht um sein Leben zu fürchten, weil er »Gast seiner Majestät«[253] sein werde. Anstatt die Gastfreiheit des Königs von England zu genießen, hätte Mario lieber in Gesellschaft seiner eigenen Königin verkehrt. Diese verbrachte ihre Tage nun in ungeteilter Einsamkeit, zu deprimiert, um zu arbeiten.

Wieder brachte der heilige Antonius von Padua den verlorenen Sohn zurück und das sogar anlässlich Marias siebzigsten Geburtstags am 31. August 1940. An diesem Tag empfing sie ein Telegramm des indischen Unterkönigs, in dem ihr dieser mitteilte, die zuständigen Autoritäten seien nach langem Nachdenken zu dem Schluss gekommen waren, ihr Sohn sei das schönste Geschenk, das man Maria machen könne. Darum war entschieden worden, ihr Mario zurückzuschicken. Maria nahm dieses Geschenk kommentarlos an und feierte ihren Geburtstag einige Tage später in Gesellschaft Marios.

The Absorbent Mind

Nachdem sie ihren Sohn erneut hatte abtreten müssen und wiederum auf wundersame Weise mit ihm vereinigt worden war, scheint sich etwas in Maria geöffnet zu haben. Möglicherweise war es die selbstverständliche Art, mit der sich der indische Unterkönig auf die wahre Identität Marios bezogen hatte. Damit verstieß er gegen eine ungeschriebene Regel, die in Marias Umgebung jeder beachtete: Über die wahre Herkunft Marios wurde nicht gesprochen. Auch wenn allmählich alle wussten, dass er ihr Sohn war, stellte Maria Mario dennoch weiterhin als ihren Neffen oder Adoptivsohn vor. So bewahrte sie ängstlich ein Geheimnis, das ihr wie ein Schatten folgte, wohin sie auch ging. Jetzt, in der indischen Kultur, die sie in jeder Hinsicht zu akzeptieren schien, ist es, als kehrte sie zum Ursprung ihres Geheimnisses zurück, zu einer Konfrontation mit der Wehrlosigkeit von Säuglingen und Kleinkindern. In *Il metodo* erzählt sie, wie eine Mutter von einem der Kinder im Kinderhaus einmal ihr Baby in Marias Arme legte und wie sie damals vom Anblick des schlafenden Säuglings betroffen war.[254] Dieses Baby war es, das sie zu den berühmten Stilleübungen inspirierte, weil sie merkte, wie friedvoll sie selbst und die Kinder durch die Betrachtung des ruhig atmenden Babys wurden. Gleichzeitig machte die Szene ihr bewusst, wie wehrlos Babys sind, weil sie sich vollkommen demjenigen ausliefern, der sie versorgt. Die Begriffe, in denen sie in der Regel über Säuglinge und Kleinkinder schrieb, verraten dann auch vor allem, wie sehr sie von deren Verletzlichkeit beunruhigt war. Gerade diese Kleinen laufen Gefahr, in die Fänge des Monsters Ombius zu geraten, das auf ihre Seele aus ist. Noch nicht in der Lage, selbst den vielen äußeren Reizen, die sie begierig aufnehmen, eine Richtung und Bedeutung zu geben, werden sie ein williges Opfer von Erwachsenen, die nur an sich selbst denken und die Kleinen unter ihren Umarmungen und erstickenden Regeln und Konventionen begraben.

In Indien sah Maria mit eigenen Augen, dass es eine andere Art gibt, mit Säuglingen und Kleinkindern umzugehen, eine Art, die das Trauma der Geburt lindert. Die Kleinen wurden nicht in ein separates Zimmer in eine Wiege mit einer kalten Matratze gelegt, sondern auf dem warmen Körper ihrer Mutter mitgetragen und blieben, auch wenn sie in ihrer Krippe lagen, dicht bei ihren Lieben. Kein rigides Fütterungsschema regierte ihr Leben; die mütterliche Versorgung richtete sich auf die Befriedigung der natürlichen Bedürfnisse ihres Kindes. Unter derartigen Umständen war die schwammartige Struktur der Kleinen keine Gefahrenquelle, sondern gerade eine wunderbare Segnung, weil sie ihnen ermöglichte, all das Gute, das sie erfuhren, in sich aufzunehmen. Das war die Botschaft, die Maria in dem Buch aussandte, das Ergebnis ihres Indienaufenthalts war, *The Absorbent Mind*, einem Buch, das 1949 veröffentlicht wurde.

Schmerzliche Erfahrungen und andere Hindernisse, denen jemand im Leben begegnet, konnten in den Augen Montessoris unter den richtigen Umständen und mit den geeigneten Hilfsmitteln zu positiven Wachstumsstimulanzen verwandelt werden. All ihre Bücher stehen folglich auch im Zeichen der »Konversion«, der »Umkehrung«, wobei die Überwindung des »finsteren Impulses zu wachsen«, eine kostbare Erfahrung nach der anderen liefert. Diese Erfahrungen sammelt das Kind in seiner inneren Schatzkammer, woraus es nach Bedarf schöpfen kann. So gesehen ist ihr Buch *The Absorbent Mind* die Umkehrung des Artikels »Il neonato« (das Neugeborene) aus dem Jahre 1927 und der schmerzlichen Erfahrung, die sie zu diesem Artikel anregte. Während sie dort das Wesen der Geburt wiedergab, indem sie ihren Lesern ein Baby vor Augen zauberte, das auf brutale Weise von der Mutterbrust gerissen wird, skizziert sie in *The Absorbent Mind* ein ganz anderes Bild. Hier hält sie ihren Lesern vor, dass das Baby nach der Geburt nicht sofort gewogen, gemessen und gewaschen werden muss, sondern dass es in die Arme der Mutter gelegt werden sollte, um sich sanft an sein neues Leben als auf sich selbst gestelltes Individuum gewöhnen zu können. Sie beschreibt die Geburt nicht länger als eine Vertreibung aus dem Paradies, sondern als Beginn einer Reise, in der das Individuum allmählich mit dem Einen wiedervereint wird, aus dem es entstanden ist.

Auch sie selbst schien in Indien eine Wiedervereinigung mit dem Einen zu erleben. Trotz der Kriegsumstände und der eingeschränkten Bewegungsfreiheit war sie glücklich, hielt einen Vortrag nach dem anderen und leitete verschiedene Trainingskurse für Montessori-Lehrkräfte. Insgesamt bildete sie in den Jahren 1939–1946 mehr als tausend indische Lehrerinnen und Lehrer aus. Als sie und Mario im Frühjahr 1946 endlich in die Niederlande und zu den dort verbliebenen Familienangehörigen zurückkehrten, war Maria dann auch zufrieden. Erneut war es ihr gelungen, von einer kleinen, friedlichen Insel aus ihren Stempel auf eine Welt zu drücken, die von Krieg beherrscht wurde.

Weltbürgerin

Auch außerhalb Indiens erfuhr Maria viele Beweise der Anerkennung. Die letzten Jahre ihres Lebens sind Jahre der offiziellen Ehrenbezeugungen. Dreimal wurde sie für den Friedensnobelpreis nominiert. Dass es bei der Nominierung blieb, muss eine große Enttäuschung für sie gewesen sein, weil neben unterrichtsrelevanten Fragen die Sache des Friedens immer ihre konstanteste Triebfeder gewesen ist. Auf unterrichtswissenschaftlichem Gebiet blieb es nicht bei der Nominierung. Die

Schweizer Pestalozzi-Stiftung verlieh ihr den angesehenen Pestalozzipreis, das Educational Institute of Scotland ernannte sie zum *honorary fellow* und in Paris empfing sie für ihr pädagogisches Werk das Kreuz der Légion d'Honneur (Ehrenlegion).

In den Niederlanden wurde sie 1950 Offizier im Orden von Nassau-Oranien. Im selben Jahr verlieh ihr die Universität von Amsterdam die Ehrendoktorwürde. Ehrendoktormutter war Helene Stellwag, seit 1946 außerordentliche Hochschulprofessorin für Pädagogik und speziell an der erziehungswissenschaftlichen Spannung zwischen Autorität und Freiheit interessiert. Stellwag rühmte Montessori in ihrer *laudatio* als jemanden, der sich fortwährend erneuerte, was sich zum Beispiel in ihrem letzten Buch *The Absorbent Mind* zeige. Nun mag sie Recht gehabt haben, was dieses Werk betrifft, im Allgemeinen sind jedoch die Bücher, die Montessori und ihre Anhänger ab 1916 veröffentlichten, eine Wiederholung der Ideen, die sie schon in *Il metodo* niederschrieb. Treffender ist, was Stellwag ihrem wissenschaftlichen Lob hinzufügte: dass Montessori »ungreifbar war; jeder Formel und jeder festen Charakterisierung entkam«.[255] Neben wissenschaftlicher Wertschätzung muss diese Charakterisierung Montessori Vergnügen bereitet haben. Erscheinen durch Verschwinden war immer eine der wichtigsten Kennzeichen ihres Charismas gewesen. Auch in der Aula der Amsterdamer Universität gelang es ihr, das Publikum mit dem zu fesseln, was das Paradox ihres Lebens war: Gerade indem sie an ihrer eigenen, kleinen, privaten Welt festhielt, sprach sie Massen in der ganzen Welt an. In ihrem auf Französisch gehaltenem Dankeswort wechselte sie, als sie über die ersten Kinderhäuser zu erzählen begann, unbemerkt in das ihr so vertraute Italienisch. Sie stoppte erst, als ihr Enkel Mario jr. sie darauf aufmerksam machte. Sie entschuldigte sich und ging wieder auf Französisch über. Der Saal hing an ihren Lippen.

Auch von königlicher Seite würdigte in den Niederlanden vor allem Prinzessin Juliana ihre Person und ihr Werk. Juliana teilte mit Maria nicht nur eine große Verbundenheit in Sachen

Frieden und ein ebenso intensives Interesse für das Okkulte, sondern war auch in Fragen involviert, die mit der Unterrichtsreform zu tun hatten. So zeigte sie zur gleichen Zeit auch Interesse für das Werk von Marias früherer Schülerin und Konkurrentin Helen Parkhurst, die den gleichen Ritterorden wie Maria erhielt. Julianas Würdigung für Montessori und ihre Methode war folglich nicht so exklusiv, wie das Maria vielleicht gewollt hätte. Obwohl sich die beiden Frauen mehrere Male trafen, schickte Juliana ihre Kinder nicht zu einer Montessori-Schule, sondern zu einer anderen »alternativen« Einrichtung: dem Arbeitsplatz von Kees Boeke in Bilthoven.

1947 kehrte Maria auf Einladung der italienischen Regierung in ihr Geburtsland zurück, um der Verbreitung ihrer Methode einen neuen Impuls zu geben. 1934 sang- und klanglos abgefahren, wurde sie nun als Größe empfangen. Außenminister Carlo Sforza und Parlamentsmitglied Maria Jervolino priesen sie, weil sie dem Kind die Menschlichkeit zurückgegeben und sich für den Weltfrieden eingesetzt hatte. Überall stand sie im Zentrum des öffentlichen Interesses, wobei sie sich wie eine Diva benahm, die immer zu spät kam und jeden auf sich warten ließ. So war es ihr zum Beispiel nicht bewusst, dass es in einem Land, das gerade einen Krieg beendet hatte, nicht so einfach war, ihren Wunsch, immer und überall mit dem Auto transportiert zu werden, zu erfüllen. Unter Marios sorgfältiger Bewachung beantwortete sie die Fragen der Journalisten, wobei sie u.a. wissen ließ, ihre Methode sei weniger eine pädagogische Theorie als eine göttliche Offenbarung. Inwiefern die Zuhörer verstanden, dass sich Maria mit dieser Art Aussagen von ihrer katholischen Vergangenheit distanzierte, wissen wir nicht. Dieser Abstand wurde möglicherweise durch den Beschluss deutlicher, nicht Rom zum Zentrum der neuen italienischen montessorianischen Aktivitäten zu machen, sondern Perugia, das Freimaurerbollwerk Italiens. Obwohl der Sitz der bereinigten Opera Montessori in Rom blieb, gründete man das Centro Internazionale degli Studi Pedagogici (Internationales Zentrum der Pädagogikstudien) in Perugia als Teil der dort befindlichen italienischen Universität für Ausländer. Mit diesem Akt betonte man den universellen und internationalen Charakter der Montessori-Methode und ging auf Abstand zu dem durch Faschismus und Katholizismus so problematisch gewordenen Hintergrund Marias und ihrer Methode.

Obwohl Italien sie als verlorene Tochter begrüßte und obwohl sie Ehrenbürgerin von Perugia, Ancona und Mailand wurde, kehrte Maria dennoch nicht in ihr Vaterland zurück. Sie behielt die Niederlande als Basis bei, auch wenn sie sich dort in der Praxis nicht so oft aufhielt. Ständig unterwegs reiste sie von einem Land ins andere. So kehrte sie verschiedentlich in ihr geliebtes Indien und, nach der Teilung, nach Pakistan zurück. Sich distanzieren bedeutete für Maria jedoch nie Abschied nehmen; auf einem anderen Niveau vertiefte sie in diesen Jahren ihre Beziehung zu Italien. Charakteristisch ist, dass sie, als sie 1947 mit Mario in Italien ankam, zuallererst mit ihm nach Chiaravalle gehen wollte, dem Ort, wo sie geboren war. Auch der Kontakt zu einem anderen wichtigen Element aus ihrer Jugend wurde erneuert, nämlich der zu Antonio Stoppani.

Wohin Maria auch immer ging – ein paar Bücher ihres berühmten Uronkels gehörten zum festen Bestandteil ihres Gepäcks. Diese Bücher bildeten nach dem Zweiten Weltkrieg die Quelle der Inspiration für das, was als »kosmische Erziehung« bekannt wurde. Ein Vortrag, den Stoppani 1873 im Salon des Mailänder Stadtparks über »Acqua e Aria ossia La purezza del Mare e dell'Atmosfera« (Wasser und Luft, beziehungsweise die Reinheit der See und der Atmosphäre) gehalten hatte, wurde Ausgangspunkt des von ihr und Mario entworfenen »kosmischen Curriculums«. Ziel dieses Curriculums war, das Kind, wenn es sechs Jahre alt geworden war, mit der Ordnung des Universums in Kontakt zu bringen. Diese Ordnung, in der man leicht Marias ursprüngliches, aus dem Jahre 1909 stammendes »Design« erkennt, beschrieb Stoppani als »ein System koordinierter Kräfte, von Gott entworfen und durch seinen liebevollen Willen in Gang gesetzt, damit die Erdkugel zum Aufenthaltsort denkender, aus Geist und Körper bestehender Geschöpfe werden konnte, die da ankommen, um dort ihre Wanderungen als sterbliche Wesen zu vollenden: Ich meine also die Gesamtheit der Gesetze, die Ketten von Ursache und Wirkung, die den Anfang der Welt mit der Zeit verbindet, in der wir jetzt leben und die dafür sorgt, dass (…) *die Ordnung des Universums* bestehen bleibt«.[256]

Und so sind wir wieder bei dem, was immer Marias Bezugspunkt blieb: der göttliche Plan des Schöpfers, der mal in der Tradition der Aufklärung als Räderwerk mit Gott in der Rolle des »Great Clockmaker« beschrieben wird, dann wieder die Gestalt des theosophischen Einen annimmt, in dem die Trennung zwischen dem Göttlichen und dem Menschlichen aufgehoben ist. Dieses Eine war Ausgangspunkt *und* Ziel von Marias irdischer Heldenreise.

Unnachahmlich

Einer der Ruhepunkte in Marias nomadischem Dasein war Noordwijk aan Zee. Dort, am Rand der Dünen mit Blick auf die Blumenfelder auf der einen und das Meer auf der anderen Seite, stand ein Haus, in dem sie oft mit Mario und seiner Frau weilte, um Atem zu schöpfen. Im Mai 1952 fanden die Montessoris wieder einmal nach Noordwijk. Es war die schönste Zeit des Jahres: Überall standen die Blumenzwiebeln in Blüte und die 81-jährige Maria, die Blumen sehr liebte, ließ sich dann auch mit großem Vergnügen von Mario mit dem Auto durch die farbenprächtigen Felder fahren. Mit Blumenkränzen beladen, kehrten sie in das Haus zurück, in dem Ada und einige ihrer Mitarbeiter am Werk waren. Maria schloss sich ihnen nicht an, sondern zog sich in die Einsamkeit ihres Zimmers zurück. Dort meditierte sie stundenlang und verlor sich im Anblick von »la purezza del mare«.

Eines Tages kündigte sie an, nicht zum Essen nach unten zu kommen. Sie aß lieber allein, weil sie die anderen Gäste nicht kannte. Es waren Niederländer und im Gegensatz zu Mario mit seinem *absorbent mind* konnte sie Niederländisch weder verstehen noch sprechen. Mario brachte ihr eine Mahlzeit ins Zimmer und blieb plaudernd auf dem Rand ihres Bettes sitzen. Er erzählte von einer Begegnung mit einigen Ghanaesen und über das Interesse, das sie für die Montessori-Methode gezeigt hatten. Sofort schlug Maria vor, gemeinsam nach Ghana zu reisen und dort, genau wie sie es in Indien getan hatten, einen Trainingskurs zu organisieren. Mario protestierte: »Wie solltest du die Hitze vertragen können?« Maria, nicht gewohnt, dass man ihr widersprach, rief daraufhin verärgert aus: »Du willst also nicht, dass ich gehe! Weißt du, eines Tages werde ich an einen Ort gehen, an den du mir nicht folgen kannst!« »Du wirst nirgendwohin gehen, wohin ich dir nicht folgen kann«, hielt Mario dagegen.[257] Im nächsten Augenblick starb Maria. Es war der 6. Mai 1952.

Epilog

Maria Montessori wurde auf dem römisch-katholischen Friedhof in Noordwijk begraben. Dort ruht sie »weit von dem Land, das sie so sehr liebte, weit von ihren Lieben, die hier begraben sind«, so der Text auf einer Gedenktafel, die auf dem Grab ihrer Eltern in Rom angebracht ist. »Das hat sie so bestimmt, weil sie von der Universalität ihres Werkes zeugen wollte, das aus ihr eine Weltbürgerin machte.«[258]

Abb. 18: Grab Maria Montessoris in Noordwijk

So sind das Universelle und das Private auch in der toten Maria Montessori untrennbar verbunden. In der Spannung zwischen Distanz und Intimität entfaltete sich ihr Leben. Indem sie Abstand von ihren Eltern, ihrem Geliebten, ihrem Kind, ihrem Geschlecht und ihrem Vaterland nahm, überschritt sie ihre Grenzen und wurde zur Frau von Welt. In dieser Welt schuf sie ihren eigenen Raum. Dieser besaß die sichere Geschlossenheit eines Hauses, war aber gleichzeitig transparent, weil die Wände aus Glas waren. Aus dieser befreienden Leere heraus betrachtete Montessori die Welt. Die Welt betrachtete auch sie, und das war herzerwärmend, aber auch gefährlich, weil das grelle Licht der Scheinwerfer sie zu »durchbohren« drohte. Wie die Menschheit lieben, ohne unter ihrem Gewicht zusammenzubrechen? Wie lieb haben, ohne besessen zu werden und andere in Besitz zu nehmen?

Montessoris Leben steht im Zeichen dieses niemals gelösten Dilemmas, das sie zu ihrem Werk, ihren Opera, herausforderte und inspirierte. Die Umarmung, mit der sie über ihr »Design« die Welt umfasst, vernichtet nicht, sondern wärmt und lässt frei bis in den Tod. Ihr Grabmal besteht aus einer teilweise offen gearbeiteten, unpolierten Marmormauer, die einen nicht geschlossenen Kreis bildet. Es ist eine kräftige Umarmung, die umschließt und öffnet, fordert und gibt. In dem umrandeten Stück Erde blühen Pflanzen und liegen bizarr geformte Kiesel, die von exotischen Korallriffen zu stammen scheinen. An der Innenseite des Kreises spricht Maria auf Italienisch zu uns: »Io prego i cari bambini che possono tutto di unirsi a me per la costruzione della pace negli uomini e nel mondo.«[259]

Krieg, Gewalt und Aggression passten nicht in Marias transparente Welt. Auch von anderen Denkmälern, die man ihr gewidmet hat, gehen Friede, Arbeitslust und Konzentration aus. In Amsterdam, in dem Haus am Koninginneweg, wo sie sich während der letzten Jahre ihres Lebens regelmäßig aufhielt, befindet sich noch immer ihr Arbeitszimmer, so wie es in der Zeit gewesen sein muss, als sie dort über ihre Bücher gebeugt saß.

Über zahllose, aus allen Teilen der Welt stammende Ehrenbeweise zeigt man uns die heroische Maria, die Frau, die mithilfe ihrer Willenskraft alle Hindernisse überwindet. Hier herrscht die göttliche Maria, die wie ein Komet durch das Universum saust und jeder weltlichen Begrenzung entkommt.

Bei näherer Betrachtung gibt es in dem Amsterdamer »Tempel« auch Zeichen, die Maria wieder mit der Erde und Italien verbinden. Dort steht ein Ledersofa, das zum Faulenzen einlädt, und auf dem Schreibtisch liegt ein Notizbuch mit Aufzeichnungen in Italienisch. In einem anderen, dem Publikum nicht zugänglichen Teil des Hauses befindet sich die große Küche, in der Maria mit Mario, Ada und Gästen die Mahlzeiten einnahm. Dort kam alles zusammen: das unfassbare, entschwindende Leben und die Kunst, das Heute, das Einzige, das wirklich besteht, voller Hingabe zu erleben. Am Tisch sprach Maria über die Art und Weise, wie abstrakte mathematische Probleme »materialisiert« und gelöst werden konnten. Kurz darauf zeigte sie mit derselben Konzentration nichtitalienischen Gästen, wie sie die Spaghetti um eine Gabel wickeln mussten.

Abb. 19: 1000-Lire-Schein

Es ist diese ästhetische, irdische *und* wissenschaftliche Dimension, die den Kern des Denkmals formt, das man Maria Montessori in Italien errichtete. Dort geht Maria täglich durch die Hände viele Italiener, wenn sie ihren Espresso mit einem 1000-Lire-Schein bezahlen, auf dem eine betagte Montessori abgebildet ist. Gemeinsam mit dem 2000-Lire-Schein, der Marconis Porträt zeigt, und dem 10000-Lire-Schein, auf dem Volta zu sehen ist, symbolisiert Montessori die experimentelle, positivistische Tradition in der italienischen Wissenschaftsgeschichte. Auch wenn der Wert Montessoris in dieser Serie der niedrigste ist, so ist ihre Abbildung außergewöhnlich. Sie ist jedenfalls eine der wenigen Frauen, die auf einem Geldschein verewigt ist. Über diesen »lieu de mémoire« spricht die *prima donna* zu uns. Eine realistische *prima donna*, der es immer wieder gelang, die Reichen dieser Welt für ihre Sache und ihren Lebensstil zu gewinnen.

Am 1. Juli 2002 wird Montessori gemeinsam mit Marconi, Volta und all den anderen berühmten Männern, die auf europäischen Geldscheinen abgebildet sind, in einem neuen Zahlungsmittel aufgehen: dem Euro. Ihren Platz werden Gebäude einnehmen. Das heißt aber nicht, dass Maria verschwindet. Ein Gebäude, ein Haus, war für sie viel mehr als eine materielle Konstruktion. Über das konkrete *und* das metaphorische Haus manifestierte sie sich in all ihrer Kraft.

In einem dieser Häuser, dem Amsterdamer, bewachen die »heirs of Montessori«[260], vereinigt in der AMI, bis heute Marias geistigen und materiellen Nachlass. Den versuchen sie rein zu halten, indem sie keinen Einblick in Montessoris Archiv gewähren, in dem sich vermutlich Marias Testament befindet. Darin überträgt sie ihre Opera Mario, den sie dort zum ersten und letzten Mal öffentlich »mein Sohn« nennt. So endet und beginnt alles bei einem Kind.[261]

NACHWORT

Jeder, der sich in das Leben Maria Montessoris vertiefen will, stößt auf das Problem, dass ihr Archiv, das bei der Association Montessori Internationale (AMI) in Amsterdam verwahrt wird, Forschenden nicht zugänglich ist. Die einzige Biographin, die es hatte zu Rat ziehen dürfen, ist die Amerikanerin Rita Kramer, die auch Gespräche mit Mario Montessori und seiner Frau Ada, beide inzwischen verstorben, geführt hat.

Aufgrund dieser Situation ist es für jeden neuen Biographen in etlichen Fällen unmöglich, Kramers Erkenntnisse mit den Ergebnissen eigener Forschung zu konfrontieren. Kramers Biographie, die 1975 unter dem Titel *Maria Montessori. A Biography* erschien, ist zum Glück reich an Begebenheiten; dennoch ist es schade, dass man als Forscher gezwungen ist, ihr Wort als Gesetz zu nehmen.

Ich habe versucht, dieses Problem aufzufangen, indem ich mich über einige Umwege genähert habe. Zunächst habe ich das Leben Maria Montessoris in einen breiten kulturhistorischen Rahmen gestellt, wobei ich u.a. versucht habe, ein neues Licht auf die Geschichte meiner Hauptperson zu werfen, indem ich die Netzwerke rekonstruierte, in denen sie sich bewegte. Umgekehrt habe ich über das Leben Montessoris bekannte Themen aus der Kulturgeschichte, so die Krise im Positivismus, »auffrischen« wollen. Des Weiteren habe ich für die Interpretation von Montessoris Leben das Genre der »Heldengeschichte« analysiert, weil besonders der erste Teil ihrer Lebensgeschichte in dieser Form überliefert ist. Ich habe dabei nicht so sehr versucht, die Geschichten zu »demaskieren«, sondern zu erforschen, weshalb Montessoris Lebensgeschichte gerade diese

Form angenommen hat. Schließlich habe ich eigene Nachforschungen in den Archiven angestellt, die sehr wohl verfügbar waren. Darunter waren vor allem das der Opera Montessori in Rom und das Archivo Centrale di Stato derselben Stadt von Bedeutung.

Weil dieses Buch für ein breiteres Publikum als das strikt akademische gedacht ist, habe ich die Anzahl der Quellenverweise und die von mir verwendete Literatur verhältnismäßig beschränkt gehalten. Bei Zitaten habe ich Verweise angebracht, zudem auch dort, wo ich mich im Haupttext auf eine spezifische Quelle oder einen Verfasser beziehe. Für die Verweise auf Montessoris Werk habe ich, bis auf eine einzige Ausnahme, von der Erstausgabe des betreffenden Werkes Gebrauch gemacht. Soweit es sich um Zitate aus nicht niederländischen Quellen handelt, habe ich die zitierten Fragmente übersetzt und teilweise stilistisch modernisiert.

Dieses Buch ist in Rom entstanden, der Stadt, in der Maria Montessori einen großen Teil ihres Lebens verbracht hat. 1995 kam Lucetta Scaraffia auf die Idee, ich sei genau die Richtige, um ein Buch über Maria Montessori zu schreiben, die als Person in Italien ziemlich unbekannt ist. Dieses Buch – das 1999 im Verlag Il Mulino unter dem Titel *La Grande Maestra. Maria Montessori 1870–1952* erscheinen sollte – ist der Keim für die niederländische Biographie gewesen. Sie weicht in Art und Umfang stark von ihrer italienischen Mutter ab. Trotzdem ist auch für die niederländische Ausgabe die Verbindung zu Italien wichtig gewesen.

Lucetta Scaraffia versorgte mich weiterhin mit interessantem Forschungsmaterial und aufmunternden Kommentaren. Dasselbe gilt für Ernesto Galli della Loggia, Supervisor der Serie »L'identità italiana«, in der *La Grande Maestra* aufgenommen wurde. Ich danke beiden für ihr nicht nachlassendes Engagement und ihre Unterstützung.

In Italien half mir Giuliana Marazzi weiter, indem sie mir Einsicht in ihre gesammelten Quellen über Montessoris Kontakte mit dem Mussolini-Regime gewährte. Den Mitarbeitern des Archivo Centrale di Stato di Roma danke ich dafür, dass sie bereit waren, Vorschriften zu übertreten, wodurch sie mich unter allen Umständen schnell mit den benötigten Archivmaterialien versorgen konnten. Die Opera Nazionale Montessori gestattete mir die ungehinderte Einsicht in das dort versammelte Material. Des Weiteren danke ich »signora« Paolini, einer früheren Mitarbeiterin Maria Montessoris, für das lange Gespräch, das ich mit ihr habe führen dürfen. Tamara van Kessel war so freundlich, mir aus Rom Material zu schicken.

Auch anderswo in der Welt haben Menschen einen Beitrag zur Entstehung dieses Buches geleistet. Von großer Bedeutung war die Präsentation meiner Arbeit über Montessori im Rahmen des Projekts »The Varieties of Religious Experience« am Rutgers College for Historical Analysis in New Brunswick (USA). Phyllis Mack, »Direktorin« dieses Projekts, danke ich für die anregende Form, mit der sie meine Forschung in Amerika eingeführt hat. In den Vereinigten Staaten half mir Marilyn Voss weiter, die mir in das Archiv von Helen Parkhurst Einsicht gab; Joy Dixon, die mich an ihrer Kenntnis der Geschichte der Theosophie teilnehmen ließ, und Matt Matsuda, der mich mit Material über die Teilnahme Montessoris an der Weltausstellung von 1915 in San Francisco versorgte.

In den Niederlanden stellte mir Sandra Heerma van Voss die Ergebnisse ihrer Montessori-Forschung in den Niederlanden und in England zur Verfügung. Marjet Derks stattete mich mit Material aus dem Katholiek Documentatiecentrum Nijmegen aus. Die treibende Kraft von Saskia de Vries, Wardy Poelstra und anderen Mitarbeitern und Mitarbeiterinnen der Amsterdam University Press hat mir das angenehme Gefühl vermittelt, dass man dieses Buch mit Spannung erwartete.

Meine Freundinnen, Freunde und Familie haben sich jahrelang allerlei mehr oder weniger Wissenswertes über Maria Montessori angehört. Oft diskutierten sie mit mir und das schärfte meine Gedanken und schenkte mir Vertrauen. Jaap

Talsmas Liebe zu mir (und Maria) hat das Beste aus mir zum Vorschein gebracht. Sein Beitrag am Zustandekommen dieses Buches ist dann auch wahrhaft montessorianisch zu nennen.

Marjan Schwegman *Alkmaar, Februar 1999*

Anmerkungen

(1) Maria Montessori, *Il segreto dell'infanzia* (Bellinzona 1938) 286.
(2) Beides in: Maria Montessori, »L'attitudine morale«, in: *Montessori. Rivista bimestrale dell'Opera Montessori* A1, Nr.2 (1932) 71–84.
(3) Montessori, *Il segreto dell'infanzia*, 191.
(4) Alle zitierten Passagen über Itard und Victor stammen aus: Maria Montessori, *Il metodo della pedagogia scientifica applicato all'educazione infantile nelle case dei Bambini* (Città di Castello 1909) 108–112.
(5) Montessori, *Il metodo*, 112.
(6) Montessori, *Il metodo*, 111.
(7) Montessori, *Il metodo*, 111.
(8) J.Itard, *Rapports et mémoires sur le sauvage de L'Aveyron* (Paris 1894; Erstdruck: 1801 und 1806).
(9) Montessori, *Il metodo*, 109.
(10) Maria Montessori, »Il neonato«, in: *L'idea Montessori. Organo Opera Nazionale Montessori*, A1, Nr.8 (1927) 3–4.
(11) Schöpfungsgeschichte: Antonio Stoppani, *Sulla Cosmogonia Mosaica. Triplice saggio di una Esegesi della storia della Creazione secondo la ragione e la fede* (Mailand 1887).
(12) Zitiert in: Rita Kramer, *Maria Montessori. A Biography* (London 1989; Erstdruck: 1975) 28.
(13) Anna Maria Maccheroni, *Come conobbi Maria Montessori* (Rom 1956) 26.
(14) Maccheroni, *Come conobbi Maria Montessori*, 118.
(15) Maccheroni, *Come conobbi Maria Montessori*, 26.
(16) Montessori, *Il metodo*, 351–353.
(17) Montessori, »L'attitudine morale«, 72–73.
(18) Worte Maria Montessoris, zitiert in Maccheroni, *Come conobbi Maria Montessori*, 149.

(19) Zitiert in Augusto Scocchera, *Maria Montessori. Quasi un ritratto inedito* (Florenz 1990) 37.
(20) Clarissa Pinkola Estés, *Women who run with the wolves* (London 1992) 39–74.
(21) Alice Miller, *Das Drama des begabten Kindes und die Suche nach dem wahren Selbst* (Frankfurt am Main 1979).
(22) Maccheroni, *Come conobbi Maria Montessori*, 16–17.
(23) Zitiert in: H.Lubienska de Lenval, *La méthode Montessori* (Paris 1947) 108.
(24) Montessori, »L'attitudine morale«, 74.
(25) Maccheroni, *Come conobbi Maria Montessori*, 25.
(26) Maria Montessori, *Antropologia pedagogica* (Mailand 1910).
(27) *Maria Montessori. A Centenary Anthology 1870–1970*. Association Montessori Internationale (Amsterdam 1970) 5.
(28) Zitiert in: *Maria Montessori. A centenary anthology*, 19.
(29) Montessori, *Antropologia pedagogica*, 9.
(30) Maccheroni, *Come conobbi Maria Montessori*, 27.
(31) Marina Warner, *Joan of Arc. The image of female heroism* (London 1981) 131–137.
(32) Montessori, *Il metodo*, 169–170.
(33) Montessori, *Il metodo*, 269–270.
(34) Montessori erzählte dies zum Beispiel in dem Vortrag, den sie am 13. März 1914 in Den Haag hielt. Siehe *Het Kind. Veertiendaagsch blad voor ouders en opvoeders* 15 (1914) 60–62.
(35) Maccheroni, *Come conobbi Maria Montessori*, 28.
(36) Zitiert in: Maccheroni, *Come conobbi Maria Montessori*, 29.
(37) Alle Zitate aus dem Brief an die (unbekannte) Clara stammen aus: Kramer, *Maria Montessori*, 41–43.
(38) Bruno Bettelheim, *The uses of enchantment. The meaning and importance of fairy tales* (New York 1976).
(39) Maria Montessori, *L'autoeducazione nelle scuole elementari* (Rom 1916) 200.
(40) Estés, *Women who run*, 39–74.
(41) Zitiert in: Kramer, *Maria Montessori*, 48.
(42) Montessori, *Il metodo*, 9.
(43) Zitiert in: Gina Lombroso, *Cesare Lombroso. Storia della vita e delle opere* (Bologna 1921) 45–46.

(44) Zitiert in: Luigi Bulferetti, *Cesare Lombroso* (Turin 1975) 537.
(45) Amanda Kluveld, *Reis door de hel der onschuldigen. De expressieve politiek van de Nederlandse antivivisectionisten 1890–1940* (o. Ort 1999).
(46) Marias Geschichte für Standing, aus: Standing, *Maria Montessori: her life and work* (London 1957) 26.
(47) Maria Montessori im Brief an Clara, zitiert in: Kramer, *Maria Montessori*, 42.
(48) Worte Lombrosos, zitiert in: Gina Lombroso, *Cesare Lombroso*, 186.
(49) Maria Montessori, *Contributo clinico allo studio delle allucinazioni a contenuto antagonistico* (Rom 1897).
(50) Zum Beispiel in: Cesare Lombroso, *Genio e follia in rapporto alla medicina legale, alla critica ed alla storia* (Turin 1882).
(51) Zum Beispiel in: Pierre Janet, *L'état mental des hystériques* (Paris 1893/1894).
(52) Für Jeanne d'Arc siehe: *Warner, Joan of Arc*; für Joe Simpson siehe: Joe Simpson, *Touching the void* (o. Ort 1988).
(53) Montessori erzählte dies Standing, aus: Standing, *Maria Montessori*, 27.
(54) Das betrifft hier eine von Rita Kramer zitierte »family legend«, aus: Kramer, *Maria Montessori*, 48.
(55) *Illustrazione Popolare. Giornale per le famiglie*, XXXIII (1896) Nr.42.
(56) Zitiert in: Maria Montessori. *A centenary anthology*, 14.
(57) New York Herald (Dezember 1913), zitiert in: *Maria Montessori. A centenary anthology*, 25.
(58) Diese Begebenheit ist zitiert in: Maccheroni, *Maria Montessori*, 31.
(59) Giuseppe Montesano und Maria Montessori, *Ricerche batteriologiche sul liquido cefalo-rachidiano dei dementi paralitici/N; (Rom 1897).*
(60) Sante De Sanctis und Maria Montessori, *Sulle cosidette allucinazioni antagonistiche* (Rom 1897).
(61) Montessori, *Il metodo*, 16.
(62) Montessori, *Antropologia pedagogica*, 12.
(63) Paola Boni Fellini, *I segreti della fama* (Rom 1955) 21.

(64) Montessori, *Antropologia pedagogica*, 231.
(65) Boni Fellini, *I segreti della fama*, 26.
(66) Scipio Sighele, *La donna nuova* (Rom 1898).
(67) Montessori, *Antropologia pedagogica*, 25.
(68) Boni Fellini, *I segreti della fama*, 22.
(69) Carlo De Sanctis, *Guiseppe Ferruccio Montesano* (Rom 1961) 8.
(70) Zitiert in: Maccheroni, *Maria Montessori*, 78.
(71) Bezeichnung für eines der Stadien, die Mystiker durchlaufen, um mit Gott vereinigt werden zu können. Siehe zum Beispiel: Evelyn Underhill, *Mysticism. A study in the nature and development of man's spiritual consciousness* (New York 1911).
(72) Siehe für die Geschichte über Mazzini: Marjan Schwegman, »Aardse liefde in een heroisch leven. Giuseppe Mazzini und Giudetta Sidoli 1831–1892«, in: *Bulletin Geschiedenis Kunst Cultuur* 3 (1994) 52–80.
(73) Maria Montessori, »La donna forte«, *Eva moderna* (Juni/Juli 1906); zitiert in: Franca Pieroni Bortolotti, *Alle origini del movimento femminile in Italia 1848–1892* (Turin 1963) 268.
(74) Montessori, *Antropologia pedagogica*, 31–32.
(75) Montessori, *Antropologia pedagogica*, 3.
(76) Maria Montessori, *La morale sessuale nell'educazione* (Rom 1906), neu herausgegeben in: Vita dell'infanzia, A VII, Nr.8–9 (1958) 4.
(77) Vergleiche: Carlo Ginzburg, *Miti emblemi spie: morfologia e storia* (Turin 1986).
(78) Marjan Schwegman, »Il sacrificio dell'io sull'altare della patria. Due leader laici: Gualberta Beccari e Giuseppe Mazzini«, in: Emma Fattorini, Hrg., *Santi, culti, simboli nell età della secolarizzazione* (1815–1915) (Turin 1997) 361–377.
(79) Schwegman, »*Il sacrificio dell'io*«, 371–372.
(80) Wiedergegeben in: Kramer, *Maria Montessori*, 92–94.
(81) Der Text der Geburtsurkunde wird im Bericht vom 1. 2. 1937 des italienischen Konsulats in London an den italienischen Innenminister wiedergegeben. Archivo Centrale di Stato (Acs), Direzione Generale Pubblica Sicurezza (Ps), Nr.8087.
(82) Zitiert in Ellen van den Heiligenberg, »Tegen wet en zeden. Zorg

voor ongehuwde moeder en kind ten tijde van de eerste feministische golf, in: *Historica*, 2, Nr.4 (1998) 6.
(83) De Sanctis, *Giuseppe Ferrucio Montesano*, 4.
(84) Giuseppe Montesano, »L'educazione sessuale«, in: *Biblioteca dell'educatore*, 29 (1949–1950) 957.
(85) Montessori, »Il neonato«, 4.
(86) Montessori, *Antropologia pedagogica*, 404.
(87) Boni Fellini, I segreti, 22.
(88) Montessori, *Antropologia pedagogica*, 106.
(89) Die hier zitierten Passagen aus dieser Tagebuchaufzeichnung stammen aus: Bruna Conti und Alba Morino, Hrg., *Sibilla Aleramo e il suo tempo* (Mailand 1981), und Laura Mariani, *Il tempo delle attrici. Emancipazionismo e teatro in Italia fra Ottocento e Novecento* (Bologna 1991) 103–104.
(90) Montessori, *Il metodo*, 47.
(91) Montessori, »La morale sessuale«, 4.
(92) Carolie Wilson, »Montessori was a theosophist«, in: *History of Education Society Bulletin*, 36 (1985) 52–54. Mit Dank an Sandra Heerma van Voss.
(93) Joy Dixon, *Gender, politics, and culture in the New Age: Theosophy in England 1880–1835* (New Brunswick 1993).
(94) Blavatsky in einem Brief an Sinnett, zitiert in: Joy Dixon, »Domesticating the Occult«, Referat im Projekt *The Varieties of Religious Experience*, Rutgers Center of Historical Analysis (New Brunswick 1997) 14.
(95) Stead, »Our gallery of borderlands: Colonel Olcott's Madame Blavatsky«, in: *Borderland*, I (1894) 513. Mit Dank an Joy Dixon.
(96) Lucy Bland, *Banishing the beast. English feminism & sexual morality 1885–1914* (New York 1995) 167.
(97) Eladio Holms, »Maria Montessori Barcelonina«, in: Marziola Pignatari, Hrg., *Maria Montessori cittadina del mondo* (Rome 1967) 261.
(98) Brief vom 26. 10. 1899, Acs, Ministero della Pubblica Istruzione (Mpi), Dir.Gen. Instruz. Sup. (Dgis) Fascicoli personale insegnante, Il versamento 1a serie, b. 101.
(99) Zitiert in: C. Philippi-Siewertsz van Reesema, »Voorlopers van

Montessori«, in: *Pedagogische Studien. Maandblad voor onderwijs en opvoeding* 5 (1924) 74f.
(100) Zitiert in: Philippi-Siewertz van Reesema, »Voorlopers«, 113.
(101) Boni Fellini, *I segreti*, 25.
(102) Zitiert in: W.A. van Liefland, Hrg., *Over de opvoeding van de »Wilde van Aveyron«* (Groningen 1949) 12.
(103) Montessori: »La morale sessuale«, 7.
(104) Zitiert in: *Het Kind*, 15 (1914) 148–149.
(105) Montessori: *Il metodo*, 31.
(106) Boni Fellini, *I segreti*, 27.
(107) Zitiert in: Boni Fellini, *I segreti*, 27–28.
(108) Maria Montessori, *Door Het Kind naar een nieuwe wereld* (Kinheim 1941) 143.
(109) Montessori, *Door Het Kind*, 154.
(110) Montessori, *Door Het Kind*, 154.
(111) Montessori, *Il segreto dell'infanzia*.
(112) Montessori, *Door Het Kind*, 153–155.
(113) Zitiert in: Maccheroni, *Come conobbi Maria Montessori*, 35.
(114) Montessori, *L'autoeducazione*, 196.
(115) Montessori, »L'attitudine morale«, 80–81.
(116) Montessori, *Il metodo*, 47.
(117) Montessori, *Il metodo*, 47–48.
(118) Zitiert in: Neil Baldwin, *Edison: Inventing the century* (New York 1995) 137.
(119) Zitiert in: Van Wyck Brooks, *Helen Keller. Sketch for a portrait* (New York 1956) 32.
(120) Zitiert in: Baldwin, *Edison*, 47.
(121) Zitiert in: Baldwin, *Edison*, 92–93.
(122) Montessori, *Il metodo*, 374.
(123) Paola Lombroso, *Saggi di psicologia del bambino* (Turin 1894) und *La vita dei bambini* (Turin 1904).
(124) Zitiert in: Brita Rang, »When the social environment approaches zero. Wolfskinderen en de ontwikkeling van de menswetenschappen«, in: *Comenius*, 27 (1987) 327.
(125) Montessori, *Antropologia pedagogica*, 106–107.
(126) Zitiert in: Marziola Pignatari, *Maria Montessori e la sua riforma educativa* (Florenz 1970) 34.

(127) Sibilla Aleramo, *La donna e il femminismo. Scritti 1897–1910* (Rom 1978) 150.
(128) Boni Fellini, *I segreti*, 22.
(129) Zitiert in: Boni Fellini, *I segreti*, 21.
(130) Zitiert in: Maccheroni, *Maria Montessori*, 159.
(131) Maria Montessori, »Sul significato dei cristalli del Leyden nell'asma bronchiale«, in: *Bolletino della Società Lancisiana degli Ospedali di Roma* 15, nr 2 (1896). Der Kommentar der Kommision steht in: Bericht Sezione Scientifica vom 4. 1. 1900, Acs, Mpi, Dgis, Fascicoli personale insegnante Il versamento 1a serie, b 101.
(132) Maccheroni, *Come conobbi Maria Montessori*, 50.
(133) Maccheroni, »10.November 1910«, *Vita dell'infanzia*, 1, Heft 10–11 (1952) 7.
(134) Maccheroni, *Come conobbi Maria Montessori*, 23.
(135) Zitiert in: Maccheroni, »10. November 1910«, 7.
(136) Montessori, *Il metodo*, 40–41.
(137) Montessori, *Il metodo*, 206.
(138) Montessori, *Il metodo*, 305.
(139) Holms, »Maria Montessori Barcelonina«, 260.
(140) Montessori, *Il metodo*, 373.
(141) Maccheroni, *Come conobbi Maria Montessori*, 185.
(142) Maccheroni, *Come conobbi Maria Montessori*, 80.
(143) Mario Montessori, »Associazione Renilde Montessori«, *L'Idea Montessori. Organo dell' Opera Nazionale Montessori* 2, Heft II (1929) 1.
(144) Zitiert in: Mariani, *Il tempo delle attrici*, 126.
(145) Brief vom 15. 12. 1899, Acs, Mpi, Dgis, Fascicoli personale insegnante, II versamento 1a serie, b 101.
(146) Montessori, *Il bambino in famiglia*, 110.
(147) Mario Montessori, »Associazione Renilde Montessori«, 1.
(148) Maccheroni, *Come conobbi Maria Montessori*, 81.
(149) Zitiert in: Maccheroni, *Come conobbi Maria Montessori*, 80.
(150) Zitiert in: *Maria Montessori. People who have helped the world* (Watford 1990) 23.
(151) Mario Montessori, »Associazione Renilde Montessori«, 2.
(152) Mario Montessori, »Associazione Renilde Montessori«, 2.

(153) Mario Montessori, »Associazione Renilde Montessori«, 1.
(154) Kramer, *Maria Montessori*, 185.
(155) Zitiert in: Augusto Scocchera, Hrg., *Introduzione a Mario M. Montessori* (Rom 1998) 75.
(156) Maccheroni, *Come conobbi Maria Montessori*, 186.
(157) Kramer, *Maria Montessori*, 150.
(158) Kramer, *Maria Montessori*, 159.
(159) Kramer, *Maria Montessori*, 167.
(160) Ärztliches Attest vom 3. 12. 1909. Acs, Mpi, Dgis, Fascicoli personale insegnante, II versamento 1a serie, b 101.
(161) Dieser Briefwechsel befindet sich in: Acs, Mpi, Dgis, Fascicoli personale insegnante, II versamento 1a serie, b 101.
(162) Dorothy Canfield Fisher, *A Montessori mother* (New York 1912).
(163) William Uricchio, »Storage and simultaneity. Reconsidering 20th century media culture and technology«, *De Nieuwste Tijd*, 9 (1997) 5–13.
(164) Baldwin, *Edison*, 35.
(165) Zitiert in: *Maria Montessori. A centenary anthology*, 23.
(166) Catherine McKenzie, *Alexander Graham Bell. The man who contracted space* (New York 1928) 218.
(167) Zitiert in: Kramer, *Maria Montessori*, 186.
(168) Montessori, *Il metodo*, 20.
(169) Baldwin, *Edison*, 321.
(170) Zitiert in: Dorothy Hermann, *Helen Keller. A life* (New York 1998) 58.
(171) Van Wyck Brooks, *Helen Keller*, 19–20.
(172) Dies ist eine der wichtigsten Fragen in Hermann: *Helen Keller*.
(173) Zitiert in: Joseph P. Lash, *Helen and Teacher. The story of Helen Keller and Anne Sullivan* Macy (London 1980) 418.
(174) In: *Het Kind*, 15 (1914) 98.
(175) In: *Het Kind*, 15 (1914) 60.
(176) Zitiert in: Philippi-Siewertsz van Reesema, *Kleuterwereld en kleuterschool*, 113.
(177) In: *Het Kind*, 15 (1914) 137 und 146.
(178) Zitiert in: Philippi-Siewertsz van Reesema, »Voorlopers«, 73.
(179) In: *Het Kind*, 15 (1914) 87; 148–149.

(180) In: *Het Kind*, 24 (1923) 385.
(181) Zitiert in: Kramer, *Maria Montessori*, 220.
(182) Telegramm vom 19.11. 1915, Acs, Mpi, Dgis, Fascicoli personale insegnante, II versamento 1a serie, b 101.
(183) Zitiert in: Kramer, *Maria Montessori*, 220.
(184) Frank Morton Todd, *The story of the exposition. Being the official history of the international celebration held at San Francisco in 1915 to commemorate the discovery of the Pacific Ocean and the construction of the Panama Canal*, 5 Bände, IV (1921) 66.
(185) Burton Benedict, Hrg., *The anthropology of World's Fairs: San Francisco's Panama Pacific International Exposition of 1915* (Berkeley 1983) 5.
(186) Penelope Harvey, *Hybrids of modernity. Anthropology, the nation state and the Universal Exhibition* (London 1996) 52.
(187) Todd, *The story of the exposition*, IV, 66.
(188) Zitiert in: Kramer, *Maria Montessori*, 218.
(189) Zitiert in: Kramer, *Maria Montessori*, 219.
(190) Todd, *The story of the exposition*, IV, 66.
(191) Zitiert in: Van Wyck Brooks, *Helen Keller*, 19.
(192) George Starr, »Truth unveiled: The Panama Pacific International Exposition and its interpreters«, in: Benedict, Hrg., *The anthropology*, 164.
(193) Mario Montessori, »Associazione Renilde Montessori«, 1–3.
(194) Maccheroni, *Come conobbi Maria Montessori*, 93–94.
(195) Kramer, *Maria Montessori*, 205–206.
(196) Zitiert in: Kramer, *Maria Montessori*, 222.
(197) Zitiert in: Marilyn Moss, »Helen Parkhurst«, in: *Notable American women* (Boston o. Jahr) 527.
(198) Daltonschool New York City, Archiv Helen Parkhurst.
(199) Zitiert in: Mariani, *Il tempo delle attrici*, 147.
(200) Maccheroni, *Come conobbi Maria Montessori*, 118.
(201) Copia autentica del Mandato ad Anna Fedeli vom 11. 1. 1916, Acs, Mpi, Dgis, Fascicoli personale insegnante, II versamento 1a serie b 101.
(202) Bericht vom 7.6. 1916, Acs, Ministro dell'Interno (Mi), Ps, 1916, b12.
(203) Canfield Fisher, *A Montessori Mother*, 165.

(204) Kramer, *Maria Montessori*, 179.
(205) Zitiert in: Teunis Melder, *Mystiek sensualisme. Een bijdrage tot de kennis van de waardering der zintuigen bij Baden Powell, Montessori en Rilke* (Amsterdam 1945) 12.
(206) Montessori, *Il metodo*, 6–7.
(207) Montessori, *Autoeducazione*, 196.
(208) Maria Montessori, *La vita in Christo. Anno liturgico* (Roma 1931) 74–75.
(209) Maria Montessori, *Il mistico dramma* (Rom, o. Jahr) Acs, Segretaria Patricolare del duce, Carteggio ordinario (Spd Co), nr.1531.
(210) Zitiert in: Augusto Scocchera, *Maria Montessori. Quasi un ritratto inedito* (Florenz, 1990) 63.
(211) Zitiert in: Scocchera, *Maria Montessori*, 160.
(212) Kramer, *Maria Montessori*, 281.
(213) Zitiert in: Scocchera, *Maria Montessori*, 58.
(214) Zitiert in: Kramer, *Maria Montessori*, 282
(215) Brief von Maria Montessori an Mussolini vom 26. 5. 1928, Acs, Spd Co, nr.15279.
(216) Kramer, *Maria Montessori*, 304.
(217) Zitiert in: Scocchera, Hrg., *Introduzione a Mario M. Montessori*, 141–142.
(218) Anonyme Notiz vom 6.4. 1934, Acs, Mi, Polizia Politica (Pp), 1934.
(219) Zitiert in: Kramer, *Maria Montessori*, 308.
(220) Erinnerung, aufgezeichnet von Gian Paolo Agliardi in: Scocchera, Hrg., *Introduzione a Mario M. Montessori*, 154.
(221) Brief Maria Montessori an Mussolini vom 4.4. 1927, Acs, Spd Co, nr.15279.
(222) Zitiert in: Calff, *Van pionier tot mammoet. Het Amsterdams Montessori Lyceum 1930–1980* (Amsterdam 1980) 178–179.
(223) Brief vom 23. 8. 1930, Acs, Presidenza del consiglio dei Ministri (Pcm) 1934–1936, fasc.1/n.2069.
(224) Notiz Governatore di Roma vom 30. 6. 1926; Brief Fedele an Mussolini vom 7. 8. 1926, Acs, Pcm, 1934–1936, fasc. 5.1/n.2069.
(225) Brief Maria Montessori an Mussolini vom 7. 11. 1929, Acs, Spd co, nr.15279.
(226) Anonyme Notiz vom 10. 10. 1932, Acs, Mi, Pp.

(227) Bericht vom 31. 10. 1932 mit Bericht eines abgehörten Telefongesprächs, Acs, Mi, Pp.
(228) Zitiert in: Scocchera, Hrg., *Introduzione a Mario M. Montessori*.
(229) Brief Marios an Mussolini vom März 1935, aufgenommen in: Scocchera, Hrg., *Introduzione a Mario M.Montessori*, 71–72.
(230) Brief Maria Montessoris an Comm. Lepore vom 15. 2. 1933, Acs, Pcm, 1934–1936, fasc. 5/1, n.2069.
(231) Brief E. Bodreros an Chiavolini vom 23. 12. 1932, Acs, Spd Co, 15279.
(232) Brief Maria Montessoris an Piero Parini vom 21. 2. 1933, Acs, Pcm 1934–1936 fasc. 5/1 n.2069.
(233) Notiz Mussolinis im Dossier, die Entlassung von Mario und Maria Montessori betreffend, Januar 1933. Acs, Mi, Pp.
(234) Notiz vom 7. 4. 1934, Acs, Mi, Pp.
(235) Zitiert in: Calff, *Van pionier tot mammoet*, 178–179.
(236) Notiz vom 6. 4. 1934, Acs, Mi, Pp.
(237) Kramer, *Maria Montessori*, 303.
(238) Brief Maria Montessoris an Mussolini vom 14. 2. 1931, Acs, Pcm 1934–1936 fasc. 5/1 n.2069.
(239) Anonyme Notiz vom 20. 11. 1936, mit Begleitbrief des direttore Capo Divisione Polizia Politica vom 28. 11. 1936. Acs, Mi, Pp.
(240) Bericht vom 28. 5. 1938 und vom 12. 10. 1938 vom italienischen Konsulat in Denver Acs, Pp, 1938, nr.25429 und nr.39664.
(241) Mario Montessori, »Associazione Renilde Montessori«, 1.
(242) Lien Heyting, *De wereld in een dorp. Schilders, schrijvers en wereldverbeteraars in Laren en Blaricum 1880–1920* (Amsterdam 1994) 8.
(243) P.H. van Moerkerken, *De ondergang van het dorp* (Amsterdam 1913) 119–120.
(244) In: *Het Kind*, 24 (1923) 385.
(245) Zitiert in: Philippi-Siewertsz van Reesema, *Kleuterwereld en kleuterschool*, 113.
(246) In: *Het Kind*, 25 (1924) 137.
(247) Zitiert in: Sandra Heerma van Voss, *Drie Nederlandse Montessorianen over hun werk, 1920–1940*. Unveröffentlichtes Arbeitspapier, Vakgroep Nieuwe en theoretische Geschiedenis, Universität Amsterdam, 1995.

(248) Zitiert in: Scocchera, Hrg., *Introduzione a Mario M.Montessori*, 33–34.
(249) Zitiert in: *Maria Montessori. A centenary anthology*, 50.
(250) Zitiert in: Kramer, *Maria Montessori*, 355.
(251) Nach: Augusto Scocchera, »Intervista a Renilde Montessori«, in: *Vita dell'infanzia* 44, Heft 3 (1995) 4–8.
(252) Zitiert in: Kramer, *Maria Montessori*, 344.
(253) Zitiert in: Scocchera, Hrg., *Introduzione a Mario M.Montessori*, 161.
(254) Montessori, *Il metodo*, 214.
(255) Zitiert in: *Maria Montessori. A centenary anthology*, 59.
(256) Zitiert in: Scocchera, Hrg., *Introduzione a Mario M.Montessori*, 112–113.
(257) Zitiert in: Scocchera, Hrg., *Introduzione a Mario M.Montessori*, 1962.
(258) Text der Gedenktafel, zitiert in: *Maria Montessori. A centenary anthology*, 64.
(259) Auf Marias Grab befindet sich keine Übersetzung. Auf Deutsch hieße sie: »Ich flehe die allmächtigen Kinder an, sich mit mir zu vereinigen, damit wir gemeinsam den Frieden in der Welt und in den Menschen aufbauen können.«
(260) Renilde Montessori in einem Brief vom 25. 9. 1995 an die Autorin.
(261) Teile aus Marias Testament wurden veröffentlicht in: *Ami Communications*, nr.1/2 (1953), zitiert in: Kramer, *Maria Montessori*, 368–369.

Quellen und Literatur

Primärliteratur

Archivmaterial
Archivo Centrale di Stato, Eur (Rom) (ACS)
Segreteria particolare del duce, Carteggio ordinario (SPD CO)
Presidenza del Consiglio dei Ministri (PCM)
Ministero dell'Interno (MI)
- Direzione Generale Pubblica Sicurezza (PS)
- Polizia Politica (1932–1938) (PP)

Ministero della Pubblica Istruzione (MPI), Direzione Generale Istruzione Superiore (DGIS)
- Fascicoli personale insegnante
- Fascicoli personali liberi docenti

Archivio Storico Ministero Affari Esteri, Rom
Affare politici (1931–1945)
- Olanda Daltonschule New York City
Archiv Helen Parkhurst
Katholiek Documentatiecentrum, Nijmegen
Archiv Buytendijk

Interviews
Ans Heijenk, Interview aufgenommen von Sandra Heerma van Voss am 12. Juli 1995
Frau Paolini, Interview aufgenommen von Marjan Schwegman im Februar 1995

Zeitschriften

L'Idea Montessori. Organo dell'Opera Nazionale Montessori, 1927–1932.
Vita dell'Infanzia, ab 1952.
Montessori. Rivista binestrale dell'Opera Montessori, 1932.
Het Kind. Veertiendaagsch blad voor ouders en opvoeders, 1914–1924.
The Volta Review, 1912–1915.

Werke Maria Montessoris in chronologischer Reihenfolge

Siehe für eine ausführlichere Bibliografie:
C. Grazzini, *Bibliografia Montessori* (Brescia 1965).

»Sul significato dei cristalli del Leyden nell'asma bronchiale«, *Bolletino della Società Lancisiana degli Ospedali di Roma* 15, nr.2 (Rom 1896).
Ricerche batteriologiche sul liquido cefalo-rachidiano dei dementi paralitici (Rom 1897) (Mit Giuseppe Montesano).
Contributo clinico allo studio della allucinazioni a contenuto antagonistico (Rom 1897).
Sulle cosidette allucinazioni antagonistiche (Rom 1897) (Mit Sante De Sanctis).
»Miserie sociali e nuovi ritrovati della scienza«, in: *Il risveglio educativo* (Dezember 1898).
»La questione femminile e il congreso di Londra«, in: *L'Italia femminile* (Rom 1899).
Norme per una classificazione dei deficienti in rapporto ai metodi speciali di educazione (Neapel 1902).
»La teoria Lombrosiana e l'educazione morale«, in: *Rivista d'Italia*, 6 (1903) 326–332.
Lezioni di antropologia pedagogica (Rom 1906).
»La donna forte«, in: *Eva moderna* (1906).
»Come si insegna a leggere e a scrivere nelle ›Case dei Bambini‹ di Roma, in: *I diritti della scuola*, nr.34 (1908).
La morale sessuale nell'educazione (Rom 1908).

Il metodo della pedagogia scientifica applicato all'educazione infantile nelle case dei bambini (Città di Castello 1909).
Antropologia pedagogica (Mailand 1909).
Dr. Maria Montessori's own handbook (London 1914).
L'autoeducazione nelle scuole elementari (Rom 1916).
I bambini viventi nella chiesa (Neapel 1922).
Das Kind in der Familie (Wien 1923).
»Il neonato«, in: *L'Idea Montessori. Organo Opera Nazionale Montessori*, 1, nr.8 (1927) 3–4.
La vita in Cristo. Anno liturgico (Rom 1931).
La Santa Messa spiegata ai bambini (Rom 1932).
»L'attitudine morale«, in: *Montessori. Rivista bimestrale dell'Opera Montessori* I nr.2 (1932) 71–84.
Psico Geométria (Barcelona 1934).
Psico Aritmética (Barcelona 1934).
Il segreto dell'infanzia (Bellinzona 1938).
The »erdkinder« and the function of the university. The reform of education during and after adolescence (Amsterdam 1939).
Door het Kind naar een nieuwe wereld (Kinheim 1941).
Education for a new world (Madras 1946).
The discovery of the child (Madras 1948).
The absorbent mind (Madras 1949).
Educazione e pace (Mailand 1949).
»Il cittadino dimenticato«, in: *Vita d'Infanzia* I Nr.1 (1952).
Il mistico dramma. Unveröffentlichtes Manuskript (Rom, o.J.).

Deutsche Ausgaben von Montessoris Werken:

Montessori, Maria
- Die Entdeckung des Kindes, Freiburg 1998
- Erziehung für eine neue Welt, Freiburg 1998
- Gott und das Kind, Freiburg 1995
- Grundgedanken der Montessori-Pädagogik, Freiburg 1999
- Kinder lernen schöpferisch, Freiburg 1994

- Kinder richtig motivieren, Freiburg 1994
- Kinder sind anders, Stuttgart 1993
- Kinder, Sonne, Mond und Sterne, Freiburg 2000
- Kosmische Erziehung, Freiburg 2000
- Das kreative Kind, Freiburg 1998
- Dem Leben helfen, Freiburg 1992
- Lernen ohne Druck, Freiburg 1995
- Die Macht der Schwachen, Freiburg 1992
- Schule des Kindes, Freiburg 1996
- Wie Kinder zu Konzentration und Stille finden, Freiburg 1998
- Wie Lernen Freude macht, Freiburg 1999

Sonstige Literatur

Ackerman, Diane, *A Natural History of the Senses* (New York 1990).

Aleramo, Sibilla, *La donna e il femminismo. Scritti 1897–1910.* (Rom 1978).

Aleramo, Sibilla, *Una donna. Romanzo* (Mailand 1976; 1. Auflage 1906).

Babini, Valeria P., »Maria Montessori: biografia o autobiografia?«, *Intersezioni* 15 (1995) 171–175.

Baldwin, Neil Edison, *Inventing the century* (New York 1995).

Barbera, Padre Mario, *L'educazione nuova e il metodo Montessori* (Mailand 1946).

Boni Fellini, Paola, *I segreti della fama* (Rom 1955).

Campbell, Bruce, *Ancient wisdom revived: A history of the Theosophical Movement* (Berkeley 1980).

Canfield Fisher, Dorothy, *A Montessori mother* (New York 1912).

Constant, Benjamin, *Adolphe* (o. Ort 1816).

Cranston, Sylvia, *The extraordinary life and influence of Helen Blavatsky* (New York 1993).

De Sanctis, Carlo, *Giuseppe Ferruccio Montesano* (Rom 1961).

Estés, Clarissa Pinkola, *Women who run with the wolves* (London 1992).
Heiland, Helmut, *Maria Montessori* (Reinbek bei Hamburg 1991).
Hermann, Dorothy, *Helen Keller. A life* (New York 1998).
Heyting, Lien, *De wereld in een dorp. Schilders, schrijvers en wereldverbeteraars in Laren en Blaricum 1880–1920* (Amsterdam 1994).
Holmes, Eladio, »Maria Montessori Barcelonina«, in: Marziola Pignatari, Hrg., *Maria Montessori cittadina del mondo* (Rom 1967) 257–261.
Itard, J., *Rapports et mémoires sur le sauvage de l'Aveyron* (Paris 1894; 1. Auflage: 1801 und 1806).
Keller, Helen, *The story of my life* (New York 1903).
Keller, Helen, *The world I live in* (New York 1908).
Kramer, Rita, *Maria Montessori. A Biography* (London 1989; 1. Auflage 1975).
Lanaro, Silvio, *L'Italia nuova. Identità e sviluppo. 1861–1988* (Turin 1988).
Lombroso, Paola, *La vita dei bambini* (Turin 1904).
Lombroso, Paola, *La vita è buona* (Mailand 1910).
Lombroso, Paola, *Saggi di psicologia del bambino* (Turin 1894).
Maccheroni, Anna Maria, »10 novembre 1910«, *Vita dell'infanzia*, Heft 10–11 (1952) 7.
Maccheroni, Anna Maria, *Come conobbi Maria Montessori* (Rom 1956).
McKenzie, Catherine, *Alexander Graham Bell. The man who contracted space* (New York 1928).
Maria Montessori. A Centenary Anthology 1870–1970. Association Maria Montessori Internationale (Amsterdam 1970).
Meade, Marion, *Madame Blavatsky: The woman behind the myth* (New York 1980).
Miller, Alice, *Das Drama des begabten Kindes und die Suche nach dem wahren Selbst* (Frankfurt am Main 1979).
Montessori, Mario, »Associazione Renilde Montessori«, *L'Idea*

Montessori, Organo dell'Opera Nazionale Montessori 2, Heft II (1929) 1–3.

Pignatari, Marziola, *Il metodo Montessori* (Rovigo 1954).

Pignatari, Marziola, *Maria Montessori e la sua riforma educativa* (Florenz 1970).

Pogliano, Claudio, »L'utopia igienista (187–1920)«, in: Franco della

Pollard, Michael, *Maria Montessori. People who have helped the world* (Watford 1990).

Sacks, Oliver, *Seeing voices, a journey into the world of the deaf* (Berkeley 1989).

Scocchera, Augusto, »Intervista a Renilde Montessori«, in: *Vita dell'infanzia* 44, Heft 3 (1995) 4–8.

Scocchera, Augusto, Hrg., *Introduzione a Mario M. Montessori* (Rom 1998).

Scocchera, Augusto, *Maria Montessori. Quasi un ritratto inedito* (Florenz 1990).

Soccliera, Augusto, *Maria Montessori. Una storia per il nostro tempo* (Rom 1997).

Séguin, Edouard, *Idiocy and its treatment by the psychological method* (New York 1866).

Séguin, Edouard, *Traitement moral, hygiène et éducation des idiots et des autres enfants arriérés* (Paris 1846).

Sighele, Scipio, *La donna nuova* (Rom 1898).

Standing, E.M., *Maria Montessori: her life and work* (London 1957).

Bildnachweis

1. Aus: *Maria Montessori – De Italiaanse arts die het onderwijssysteem over de hele wereld ingrijpend veranderde*, Leuven/Den Haag 1990.
2. Mit freundlicher Genehmigung der niederländischen Montessori-Vereinigung.
3. Aus: *Maria Montessori – De Italiaanse arts die het onderwijssysteem over de hele wereld ingrijpend veranderde*, Leuven/Den Haag, 1990.
4. Mit freundlicher Genehmigung der niederländischen Montessori-Vereinigung.
5. Aus: *Maria Montessori – De Italiaanse arts die het onderwijssysteem over de hele wereld ingrijpend veranderde*, Leuven/Den Haag, 1990.
6. Aus: Maria Montessori, *Door het kind naar een nieuwe wereld*, Heiloo 1941.
7. Mit freundlicher Genehmigung von Nienhuis, Amsterdam.
8. Mit freundlicher Genehmigung der niederländischen Montessori-Vereinigung.
9. Aus: Maria Montessori, *Pedagogical Anthropology*, London 1913.
10. Aus: Maria Montessori, *The Montessori Method*, London 1912.
11. Aus: *Raphael complete catalogus*, Amsterdam 1993.
12. Aus: *Maria Montessori – De Italiaanse arts die het onderwijssystem over de hele wereld ingrijpend veranderde*, Leuven/Den Haag, 1990.
13. Aus: *Maria Montessori – A Centenary Anthology 1870–1970*, Amsterdam 1970.

14. Aus: *Introduzione a Mario M. Montessori*, Rom 1998.
15. Mit freundlicher Genehmigung der niederländischen Montessori-Vereinigung.
16. Mit freundlicher Genehmigung der niederländischen Montessori-Vereinigung.
17. Aus: *Maria Montessori – A Centenary Anthology 1870–1970*, Amsterdam 1970.
18. Aus: *Maria Montessori – A Centenary Anthology 1870–1970*, Amsterdam 1970.

»Hilf mir, es allein zu schaffen!«

Heidi Maier-Hauser
Lieben - ermutigen - loslassen
Erziehen nach Montessori

Einem Kind alle Steine aus dem Weg zu räumen, nimmt ihm das eigene Lernen aus der Hand. Also muss das Kind einen Raum für Selbstlernen, für das Gefühl des Könnens haben. Liebevoll fördern, falls erforderlich eingreifen, nicht allen Wünschen nachgeben, gesunde Grenzen setzen, dies alles fördert die Verantwortung des Kindes, sich selbst und seiner Umwelt gegenüber.

Das Buch richtet sich an alle Eltern, die innehalten und prüfen möchten, ob sie in ihrer Aufgabe, ihre Kinder zu begleiten, auf dem richtigen Weg sind. Anhand von zahlreichen Beispielen und Dialogen zwischen Erwachsenen und Kindern aus dem »Montessori-Alltag« wird gezeigt, wie man auf unnötiges Eingreifen verzichtet und dennoch Grenzen setzt, die die Autonomie und Eigenverantwortung von Kindern stärken.

Heidi Maier-Hauser
Lieben – ermutigen – loslassen
Erziehen nach Montessori
Beltz Taschenbuch 816
196 Seiten
ISBN 3 407 22816 3

BELTZ
Taschenbuch

Aufbruchstimmung

Das Interesse an Reformen gehört seit der Aufklärung zur Praxis der modernen Erziehung. Die »reformpädagogische Bewegung« aber, die um 1900 entstand, ist bis heute das erfolgreichste Modell einer umfassenden Erneuerung geblieben, und das nicht nur in Deutschland. Angestoßen durch eine Kultur- und gesellschaftskritische Analyse der deutschen und europäischen Gesellschaften des ausgehenden 19. Jahrhunderts, hat diese Bewegung öffentliche Erziehung zuerst umfassend thematisiert und im 20. Jahrhundert dann auch umfassend verändert. Schule und Sozialpädagogik, Erwachsenen- und Volksbildung, Jugendleben und pädagogische Wissenschaft haben sich dabei intensiv erneuert und werden bis heute von den um 1900 entstandenen Ideen und Konzepten immer neu inspiriert. Wolfgang Scheibe hat den pädagogischen Ertrag dieser Bewegung übersichtlich, eingängig und anregend zusammengefaßt. Sein Buch, 1969 erstmals publiziert, ist zu einem Standardwerk geworden. Die Neuausgabe gibt den Text der 9. Auflage von 1984 unverändert wieder. Gemeinsam mit Scheibes eigenen Ergänzungen zum weiteren Gang der Forschung und dem neuen Nachwort von Heinz-Elmar Tenorth eröffnet der vorliegende Band aber nicht nur einen praxisorientierten Zugang zur reformpädagogischen Bewegung, sondern auch einen fundierten Einstieg in ihre historische Analyse und in die Kontroversen, die ja ebenfalls zur Reformpädagogik gehören.

Wolfgang Scheibe
Die reformpädagogische Bewegung
Eine einführende Darstellung
Mit einem Nachwort von Heinz Elmar Tenorth
Beltz Taschenbuch 27, 484 Seiten
ISBN 3 407 22027 8

BELTZ
Taschenbuch

Die Aktivität des Lernenden

»Über Pädagogik«, 1998 erstmals erschienen, vereinigt bisher unveröffentlichte und völlig unbekannte Aufsätze von **Jean Piaget** zur Pädagogik des Kindes und wurde in Frankreich als wissenschaftliche Sensation gefeiert.

Der bekannte Entwicklungspsychologe beschäftigt sich darin mit der Formulierung von Grundsätzen einer »modernen Pädagogik«, welche die Aktivität des Kindes und seine Wissensbedürfnisse in den Vordergrund stellt, was der Autor »*self government*« des Kindes nennt. Er geht davon aus, daß im Rahmen der kognitiven Entwicklungsstufen des Kindes nur die selbständige geistige Aktivität zu wirklichen Lernerfolgen führt und wendet sich damit gegen eine einseitige Wissensvermittlung von seiten des Lehrers. Aktuell und bisher weitgehend unbekannt ist sein Plädoyer für eine national übergreifende und Feindbilder abbauende Pädagogik, die er im Rahmen seiner Arbeit für die UNESCO propagiert hat: Eine Erziehung zum Frieden ist für ihn nur möglich, wenn die Pädagogik auf Strukturen gegenseitiger Achtung und länderübergreifender Kooperation auch der Kinder zurückgreift.

Jean Piaget
Über Pädagogik
Deutsche Erstausgabe
Beltz Taschenbuch 1, 288 Seiten
ISBN 3 407 22001 4

Ellen Key revisited

»Das Jahrhundert des Kindes«, von der großen Reformpädagogin Ellen Key 1902 propagiert, ging zu Ende. Guter Grund für 14 Erziehungswissenschaftler, sich mit der Wirkungsgeschichte von Ellen Keys Klassiker der Reformpädagogik und seinen gegenwärtigen Bezügen unter drei zentralen Aspekten auseinanderzusetzen:
• Der Rolle der Mutter innerhalb der Geschlechterbeziehung,
• Kindheit im 20. Jahrhundert,
• Ellen Key im internationalen Kontext reformpädagogischer Konzepte.

Nehmen Sie teil an einem Diskurs zum gegenwärtigen Stand reformpädagogischer Erziehung, entfaltet an der kritischen Würdigung einer der bedeutendsten Frauen unseres Jahrhunderts.

Meike Sophia Baader / Juliane Jacobi /
Sabine Andresen (Hrsg.)
Ellen Keys reformpädagogische Vision
Das »Jahrhundert des Kindes« und seine Wirkung
Beltz Taschenbuch 63, 280 Seiten
ISBN 3 407 22063 4

»Lasst uns die Kinder leben lassen«
Ellen Key

Ellen Keys flammendes Plädoyer für eine neue Pädagogik rief bei seiner Veröffentlichung zu Beginn des Jahrhunderts, das die schwedische Sozialreformerin als das »Jahrhundert des Kindes« gefeiert haben wollte, vernichtende Kritik und begeisterte Zustimmung hervor. Für viele markiert es den Auftakt der Reformpädagogik. Keys Forderung, die Entwicklung des einzelnen Kindes in den Mittelpunkt von Erziehung zu stellen und ihr Plädoyer für eine demokratische Erziehung sind bis heute wesentlicher Bestandteil reformpädagogischer Konzepte.

»Dieses Buch, in seiner stillen, eindringlichen Art, ist ein Ereignis, ein Dokument, über das man nicht wird hinweggehen können. Man wird im Verlaufe dieses begonnenen Jahrhunderts immer wieder auf dieses Buch zurückkommen, man wird es zitieren und widerlegen, sich darauf stützen und sich dagegen wehren, aber man wird auf alle Fälle damit rechnen müssen.«
Rainer Maria Rilke

Ellen Key
Das Jahrhundert des Kindes
Aus dem Schwedischen von Francis Maro
Nachwort von Ulrich Herrmann
Beltz Taschenbuch 28, 266 Seiten
ISBN 3 407 22028 6

Schule als Modell für Demokratie

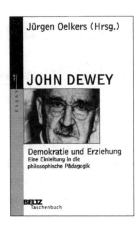

Jürgen Oelkers (Hrsg.)

JOHN DEWEY

Demokratie und Erziehung
Eine Einleitung in die philosophische Pädagogik

BELTZ
Taschenbuch

»**Demokratie und Erziehung**« **ist ein Schlüsselwerk der internationalen Reformpädagogik.** Systematisch begründet der amerikanische Philosoph, Pädagoge und Psychologe Erziehung und Demokratie als Formen »gemeinsamer und miteinander geteilter Erfahrung«. Die Schule als Modell für Demokratie wird zur Grundlage des Lehrens und Lernens in modernen Gesellschaften.

»Dewey regt nicht auf, er regt an. Als demokratischer Denker ist er egalitär durch und durch. Deshalb konnte er bei uns nicht in dem Maße rezipiert werden, wie sich die Bundesrepublik – die »alte«, wie man heute sagt – von den jungkonservativen Stimmungslagen einer exaltierten Vergangenheit löste. Auch für die Berliner Republik wäre er der bessere Patron.«
Jürgen Habermas

John Dewey
Demokratie und Erziehung
Eine Einleitung in die philosophische Pädagogik
Herausgegeben von Jürgen Oelkers
Beltz Taschenbuch 57, 517 Seiten
ISBN 3 407 22057 X

Ein Lehr- und Lesebuch

Andreas Flitner
Hans Scheuerl (Hrsg.)
Einführung in
pädagogisches Sehen
und Denken

Seit seinem ersten Erscheinen 1967 ist dieser inzwischen mehrfach gründlich überarbeitete Band ein unentbehrliches Lehr- und Lesebuch für Pädagogen, Studenten und alle, die mit der Erziehung von Kinder und Jugendlichen zu tun haben.

Immer wiederkehrende Themen der Erziehung sind Leitmotive dieser Textsammlung: Autorität und Gehorsam, Leistungsanforderung und Spontaneität, Überforderung und Nachgiebigkeit, Anpassung und Widerstand, persönlicher Umgang und anonyme Sozialzwänge.

Und mit jedem dieser Themen soll deutlich werden, was die pädagogische Situationsbetrachtung und Theoriebildung ausmacht. Den Abschluss bilden Ausblicke auf die Verfahren pädagogischen Denkens.

Andreas Flitner / Hans Scheuerl (Hrsg.)
*Einführung in
pädagogisches Sehen und Denken*
Beltz Taschenbuch 68
248 Seiten
ISBN 3 407 22068 5

Überarbeitete Neuausgabe

Magie der Kindheit

Viel zu oft wird die reichhaltige Phantasie und intellektuelle Erfindungsgabe von Kindern nur als vorübergehende Erscheinung angesehen, die keinen oder nur wenig Bezug zum späteren Lernen hat. Richard Lewis dagegen zeigt mit Texten, Gedichten und dem Spielen von Grundschulkindern auf, wie deren imaginative Fähigkeiten den eigentlichen Antrieb für jegliches Lernen bilden. Fern davon, »nutzlos« zu sein, stellen sie die reichhaltigste Quelle jener Welterfahrung dar, an die jeder Unterricht anknüpfen kann. Darüber hinaus spiegelt das kindliche Denken, wie es in diesem Buch auf wunderbare Weise zum Ausdruck kommt, Werte, die uns als Erwachsenen und unserer Kultur im weitesten Sinne verlieren zu gehen drohen.

»Irgendwo in der Kindheit wurden wir zu Wurzelgräbern, die den Dingen auf den Grund gehen wollten, begabt mit der Fähigkeit, aus dem Reich des Unbekannten wieder an die Oberfläche nachvollziehbarer Tatsachen zurückzugelangen.«

Richard Lewis
Leben heißt Staunen
Von der imaginativen Kraft der Kindheit
Beltz Taschenbuch 2, 144 Seiten
ISBN 3 407 22002 2

Kindliche Lernfähigkeit entfalten

John Holts Buch gilt als Klassiker der Reformpädagogik. Basierend auf seinen langjährigen Erfahrungen als Lehrer und seiner geradezu genialen Verhaltensbeobachtung von Kindern entwickelt er sein Lern- und Erziehungsmodell und seine Kritik am bestehenden Schulsystem. An vielen Beispielen stellt er dar, wie seiner Meinung nach ein Unterricht aussehen müsste, der die Lernfähigkeit der jungen Schüler auch auf unkonventionelle Weise zur Entfaltung bringt. Seine Unterrichtsvorschläge setzen dabei auf Selbstständigkeit, Spontaneität und den eigenen, nahezu unerschöpflichen Wissensdurst der Kinder.

John Holt gilt als Wegbereiter einer Pädagogik, die von der Weltsicht des Kindes ausgeht. Wie auch in diesem Buch hat er Zeit seines Lebens die emotionale Intelligenz der Kinder in den Vordergrund gestellt, ohne die keine wirklichen Lernerfolge erzielt werden können. Der amerikanische »Lehrer-Philosoph« (Ute Andresen) hat sich immer wieder gegen starre Erziehungsprinzipien gewandt ohne einem anti-autoritären Habitus das Wort zu reden.

John Holt
*Kinder lernen selbstständig
oder gar nicht(s)*
In neuer Rechtschreibung
Beltz Taschenbuch 9, 304 Seiten
ISBN 3 407 22009 X